LOUIS

J'ÉTAIS MÉDECIN DANS LES TRANCHÉES

août 1914 - juillet 1919

Présenté par Martine Veillet

Préface de Marc Ferro

ROBERT LAFFONT

Le papier de cet ouvrage est composé de fibres naturelles, renouvelables, recyclables et fabriquées à partir de bois provenant de forêts plantées et cultivées durablement pour la fabrication du papier.

© Éditions Robert Laffont, S.A., Paris, 2008
ISBN : 978-2-266-19828-8

J'ÉTAIS MÉDECIN DANS LES TRANCHÉES

À Madeleine, mon épouse
C'est à elle que je dédie ce petit travail.

Louis Maufrais

Autoportrait au miroir. Louis Maufrais à l'âge de vingt ans. Pour réaliser son autoportrait, il s'est pris en photo devant un miroir avec l'appareil qu'il a reçu pour son anniversaire. Il tirait ses clichés dans une chambre noire qu'il avait installée chez lui.

Préface

Par Marc Ferro

Voici un texte hallucinant.

Il est l'œuvre d'un médecin, qui, de 1914 à 1918, a fait toute la Grande Guerre dans les tranchées. À ce jour inédit, il est publié pour la première fois en ce quatre-vingt-dixième anniversaire de l'Armistice.

On n'y trouvera ni idéologie ni jugements ni analyse. Dans l'horreur des postes de secours englués de boue, de sang, et soumis jour et nuit à des pluies d'obus, Louis Maufrais vit sa guerre à lui, pas celle des dirigeants, pas celle des historiens.

Cette guerre avait pourtant commencé pour lui comme du Courteline. Étudiant en médecine, il était en congé dans sa famille, à Dol-de-Bretagne, quand il avait reçu sa feuille de route. Envoyé en Normandie en attendant son affectation, il n'avait pas grand-chose à faire. Il s'ennuie, il observe le nettoyage des tinettes, aide à trier les caleçons, fait passer la visite à des recrues très pittoresques pas si enthousiastes que ça d'aller verser leur sang pour la mère patrie. Ensuite, les classes commencent, cette école du soldat, avec ses marques extérieures de respect, le pas cadencé, la façon de s'aligner et de pivoter.

9

Puis vient le maniement du fusil, un fusil Gras, datant de la guerre de 1870, qu'on fait manœuvrer avec des cartouches en bois.

« On nous faisait grimper des falaises, le long de la Vire, en silence, tous feux éteints, cigarettes interdites. Pour un peu, on se serait crus à la guerre ! » Le samedi après-midi est consacré à l'hygiène, sauf pour « les universitaires, les juristes, les magistrats et les détenteurs d'une patente ». Ce dont Maufrais déduit que « l'intelligentsia était présumée avoir les pieds propres ! ».

Le voici planton sur le quai d'une petite gare, de neuf heures à midi, baïonnette au canon, devant la porte de la consigne. Une fois relevé, il demande à un employé la raison de sa veille :

« — Ah, me répondit-il, au début de la guerre, on avait mis là un baril d'eau-de-vie pour les blessés. Nous n'avons pas eu de blessés, mais le niveau du baril n'arrêtait pas de baisser. C'est pour cela qu'on a demandé un planton pour garder la porte.

— Et maintenant, ça va ?

— Oh maintenant, il y a longtemps que le baril est vide ! »

Vient le jour où Louis Maufrais doit quitter la Normandie pour le front... et, très vite, on passe de Courteline à Genevoix ou à Dorgelès.

Mais Maufrais, lui, a été partout : d'abord en Argonne et en Champagne en 1915, à Verdun et sur la Somme en 1916, à nouveau à Verdun en 1917, enfin chirurgien dans une ambulance d'avril 1918 à janvier 1919. Non seulement il a été sur tous les fronts de la guerre, en France, mais au feu quatre années sur quatre. En cela, son témoignage est unique. Il l'est aussi en ce que son activité de médecin auxiliaire l'amenait à prendre des notes pour le suivi de ses blessés. Ce sont ces carnets, sauvegardés, qui lui ont permis, soixante ans plus tard, de dicter des fragments d'une précision inégalée : des informations et souvenirs intacts, comme congelés.

Aux Quatre-Cheminées (à Verdun) : « Nous resterons deux jours sur cette position inconfortable. Nous ne pouvons même pas nous protéger d'une toile de tente, que les Allemands repéreraient aussitôt. Nous voyons passer en tout une demi-douzaine de blessés légers, surtout touchés aux pieds et aux jambes. Ils ne veulent pas rester dans notre trou ; ils préfèrent aller n'importe où, le coin est trop mauvais. Rien à leur répondre. Je crois que, jamais de ma vie, je n'ai eu aussi froid que ces deux jours-là. On ne pouvait même pas se remuer pour se réchauffer […] »

À la redoute de Thiaumont, sous Douaumont : « Secoués au moins deux fois chaque minute par des explosions d'obus, nous sommes dans une obscurité et des vibrations perpétuelles. Et quasiment privés de ravitaillement. Non pas qu'on ne nous en destine pas. Il faut avoir vu ces pauvres cuistots, chargés comme des mulets de boules de pain, grimper de trou en trou, escaladant, dégringolant à chaque instant pour éviter les rafales. Finalement, lorsque quelques-uns d'entre eux arrivent à la redoute, ils sont transformés en blocs de boue […]. Certains jours, sur dix cuistots, il n'y en a pas cinq qui arrivent à destination. »

C'est cela qu'on dénomme la guerre de positions…

Sur la Somme, en septembre 1916 : « Nous ne sommes plus que cinq officiers à table, sept avec les nouveaux. Et dire que nous étions quinze avant l'attaque ! » Survient un général, le général Debeney. « Nous nous précipitions la bouche pleine pour nous aligner sur un rang. Nous voyons alors ce grand général courbé en avant, le front barré, paraissant soucieux. Il va et vient, puis nous dit sans préambule :

— Messieurs, l'attaque du 25 septembre ne nous a pas permis d'atteindre tous les objectifs que nous nous étions fixés. Rancourt et Combles ont été pris, mais la corne du bois Saint-Pierre-Waast a été stoppée. Vous devrez prochainement exécuter une autre attaque […].

« Pas un mot de compassion pour les copains tombés sur le front. On peut dire que les chefs sortis de l'École de guerre ne pèchent pas par excès de psychologie. Ce bref discours nous coupe les jambes… »

C'est à Guise que Maufrais apprend que la guerre est finie : « Nous nous installons vaille que vaille dans l'hôpital, où notre tâche consiste surtout à soigner les blessés allemands restés là. La salle d'opération n'est pas plus confortable que notre baraque de Ham. Nous manquons de ravitaillement, de médicaments, de pansements, etc. On sent que le système se disloque peu à peu. Et on commence alors à se dire que la guerre ne durera plus longtemps. » Enfin, le 9 novembre 1918, on sonne le cessez-le-feu. L'après-midi, on apprend qu'un ministre plénipotentiaire doit passer sur la route qui va de Guise à La Capelle. Une foule de soldats, posée sur les talus, attend. Il pleut, et ils sont tous dans la boue – une dernière fois… Ils attendent longtemps ; il fait nuit lorsque enfin ils rentrent à la popote se réchauffer un peu.

Le 10, toujours rien. Le 11, ils apprennent que le ministre est passé pendant la nuit, et que l'armistice va être signé.

Alors, spontanément, ils se rassemblent : « Le soir, dans les rues et sur la place de Guise, on s'écrase. Il faut jouer des coudes. Dans la nuit noire, on ne voit que

12

les lueurs de cigarettes. À un moment, il se produit un remous, et on entend un commandant crier :

— Un de peu de gaieté, voyons, les gars ! Nous sommes vainqueurs, nom d'un chien ! Et le voilà parti en avant, chantant *La Madelon*. C'était lamentable. Le mot de la fin est crié par un type, à côté de moi :

— Tu parles d'un armistice, y a même pas de pinard ! »

Désabusés, désemparés, les soldats de Guise rentrent se coucher…

L'armistice est signé, mais il reste à Maufrais un blessé : un officier allemand qui parle le français. Le 12 novembre, il demande au médecin quelles sont les clauses de l'armistice. En ayant pris connaissance, il commente à Louis Maufrais :

« — J'ai le regret de vous dire que nous avons gagné la guerre. Non pour le présent, bien sûr, mais pour les années à venir. »

Éclair aveuglant pour ce médecin des tranchées subitement confronté à l'Histoire.

Car Louis Maufrais, durant ces quatre années, a vécu en dehors de l'Histoire. S'il s'est battu, ce n'était pas pour une idée ou contre un ennemi, c'était contre la mort de ses compagnons, les obus, les shrapnells, la boue, les gaz, ces cadavres qu'il écrasait en transportant des mourants de boyau en poste de secours.

Non, Louis Maufrais ne dit s'il était contraint ou consentant quand il a reçu sa feuille de route. Ni sur qui il faisait porter la responsabilité de la guerre. Il ne dit pas non plus si, en 1914, il était pacifiste ou nationaliste : on sait seulement qu'il a dû interrompre ses études d'internat. Plus tard, il ne nous dit pas si, au commandement suprême, il a préféré Joffre, Pétain ou Nivelle à Verdun. Au vrai, il ne juge pas non plus si les opérations militaires sont bien ou mal menées, ne s'interroge pas sur le moral des armées – mais, plusieurs fois, il confie son pressentiment qu'elle est loin de se terminer. Pas une fois, dans ce long texte, il n'est question du gouvernement ou des Alliés à moins de les croiser à quelque cantonnement. Mais il note, en 1915, qu'un de ses camarades, revolver au poing, envisage de se faire sauter la cervelle si, lors d'une attaque, on lui ordonne de tirer sur des fuyards.

Louis Maufrais ne dit pas qui sont ses supérieurs, mais parle de ceux qu'il a soignés ou qui sont tombés à ses côtés ; on le voit, jour après jour, heure après heure, chercher un abri, déplacer son poste de secours. Ce qu'il décrit est une course incessante de boyau en tranchée, de tranchée en boyau :

« Nous commençons à faire les pansements vers seize heures. À une heure du matin, nous n'avons encore rien mangé. […] J'ai conservé le carnet de mon caporal, qui mentionne la liste des blessés de ce jour-là. Dauville : fracture déchiquetée avec de nombreux fragments des os de la jambe droite, hémorragie importante ; sergent Baron, Gustave : plaie de la face ; Barthélemy, Jean-Baptiste : fracture du maxillaire inférieur ; lieutenant Didier, René : éclats d'obus dans l'omoplate droite ; Fournier, Francis : éclat d'obus dans l'aine gauche ; sergent Becker : plaie de poitrine par balle… Au total : trente-cinq blessés. Enfin, à quatre heures du matin, tout est fini. »

« 9 mai, vers six heures du matin. Nous sommes secoués par un choc épouvantable, qui nous soulève sur nos brancards. Le poste de secours tout entier semble avoir explosé. Une poussière formidable nous entre dans les poumons et dans les narines. Si je ne voyais pas le jour à travers la porte, je pourrais me croire enterré. Tout le monde crie. Une mine vient de sauter tout près, on le devine […].

« Dans la matinée, un lieutenant du génie fait amener deux de ses hommes portés par des camarades, légèrement blessés mais intoxiqués. Celui des deux qui n'a pas de plaie apparente, semble beaucoup plus intoxiqué que l'autre. J'explique au lieutenant que je ne peux rien faire ici :

— Peut-être qu'à La Harazée, ils ont des ballons à oxygène, mais ça ne rime pas à grand-chose.

— C'est que j'ai encore une demi-douzaine d'hommes restés sous la sape, me dit-il. Ils ont été étouffés dessous au moment de l'explosion. »

De la guerre, Louis Maufrais connaissait tous les râles, toutes les odeurs, tous les bruits…

Mais quelle force donc le soutenait ? Il ne se battait ni pour l'Alsace-Lorraine, ni pour une paix meilleure. Il sauvait des vies et faisait ce que doit faire un médecin, advienne que pourra.

Comme son copain Émile, comme Bitsch, son infirmier depuis le début de la guerre. Et comme ce brancardier, Richard. Celui-là, malade, avec 40 ° de fièvre, s'était vu proposer de se faire évacuer. Il avait répondu :

« Non, je veux rester avec vous. »

La solidarité, seule vertu des combats.

La voix de mon grand-père

Par Martine Veillet

Un peu avant sa mort, mon grand-père Louis Maufrais donna à chacun de ses trois enfants un lot de seize cassettes de quatre-vingt-dix minutes. Ce legs un peu particulier était le fruit d'un travail dans lequel il s'était lancé trois ans plus tôt, à l'âge de quatre-vingt-quatre ans. Il projetait depuis longtemps d'écrire un livre sur son expérience de médecin pendant la Grande Guerre, mais son métier de généraliste ne lui en avait pas laissé le temps. Et lorsque, enfin, il avait eu le loisir d'accomplir sa tâche, la cataracte l'avait rendu quasiment aveugle.

Il n'avait pas renoncé pour autant.

Puisqu'il ne pouvait plus écrire, il allait raconter son livre – dont chaque chapitre était marqué au fer rouge dans sa mémoire. Assisté de sa femme, il s'est enregistré au magnétophone. Elle lui lisait les notes écrites au front dans ses carnets de moleskine et les lettres qu'il envoyait à ses parents. Elle lui décrivait les photos de ses albums, guidait son doigt sur le tracé des cartes qu'il connaissait par cœur. Il en tirait le récit qu'il enregistrait. Trois années passèrent. Mon grand-père mourut.

Si les enfants de Louis Maufrais n'ont rien fait de leur legs, ce n'est pas qu'ils s'en désintéressaient. C'est au contraire qu'il leur était insupportable d'entendre la voix de l'homme qui venait de mourir. Elle était trop vivante, trop présente, et l'émotion était trop forte. Ils ont donc refermé chacun leur boîte et l'ont conservée, objet sacré devenu intouchable.

J'ai bien connu mon grand-père ; je garde le souvenir d'un homme pince-sans-rire, féru de musique classique et d'aquarelle, passionné par son métier de médecin. Il parlait beaucoup de sa guerre – trop sans doute, et c'est une autre raison pour laquelle nous avons fini par oublier les cassettes.

C'est une jeune cousine qui nous a rendu la mémoire. La voix de Louis, qu'elle avait peu connu, ne l'impressionnait pas. Par curiosité, elle a transcrit des pages, me les a montrées… vingt-cinq ans avaient passé et j'ai eu envie d'entendre moi aussi mon grand-père. Chez ma mère, j'ai retrouvé la boîte à chaussures, et les seize cassettes rangées par ordre chronologique. Sur le couvercle était inscrit : « La guerre, telle que je l'ai vécue. »

Je ne savais pas, alors, que j'allais consacrer quatre ans de ma vie, moi aussi, à l'aventure. Et sans regret.

J'ai mis en route le magnétophone, et le temps s'est aboli. D'abord il y a eu la voix lointaine et pourtant familière de cet homme âgé que je croyais connaître et dont j'ignorais tout. Il allait me révéler ses quatre années de jeunesse les plus bouleversantes de sa vie.

Quand la dernière des seize cassettes s'est arrêtée, le silence est devenu assourdissant. Et j'ai immédiatement ressenti l'obligation de transmettre le message de ce médecin du front, témoin du supplice et de la disparition de toute une génération. J'allais réaliser le vœu de mon grand-père : donner vie au livre qu'il n'avait pu écrire.

J'ai d'abord écouté l'épopée dans son intégralité. Puis je l'ai transcrite pendant des nuits entières, en passant et repassant chaque phrase jusqu'à être sûre d'avoir bien compris. Le récit s'ouvrait avec la mobilisation et l'absurde attente qui a précédé le départ au front, et se terminait avec les derniers morts, oubliés parmi les oubliés, ceux de la grippe espagnole – dont la jeune sœur de Louis Maufrais. Du 2 août 1914 au 14 juillet 1919 : cinq années de vie et une tragédie universelle. De quoi avoir le vertige.

Transcrire la voix ne suffisait pas. Il fallait mener l'enquête. Rechercher l'orthographe exacte des noms cités. Découvrir que les six cents photos qu'il avait faites et rangées dans ses albums étaient liées au texte qu'il me dictait. Et qu'il les avait légendées. Des noms griffonnés sur des visages souriants… Des hommes jeunes, gais, et souvent beaux. Des noms que j'ai retrouvés en déchiffrant les pages des *Journaux de marches et d'opérations du 94ᵉ régiment d'infanterie*. Ils revenaient à la surface quatre-vingt-dix ans après la guerre. J'étais devant les microfilms, dans la bibliothèque de l'armée de terre au château de Vincennes, et j'étais effondrée… Tous les copains des photos étaient là. Tous morts entre 1915 et 1917, à quelques exceptions près.

Louis Maufrais est de ces jeunes gens. Un des rares survivants. En juillet 1914, il prépare le concours de l'internat de médecine tout en travaillant comme externe à la maternité de l'hôpital Saint-Louis à Paris. Il a vingt-quatre ans. L'incroyable vie culturelle qui règne alors dans la capitale comble cet étudiant curieux de tout. Il découvre la musique russe, les ballets de

Serge Diaghilev et il se passionne pour la photographie. Il ne veut pas croire à la guerre. Mais depuis quelque temps, en passant devant la gare de l'Est, il observe avec inquiétude des afflux de réservistes suivis par des cortèges de nationalistes portant des drapeaux. Il se dit qu'il est grand temps pour lui de prendre ses vacances dans sa famille, à Dol-de-Bretagne. C'est là qu'il recevra sa feuille de route, le 2 août 1914.

Il va alors vivre pendant quatre ans au sein de l'armée combattante, en tant que médecin. L'exemplarité de son témoignage est en partie inhérente à cette très longue mobilisation. La diversité des postes qu'il va occuper successivement lui donnera une approche globale de la Grande Guerre.

Dès le début de sa mobilisation, il rédige des notes et il photographie ses lieux de vie. L'écriture de ses carnets est d'abord motivée par le simple désir de conserver le souvenir d'une expérience personnelle très intense. Mais la nature de cette activité évolue au fil des événements. Il comprend rapidement qu'il est le témoin d'une page exceptionnelle de l'Histoire. Le matériel iconographique qu'il constitue devient le support d'un texte qu'il écrit sur le vif[1]. Et pendant ses instants de répit au cantonnement, il développe ses négatifs. « J'utilisais deux vieux quarts, explique-t-il, un pour l'hyposulfite, l'autre pour le révélateur, et je me servais de ma lampe de poche dans laquelle j'avais intercalé un papier rouge. »

1. Selon les époques et les batailles, Louis Maufrais a plus ou moins facilement utilisé son matériel photographique. Ce qui explique la répartition inégale des documents photo présentés en illustration de son témoignage.

Médecin auxiliaire du 94e régiment d'infanterie, il accompagne son bataillon pendant trois ans dans les secteurs les plus durs de l'Argonne, la Champagne, Verdun et la Somme.

En février 1917, médecin du 2e groupe du 40e régiment d'artillerie de campagne, il est à Berry-au-Bac, à l'est du Chemin des Dames pendant la deuxième bataille de l'Aisne, puis à Verdun. En mars 1918, il est chirurgien assistant de l'ambulance 1/10 de la 42e division. Au cours de sa mission itinérante, il fait de la chirurgie de guerre à l'hôpital de Dury, à Amiens, et installe une baraque chirurgicale dans Ham dévasté, en Haute Somme. Après l'Armistice, il est affecté à la mission française, près de la 3e armée anglaise dans les régions délivrées du Nord.

En juillet 1919, Louis Maufrais est un homme meurtri. Il va avoir trente ans. Il a été cité cinq fois, il est décoré de la croix de guerre, mais il ne fête pas la Victoire. Il porte le deuil de ses amis, de sa jeunesse et de ses ambitions. Il mesure les difficultés de son retour à la vie civile. À la faculté de médecine où il a repris ses études, il se sent « vieux » par rapport aux nouvelles générations d'étudiants. Découragé de constater qu'après quatre ans de guerre, il a perdu le niveau de connaissances acquis en 1914, il renonce à passer l'internat et s'installe comme médecin généraliste à Saint-Mandé.

Le souvenir de la guerre le poursuit. Il a vu trop de souffrance, trop de morts. Il est désormais confronté à un étrange paradoxe : hanté par la terrible période, il garde une certaine nostalgie de « cette vie intense faite de dangers, de détentes, d'imprévus, de contrastes extraordinaires ». Et, dans ses moments de loisirs, Louis classe ses photos et rassemble ses notes.

Le 16 avril 1920, l'armée qui reconnaît ses qualités de « médecin de batailles particulièrement courageux » le fait chevalier de la Légion d'honneur.

Pendant l'entre-deux-guerres, Louis reste pessimiste pour l'avenir de la paix. Et en 1922, promu médecin capitaine de réserve, il demande à rester dans les cadres. Il n'oublie pas l'avertissement de l'officier allemand qu'il a soigné en novembre 1918 à l'hôpital de Guise, dans le Nord. Lorsque, à sa demande, Louis lui avait lu les clauses principales de l'Armistice, l'Allemand s'était excusé dans un français sans fautes : « Je suis désolé de vous dire que nous avons gagné la guerre. Non pour le présent bien sûr, mais tout du moins pour les années qui vont venir. En effet, vous avez presque supprimé l'Autriche en lui enlevant quasiment toutes ses provinces, et en les distribuant à des pays secondaires à peine viables et déjà menacés. L'Autriche n'aura pas d'autre ressource que de s'allier à nous. C'est ce que nous appelons l'Anschluss. »

Vingt ans plus tard, le 18 septembre 1939, Louis est à nouveau mobilisé. Il a cinquante ans. Il est marié et père de trois enfants dont le dernier a six ans. Il sera versé comme médecin-capitaine, avec la fonction de médecin chef du secteur 52 de l'armée de l'air régional stationné à Reims. Il dirigera son service jusqu'à sa démobilisation à Clermont-Ferrand en août 1940.

Après la Seconde Guerre mondiale, il reçoit la distinction d'officier de la Légion d'honneur en 1957. Accaparé par son activité de médecin généraliste, entre les visites et ses consultations, il court toujours après le temps. Mais dès qu'il trouve un instant de liberté, il revient vers la période la plus intense de son existence : la guerre de 14. Plongé dans ses carnets et dans ses lettres, le nez sur ses plans directeurs tout en écoutant de la musique militaire, il mûrit son projet d'ouvrage sur la Grande Guerre.

Il a quatre-vingt-quatre ans lorsqu'il ressent l'urgence d'accomplir son devoir de mémoire auquel il a pensé pendant cinquante-cinq ans. La cataracte qui le rend aveugle ne l'arrête pas. Puisqu'il ne peut désormais ni lire ni écrire, il racontera son livre. « Des années comme celles-là, assure-t-il, restent gravées aussi profondément que celles de l'enfance. J'en ai gardé un souvenir précis et très durable. »

Les combattants de la guerre de 14 ont laissé deux sortes de témoignages : des journaux de guerre rédigés au jour le jour pour un usage strictement personnel, ou des textes issus de carnets recyclés comme celui de Louis Maufrais. Ceux-ci ont été écrits pour être transmis à autrui, et leurs auteurs entendent donner leur vision de la guerre telle qu'ils l'ont vécue, après avoir été confrontés à la désinformation et à la censure pendant le conflit, puis à une Histoire officielle écrite par des spécialistes n'ayant pas connu les tranchées.

Au sein de l'importante production de témoignages d'anciens combattants, celui de Louis Maufrais est rare. Il appartient en effet à une catégorie de combattants qui a très peu témoigné. Sur plus de six mille médecins engagés dans le service de santé, il a été recensé moins de vingt témoignages. Un mutisme qui révèle leur indicible expérience de la violence faite aux soldats. En effet, les médecins sont les premiers confrontés aux effets d'une guerre moderne qui mutile et déchire les corps de façon inconnue.

Comme ce blessé que Louis Maufrais tente de soigner dans son poste de secours du front le 25 septembre en Champagne : « La figure à la mâchoire fracassée n'était plus qu'une boule de sang. Après avoir débarrassé la bouche de tous les caillots, nous avions réussi à faire passer une sonde dans l'œsophage, par laquelle nous lui injections, à l'aide d'une sorte de poire à lavement, de l'eau, puis du café. »

Dans les postes de l'avant, Louis vit un dilemme effroyable. Toujours dans l'urgence, il doit traiter des blessures d'une extrême gravité dans des conditions déplorables. « Nous avions à peine assez d'eau pour laver nos mains pleines de boue. On passait les plaies à la teinture d'iode qui fixait le sang. Les blessés étaient toujours très choqués, mais comme antichoc en 1915, en première ligne de bataille, nous n'avions rien. Il ne fallait pas songer à faire des transfusions intraveineuses. Ce n'était pas assez propre. »

La description du poste de Bagatelle pendant la bataille d'Argonne en juillet 1915 donne une idée des conditions de travail d'une équipe médicale : « À gauche de la porte, on voit en plein soleil deux morts recouverts d'une toile de tente ; derrière eux, un immense tas d'équipements, de baïonnettes et de fusils, du linge plein de sang. […] En entrant, je ne distingue que quelques bougies et deux lampes à acétylène. Peu à peu, je vois par terre des blessés couchés presque les uns sur les autres. Dans le fond, certains sont assis... cela sent les matières, le sang, le vomi. Ce n'est que plaintes interminables. Le plus difficile est de pouvoir mettre un pied entre les jambes d'un gars et un genou sous l'aisselle d'un autre pour en soigner un troisième... » Le lendemain, un *minen* tombera à cinquante mètres du poste de secours, réduisant « quatre hommes en morceaux, les lambeaux s'incrustaient dans la terre ».

Hormis les blessures de guerre, Louis Maufrais rencontre d'autres pathologies. Les fréquentes crises de folie. Comme au Mort-Homme, à Verdun, où son jeune médecin auxiliaire, ébranlé par la violence des obus, perd la raison – il faut vite l'attacher aux montants d'un brancard et lui faire une piqûre de morphine. Il y a aussi les engelures invalidantes que les hommes ont aux pieds pour avoir macéré pendant des semaines dans leurs chaussures qu'ils n'avaient pas le droit de retirer.

Louis diagnostiquera une méningite cérébro-spinale chez un de ses brancardiers. À la suite de quoi, sur l'ordre du médecin chef, toute son équipe médicale sera isolée pendant vingt jours, à l'exception de lui-même, qui, en raison de ses années de pratique à l'hôpital, est considéré comme immunisé. Et, pendant cette période, il se retrouve seul dans le poste de secours de Marie-Thérèse en Argonne. L'évacuation des blessés restera sa préoccupation majeure. Par moments, il a vingt blessés à faire évacuer, et plus un brancardier. Il se bat pour obtenir des renforts en sollicitant les musiciens du régiment et les « brancardiers divisionnaires, un élément de la division des brancardiers qui fait le service entre les postes de régiments et les hôpitaux de l'arrière, avec l'aide des ambulances automobiles ».

Le médecin a également la tâche de s'occuper des morts. Dans le secteur de Beaumanoir, en Argonne, Louis aide un capitaine de l'état-major de la brigade à enterrer une dizaine de cadavres en complète putréfaction avec le concours des territoriaux et des brancardiers divisionnaires. Il commente : « Pour déplacer ces corps qui dégagent une odeur effarante, la figure noire, énorme, grouillant d'asticots, pour les déshabiller et prendre leur feuille d'identité, il faut avoir le cœur bien placé. » Toujours en Argonne, Louis reçoit plusieurs fois l'ordre de relever entre les lignes le corps d'un officier. Et devant les pertes énormes, le médecin chef en poste à La Harazée lui demande par lettre de

« ne pas nous descendre de corps d'officiers tués au-dessous du grade de capitaine ».

Louis Maufrais est personnellement convaincu que « la place du médecin est dans le poste de secours. On ne le demande pas ailleurs ». Porteur du brassard de la Croix-Rouge, il considère que sa mission est de soigner tous les blessés, quel que soit leur camp. Il ne se sentira jamais atteint dans sa virilité parce que, en tant que médecin, il n'a pas le droit de porter une arme. Mais s'il n'est pas belliqueux, il n'en est pas moins patriote. Pendant ses classes en 1914 à Saint-Lô, il a même écrit au député membre de la commission des effectifs de faire avancer son départ au front.

Le cadre très hiérarchisé du corps des officiers de santé lui convient. Il faut dire que pendant neuf années d'internat chez les bons Pères au collège de Saint-Malo, il a été élevé dans la discipline. Il a le sens du devoir et de l'obéissance, tout en gardant l'esprit critique. Le rôle du médecin n'est pas toujours pris en considération, pense-t-il, et l'emplacement des postes de secours est souvent négligé. Louis ne cherche pas à en connaître les raisons, mais il observe les faits. En Argonne, près du secteur de Marie-Thérèse, le poste de secours qu'on lui indique est « une espèce de petite excavation dans la pente. On pouvait, en s'y introduisant, se protéger le corps jusqu'aux genoux, pas davantage ». À Verdun, en mars 1916, alors qu'il se trouve dans l'ouvrage de Froideterre, Louis reçoit une note du médecin chef lui demandant d'aller installer un poste de secours avancé à côté du ravin de la Mort, dans un abri presque terminé. Une fois arrivé en bas du ravin, il s'apercevra que l'abri en question n'existe pas. Au Mort-Homme, il trouve le poste de secours très exposé. Lorsque Louis demande s'il peut le déplacer, le commandant refuse sèchement. Il prendra alors l'initiative d'installer les blessés dans un abri en contrebas. Heureusement, car le poste de secours qui lui avait été désigné sera pris pour cible et explosera. Louis Maufrais pointe du doigt les emplacements quelquefois aberrants des postes de secours définis sur des cartes par des stratèges qui ne connaissent pas la réalité du terrain.

Un des secrets de l'endurance de Louis Maufrais dans cette guerre interminable tient sans doute au fait qu'il a toujours su garder son esprit en éveil. Il éprouve un intérêt spontané pour ses camarades. Les principaux personnages du bataillon sont minutieusement décrits, du tampon à l'ordonnance, du médecin chef au commandant, du chef de musique au cuistot. Il lève le voile sur le microcosme d'une tranchée et nous fait comprendre le processus de compagnonnage qui s'y tisse.

Dans un récit qui fait alterner constamment des anecdotes drolatiques avec des faits dramatiques, Louis nous montre la réalité du front. Et il nous révèle combien l'humour peut être un formidable mécanisme de défense contre la désespérance. Aux pires moments d'une contre-attaque en Argonne, les Français font des prisonniers. Pendant un interrogatoire, Louis, médusé, voit son cuistot s'avancer pour couper les boutons de la vareuse du prisonnier. À Souain, en décembre 1915, la compagnie de Louis a invité l'officier d'une brigade russe qui stationne dans les parages… qui repart, après un dîner très arrosé, à califourchon sur le dos de son ordonnance ! Après l'enfer de Verdun, un ami avoue à Louis s'être allongé dans la rivière de l'Ornain pendant la nuit dans l'espoir de contracter une pneumonie qui le fera évacuer. Résultat : « … même pas été foutu d'attraper un rhume ! »

Enfin, les surprises de l'amitié. En février 1915, à La Croix-Gentin en Argonne, Louis entend quelqu'un siffler un passage de *Shéhérazade*, et lui répond en continuant le morceau. Surpris, l'autre demande : « Qui a sifflé ça ? » Louis s'avance. Et voit devant lui un grand garçon brun d'à peu près sa taille. C'est Marcel Bitsch[1], infirmier du 94e. Ils restent « assis à discuter le long de ce sentier jusqu'au soir, en oubliant complètement les bruits de la guerre ».

Enfin, les souvenirs de Louis Maufrais s'inscrivent dans une perspective historique[2]. Il expose aux générations qui n'ont pas connu cette guerre, la genèse du premier conflit mondial. Dès l'enfance, il explique qu'il a été nourri « à un lait bourré de vitamines patriotiques ». Les départements de l'Alsace et de la Lorraine peints en deuil sur les cartes de géographie sont à délivrer. À l'âge de huit ans, Louis chante en chœur à l'école des frères à Dol-de-Bretagne : *Vous avez pu germaniser la plaine, mais notre cœur, vous ne l'aurez jamais !* Le 2 août 1914, la haine du Boche et le désir de revanche sont des sentiments communs à tous les combattants. En mars 1915, dans le bois de la Gruerie, les tranchées françaises et allemandes se font face à quelques mètres l'une de l'autre. Les soldats se battent à coups de grenades avec une rage désespérée. Et quand les Français n'ont plus de munitions, ils balancent des « boîtes pleines de pisse. C'était infernal, on ne pouvait pas tenir les hommes », confie à Louis le commandant

---

1. Voir postface.
2. Note de l'éditeur : Les opinions exprimées par Louis Maufrais dans son récit sur les hommes qu'il a rencontrés et les faits qu'il décrit n'engagent que lui.

de la 8ᵉ compagnie. Mais au fur et à mesure que les effectifs fondent, l'absurdité de la guerre fait surface des deux côtés des belligérants. La scène décrite par Louis Maufrais au Mort-Homme rejoint les témoignages de bien d'autres combattants en France et outre-Rhin. Des hommes brisés se croisent. Ils ont laissé tomber les armes. La base se reconnaît. Elle fraternise. Elle a fait la paix.

Le tocsin

2 août 1914

C'est par une belle fin d'après-midi que j'ai entendu la petite cloche de la cathédrale. Elle tintait à un rythme inhabituel, précipité. Tout le monde s'est arrêté, comme pétrifié. On avait compris. Les femmes pleuraient, les hommes figés le long du trottoir regardaient, hébétés, le clocher sans rien dire. C'était le tocsin. Lorsque le tintement s'est arrêté, il y a eu un silence profond. Mais, au loin, on pouvait entendre, en écho, le tocsin du Vivier, celui du Mont-Dol, de Carfentin ou de Baguer-Morvan. C'était poignant.

J'étais venu de Paris en visite chez mes parents, à Dol-de-Bretagne. Après le 14 juillet 1914, j'avais commencé à me faire du souci. Chaque matin, en me rendant à l'hôpital Saint-Louis où j'étais externe, je rencontrais des groupes de réservistes en route vers la gare de l'Est, rappelés avant la mobilisation officielle. En les regardant partir entourés de copains qui lançaient leurs chapeaux sur l'air de *La Marseillaise* et de « Vive Poincaré ! », j'ai compris que l'heure était grave. J'ai aussitôt demandé au directeur de l'hôpital de me donner les quinze jours de vacances auxquels j'avais droit. Je ne croyais pas que la guerre fût fatale, mais je me disais : « Avec ce qui se prépare, les jours qu'on t'a accordés vont t'être retirés, et tu vas te retrouver à la caserne un bon matin… »

À l'époque, nous nous faisions de la guerre une idée très sommaire, sans doute un peu puérile. On pensait à la guerre de 1870. Hélas, nous allions bientôt déchanter.

Le lendemain matin, le 3 août, je reçus ma feuille de route.

J'avais l'ordre de me rendre à la gare le 5 août avant sept heures, afin de rejoindre le dépôt du 136e régiment d'infanterie à Saint-Lô.

Les rues de Dol offraient alors deux sortes de distractions : les réquisitions de chevaux et de voitures attelées, emmenées en file à Fougères. Et les dragons[1] de Dinan qui, escadron par escadron, venaient s'embarquer à la gare de Dol. Ils avaient belle allure avec leur casque à cimier. Couverts de fleurs, bourrés de cigarettes, de cigares, beaucoup étaient éméchés. On leur donnait sans cesse à boire. Je me souviens d'un brigadier, lance en main, debout sur ses éperons, disant à un gamin dans la rue :

— Tu vois ça, mon gars, avec ça, on enfile un Boche comme une merde.

Mes parents et ma sœur étaient désolés de me voir partir dans l'infanterie. J'essayai de les raisonner un peu en leur expliquant qu'après tout je faisais partie du service de santé et que, si je devais être dans l'infanterie un moment, rien ne disait que, un peu plus tard, je

1. Troupe de cavalerie, à l'origine infanterie montée. Les escadrons de dragons, pendant la Grande Guerre, furent adjoints à des divisions d'infanterie et des escadrons à pied pour participer à la guerre des tranchées.

ne serais pas dans une autre arme ou dans une ambulance quelconque. Enfin, ce n'était pas à Saint-Lô que j'aurais beaucoup à souffrir des Allemands…

Le matin du départ, j'obtins formellement de mes parents que ni eux ni ma sœur ne m'accompagneraient à la gare. D'ailleurs, la gare allait être interdite aux civils jusqu'au 15 août. Je quittai donc la maison d'un pas rapide avec ma petite valise et mon imper. Ce départ fut pour moi une espèce de défoulement. Malgré la peine que j'éprouvai de quitter les miens, je me sentais désormais comme les autres garçons de ma classe d'âge. Je pouvais enfin dire aux gens où j'allais !

Le long du boulevard, vers la gare, montaient des effluves de vieux cidre et de calva. Les caniveaux étaient remplis de tessons de bouteille. Je suivis le flot des appelés – qui zigzaguaient dangereusement. Une fois dans la gare, j'eus toutes les peines du monde à entrer sur le quai. Il était barré par un grand corps couché sur le dos à plat, tenant à bout de bras une peau de bouc qui lui giclait du vin à plein gosier. Un peu plus loin, je repérais un copain du collège de Saint-Malo, Joseph Michel, ainsi que plusieurs autres Malouins de ma connaissance. Ce furent des retrouvailles immédiates, dans un climat de franche camaraderie, et nous ne pensions plus vraiment à la guerre. Les uns partaient à Granville, d'autres à Cherbourg, enfin, Joseph Michel allait comme moi à Saint-Lô.

À sept heures, le train était à quai. Nos sleepings étaient de modèle courant : les célèbres 36-40, c'est-à-dire des wagons à bestiaux. Il fallait voir les barbouillages à la craie qu'il y avait dans ces wagons. Partout on lisait : « À Berlin, mort aux Boches ! » Dans le nôtre, une tête de Guillaume II était dessinée, avec son casque et ses moustaches pointées à la verticale, assortie d'une inscription inattendue : « Guillaume cocu ».

Nous nous sommes précipités pour avoir les meilleures places, les jambes pendant dans le vide. Nous étions environ une vingtaine.

C'était un tortillard d'une incroyable lenteur, et ce n'est qu'en fin de journée que nous sommes descendus à la gare de Saint-Lô. Après une marche de deux kilomètres au pas de course, nous nous sommes présentés à la caserne Bellevue où on nous a lancé : « Aujourd'hui, c'est la 27ᵉ compagnie qui reçoit. Bâtiment A, porte 8. » Nous avons frappé à une porte énorme en bois plein. Au bout d'un certain temps, une voix nous a dit d'entrer. Un gros caporal fourrier un peu congestionné nous a regardés en montrant la pendule :

— Ho, ho ! Il est tard, je m'occuperai de vous demain matin à huit heures.

L'attente

Saint-Lô. Août 1914 - décembre 1914

Le lendemain à huit heures, nous sommes à nouveau devant la porte.

Le caporal fourrier[1] nous dévisage, tout en prenant nos fiches. Lorsqu'il apprend que, dans notre groupe, il y a trois étudiants en médecine, il change d'attitude. Il cherche à se mettre bien avec nous. Il nous accompagne en personne au magasin de la compagnie, en recommandant au « garde-mites » de nous habiller décemment. Il nous confie en cours de chemin qu'il est, dans le civil, boucher à La Hay-du-Puits.

Le magasinier n'est pas riche ; le 136e et le 336e ont pris une grande partie des collections de guerre. Il fait néanmoins tout son possible et je sors avec des pantalons rouges, une capote et un calot. J'ai presque un aspect militaire, sauf aux deux extrémités : je porte les cheveux longs, un faux col avec une cravate, et, j'ai gardé des chaussures de ville. Joseph Michel paraît plus belliqueux, avec une vareuse.

---

1. L'emploi de fourrier est rempli par un sergent ou un caporal. Aux ordres du sergent-major, il tient toutes les écritures de la compagnie.

Le fourrier explique aux hommes qu'ils dormiront sur des paillasses, le mobilier ayant été réquisitionné pour les hôpitaux. Dans ces conditions, tous ceux qui peuvent prouver en donnant une adresse qu'ils ont des parents en ville sont autorisés à aller y dormir. Et le soir même, grâce à un cousin de Joseph Michel, nous louons une belle chambre donnant sur la rue principale, la rue Tarteron.

Les appelés sont réunis dans l'immense cour de la caserne, bordée sur les trois côtés par un grand bâtiment. Derrière nous la grille qui nous sépare de la rue. Dès la fin de la première matinée, je me suis fait de nouveaux camarades. Jean de Rougé, membre du Jockey-Club, maire de sa commune de Saint-Symphorien, près de Saint-Hilaire-du-Harcouët, Faïvre Croué, sociétaire de la Comédie-Française, Levy, marchand de cuir de la place de la République, Touroude, conducteur de cylindre à vapeur, et d'autres encore… Je trouve tout à fait extraordinaire de pouvoir discuter amicalement avec des gens que je n'aurais jamais eu l'occasion de rencontrer dans la vie civile. Le fourrier nous fait dire qu'il est également chargé de l'intendance et qu'il a à notre disposition de bons biftecks. Au début, nous déjeunons à la cantine, mais rapidement, nous préférons déjeuner en ville à midi.

Chaque matin, nous devons nous lever à cinq heures pour être à la caserne au moment du réveil au clairon de six heures. Et pour faire quoi, une fois arrivés là-bas ? Rien. Absolument rien. Nous n'avons rien à faire !

Les cantines n'ouvrent qu'à onze heures : l'heure de la soupe. En attendant, nous nous abritons à l'ombre d'un petit mur, recroquevillés. L'ombre n'est pas très large et rétrécit au fur et à mesure que le soleil monte.

Les amis de la caserne de Saint-Lô, septembre 1914. Louis Maufrais, accoudé à droite, a une capote modèle 1877, alors que Joseph
Michel et Jean de Rougé, qui croise les bras, portent une vareuse.

Un jour que nous nous morfondons, le sergent
Couraye du Parc, un grand Normand sympathique,
substitut du procureur de la République de Caen dans
le civil, vient nous dire :

— Vous n'avez rien à faire ? Eh bien, je vous emmène à la pissotière, derrière le lavoir…

Ravis de trouver enfin une occupation, nous acceptons l'invitation avec enthousiasme. Près des latrines, annoncées par un parfum de chlorure de chaux et de Crésyl, nous tombons sur un spectacle passionnant : le remplacement des tinettes. Une besogne délicate confiée à une entreprise civile et assurée par deux gars dont le plus grand a l'air d'être le chef. Il se tient très droit. Et son port magnifique rachète le regard idiot de ses petits yeux ronds, son teint couperosé et son nez couleur de fraise écrasée.

On le regarde mettre le couvercle sur la première tinette, la sortir de son logement, enfiler des espèces de brancards dans des anneaux disposés de part et d'autre, puis partir d'un pas noble et calculé vers le véhicule adéquat. On dirait les chaises à porteurs du temps jadis. Au moment où les deux hommes reviennent avec une tinette vide, un homme de la compagnie interpelle le chef :

— Je voudrais vous demander un service. Hier, il m'est arrivé une drôle d'aventure : j'étais en train de faire mes besoins lorsque j'ai fait tomber mon alliance dans la tinette. Justement celle que vous venez d'enlever. Vous serait-il possible, quand vous la viderez, de regarder dans le fond. Je vous donnerai deux francs.

— Trois francs, réplique immédiatement l'autre.

Là-dessus, il retrousse très haut sa manche, plonge le bras jusqu'au fond en allant de droite et de gauche, godille et, au bout d'un moment, déclare :

— Il n'y a pas d'alliance, mais j'ai trouvé une belle affaire.

L'affaire en question : un beau quart en aluminium tout neuf. Et le voilà parti à la pompe se laver les mains, rincer le quart, puis le mettre dans la poche de son pantalon.

L'inaction commençait à sérieusement nous peser ; elle entamait notre élan patriotique, déjà mis à mal par la manière dont on nous avait reçus, le soir de notre arrivée.

Un matin, j'ai trouvé devant le magasin de la compagnie un petit papier sur lequel était écrit : « On embauche du personnel. » Nous entrons, Joseph Michel et moi, et le garde-mites nous a expliqué :

— C'est pour trier des habits. Je veux bien vous prendre pendant quelques jours.

La tâche consistait premièrement à trier des caleçons et, deuxièmement, à habiller les nouvelles recrues. Pour les caleçons, il fallait mettre, d'un côté, les neufs, ensuite, d'un autre, ceux qui étaient raccommodables et, enfin, ceux qui étaient inutilisables. Costumer les nouveaux arrivants n'était pas facile, car le stock avait singulièrement baissé depuis que moi-même j'avais été habillé. Il ne restait que des grandes tailles ou des petites, et encore, dans un triste état.

Mon premier visiteur était un grand gars avec une toute petite tête. Après avoir laborieusement cherché dans les grandes tailles, je lui ai dit :

— Qu'est-ce que tu en penses ?

Le pantalon lui arrivait au-dessus des chevilles.

— Trop court, a-t-il répondu.

— Mais j'ai pas plus long, mon pauvre vieux. Il y en a bien des tout neufs à la réserve du régiment, mais, je te préviens, ils sont réservés à ceux du prochain départ. Alors si tu veux un pantalon neuf, tu sais ce qui t'attend.

Il a réfléchi puis s'est résigné :

— Oh, j'aime encore mieux le vieux.

Les képis, tous trop grands, lui écartaient les oreilles. Sur mes conseils de mettre du papier dedans, il est parti en marmonnant :

— Oh ! ben, c'est ça.

Le lendemain est arrivé un homme d'à peine un mètre soixante.

Je lui ai fait enfiler le plus petit des pantalons, qui lui arrivait au niveau des seins.

— Ah ! dit-il, c'est beaucoup trop long.

— Si je te donne un pantalon à ta taille tu es du prochain départ.

— Oh ! ben j'vais le prendre, j'me débrouillerai.

C'est ainsi que, bien malgré nous, nous avons réalisé plusieurs de ces sketches, qui auraient pu figurer dans un programme de music-hall.

Au bout d'une heure, nous faisions une pause. Notre chef nous donnait l'exemple en montant s'allonger sur une des vastes étagères qui supportaient les tenues. Là, il se mettait à ronfler sans vergogne. Moi qui ne dormais pas, je me livrais à des réflexions amères : « C'est tout de même pas pour ce genre de boulot que j'ai quitté mon père, ma mère et mes chères études. Si c'est ça, servir la patrie. » Aussi, quand, deux jours plus tard, on nous a annoncé que, l'effectif de la compagnie étant atteint, les classes allaient commencer, j'ai accueilli la nouvelle avec soulagement, comme d'ailleurs tous les autres appelés.

J'ai alors quitté le petit local saturé de naphtaline au point que j'en avais les yeux rouges. Avec un regret, tout de même. Je laissais derrière moi une énigme non élucidée : pourquoi donc toutes les pièces d'étoffe destinées à raccommoder les poches et les braguettes avaient-elles une forme de cœur ?

Commença l'école du soldat : les marques extérieures du respect, le pas cadencé, la façon de s'aligner et de pivoter. Et même le maniement du fusil !

La 27e compagnie comprenait quatre cents hommes. Elle était commandée par le lieutenant Platard, fabricant de casquettes dans le quartier du Temple, à

Paris. Un homme mince, assez élégant, essentiellement occupé à parader devant le public de Saint-Lô.

En réalité, le véritable commandant, c'était l'adjudant Mellier, un grand cultivateur blond des environs, le plus débonnaire des hommes, mais doté d'une voix terrible.

À une heure de l'après-midi, la compagnie était censée se trouver dans les chambrées (qui n'avaient pas de lits, comme on l'a dit). On entendait l'adjudant crier dans la cour, après un long coup de sifflet :

— Allons, la 27e en bas !

Personne ne se montrait très pressé de bouger. Un moment après :

— Allons, la 27e en bas. Voulez-vous descendre bon Dieu d'bon Dieu ! J'vais aller vous chercher, moi, attendez un peu…

Quelques instants plus tard, l'exercice commençait :

— En ligne, face à gauche, comptez jusqu'à quatre. À droite par quatre, marche gauche, gauche…

Et nous passions une partie de l'après-midi à faire… le tour de la cour.

Eh bien, croyez-moi, au bout de deux jours je me sentis faire partie intimement de cette unité de choc qu'était devenue la 27e compagnie du dépôt, regonflé à bloc.

Par la suite, on nous apprit le maniement du fusil. Quelques hommes disposaient d'un fusil Lebel[1]. Les autres, comme moi, avaient des fusils Gras qui dataient de la guerre de 1870, et qu'on nous faisait manœuvrer avec des cartouches en bois. Au bout de huit jours, nous avons été jugés suffisamment dégourdis pour être

---

1. Fusil équipant les armées françaises. Conçu en 1886, son calibre est de 8 mm. Sa longueur (1,80 m) le rendra peu pratique dans les tranchées étroites.

lâchés à l'extérieur. Par un bon matin à six heures, la colonne partit en direction de Pont-Hebert, composée de la façon suivante : en tête ceux qui étaient habillés complètement et armés de fusils Lebel, suivis des gars munis de fusils Gras avec leurs cartouchières remplies de cartouches en bois. Enfin, les derniers, ceux qui fermaient la marche, étaient habillés en treillis. Après quelques kilomètres, la fatigue se faisant sentir, on commençait à chanter. En tête, on gueulait :

« Passant par Paris, vidant la bouteille, le bon vin m'endort, l'amour me réveille. »

Au milieu on entendait :

« Meunier, meunier, tu es cocu, en passant par ton moulin et rintintin. Bon, bon, bon, prends bien garde à toi, on poursuit ta belle... »

Et de la queue, on entendait les bribes de :

« Elle avait des beaux jupons blancs par-devant derrière. »

Bien sûr, ce n'était pas le chant du départ, mais je vous avouerai que, pendant toute la guerre, je ne l'ai jamais entendu chanter. J'ai surtout entendu le chant du retour !

Tous les soirs, à dix-sept heures, les portes de la caserne s'ouvraient, et nous étions libérés de nos obligations militaires. Quelquefois, on était bien cinq cents à attendre l'ouverture des portes. Un jour où je me trouvais avec Jean de Rougé, ce dernier demanda à un de ses fermiers, qu'il avait aperçu dans la foule :

— Dis donc, Larouelle, quelle heure est-il ?

— Moins vingt, monsieur le comte. Ah ! monsieur le comte, vous avez encore bien le temps de faire le con !

Les marches de la troupe atteignirent bientôt une distance de vingt kilomètres. Et furent agrémentées par des exercices en campagne tels que nous aurions à les pratiquer face à l'ennemi. On apprit à sauter les fossés tout harnachés, à passer par-dessus les haies, à progresser à plat ventre par petits bouts, à se cacher derrière une motte de terre, à mettre des sentinelles doubles, etc. Une fois par semaine, on avait droit à des marches de nuit. On nous faisait grimper des falaises, le long de la Vire, en silence, tous feux éteints, cigarettes interdites. Pour un peu, on se serait crus à la guerre !

Le samedi après-midi était consacré à l'hygiène. Armés d'une serviette et d'un savon de Marseille, tous les hommes de la compagnie descendaient au pas cadencé la rue Tarteron sous la surveillance du lieutenant à cheval. Arrivés sur les bords de la Vire, les hommes enlevaient leurs godillots et se déculottaient avant de se nettoyer les pieds. Ensuite, avec leur couteau, le manche en l'air, ils jouaient au pédicure.

Curieusement, certaines catégories de soldats étaient exemptées de lavage de pieds. Les étudiants universitaires, les juristes, les magistrats et les détenteurs d'une patente. Bref, l'intelligentsia était présumée avoir les pieds propres !

Chaque semaine, on devait monter la garde dans des endroits parfois inattendus. La première fois que j'ai été « de semaine », je suis resté de planton de neuf heures à midi, baïonnette au canon, dans la salle d'attente de la gare, devant la porte allant à la consigne. Et une fois relevé, un peu curieux, j'ai avisé un employé de la gare :

— Dis donc, tu ne voudrais pas me dire ce que j'ai fait là, de neuf heures à midi ?

— Ah, me répondit-il, au début de la guerre, on avait mis là un baril d'eau-de-vie pour les blessés. Nous n'avons pas eu de blessés, mais le niveau du baril n'arrêtait pas de baisser. C'est pour cela qu'on a demandé un planton pour garder la porte.

43

— Et maintenant, ça va ?

— Oh ! maintenant, il y a longtemps que le baril est vide !

L'apprentissage du métier de soldat au dépôt de Saint-Lô me semblait parfois loin des réalités… Mais la guerre se rapprochait : après la bataille de Belgique le 22 août, celle de la Marne. Nous allions bientôt la voir, nous le sentions.

Déjà, je voyais arriver des blessés légers de retour du front, venus prendre leurs jours de repos et susceptibles d'y retourner du jour au lendemain. Quant aux appelés, un jour ou l'autre, il faudrait bien qu'ils partent boucher les trous. Hélas, beaucoup d'entre eux n'en sont jamais revenus. Comme le frère de Joseph Michel, officier d'artillerie, mort au bout de huit jours de guerre.

Nous avions également avec nous le 80e régiment territorial, composé de braves types des environs de Saint-Lô, tous vieux et pères de famille. Ils étaient chargés de corvées à l'arrière du front, mais, en réalité, ils allaient se trouver engagés en première ligne, à la bataille de Guise, au cours de laquelle ils se couvriraient de gloire en repoussant deux régiments allemands.

On sentait bien que le bon temps allait finir. J'allais bientôt dire adieu à cette petite guerre verte et bocagère. Progressivement, nos camarades prenaient la direction du front, pendant que Joseph Michel et moi étions nommés médecins auxiliaires dans le service de santé.

Chaque matin, nous nous rendions à l'infirmerie. Quatre cents patients environ nous attendaient pour la visite. Elle commençait à huit heures du matin, au son du clairon. Une demi-heure avant, une foule patientait à la porte, les uns debout, les autres assis par terre les genoux à la hauteur du menton. À huit heures pétantes, je percevais un remous, puis je voyais les gars entrer dans la salle, suivis par le sergent de semaine, un porte-plume sur l'oreille, ses cahiers de visite sous le bras.

La salle de visite était un réfectoire désaffecté dont le mobilier se limitait à une table et à un petit poêle de fonte. Une immense casserole d'eau chaude était posée dessus, équipée d'un long manche au bout duquel pendait un litre d'étain. Il servait à prélever l'eau pour la mettre dans les quarts des patients qui prenaient un médicament.

Nous étions démunis de tout. Nous n'avions même pas de coton hydrophile ! À la place, on nous avait donné de l'ouate de tourbe couleur tabac. Il fallait voir la tête des gars quand ils repartaient, une fois pansés.

Les infirmiers canalisaient la foule qui attendait en file indienne. Les patients se déshabillaient jusqu'à la ceinture, et la séance commençait. À onze heures, il fallait que les quatre cents bonshommes aient été examinés. Évidemment, nous ne pouvions pas les voir en détail. On se contentait de faire un tri pour dégrossir un peu, afin de nous attarder sur ceux qui semblaient réellement malades. Il n'y en avait pas beaucoup. Les autres, on les exemptait de quatre jours de service. Invariablement, au bout de quinze jours, ils revenaient nous voir.

J'ai vécu là des scènes que n'auraient osé imaginer ni Courteline ni Maupassant. Ce qui était le plus drôle, c'était la différence entre les gars à la porte d'entrée et ceux qui se trouvaient près de notre table. Les premiers, nus jusqu'à la ceinture, chahutaient, se chatouillaient, se donnaient des claques dans le dos. Au fur et à mesure que leur tour approchait, leur mine s'assombrissait. Enfin, arrivés près de moi, ils étaient franchement minables. Vraiment, ils faisaient peine à voir…

— J'ai l'corps comme de l'eau, disait l'un, souffrant de diarrhée.

— Moi, j'ai la coulée des pendus, disait l'autre.

— Eh ben moi, expliquait un autre, c'est le contraire, je ne peux pas aller le matin à la rosée.

Un poivrot qui avait une gastrite expliquait :

— Moi, tous les matins, j'ai les vers qui me piquent au cœur.

J'avais un fidèle. Il venait me voir tous les huit jours. Sachant que j'étais pressé, deux tours avant le sien il se retournait et baissait son pantalon jusqu'à ses chaussures, puis relevait le pan de sa chemise. Son tour venu, il faisait demi-tour, les fesses d'abord, jusqu'à cinquante centimètres de moi. Et là, arrivé à une distance qu'il jugeait bonne, il se penchait en avant, et le dialogue s'engageait de bas en haut. Il fallait entendre sa voix plaintive :

— J'ai des hémorroïdes à l'anus.

Un autre habitué, originaire de Saint-Brolade, m'expliquait que mon collègue l'avait jugé apte à partir, et commentait :

— Seulement il y a six mois, en tombant d'une échelle, je me suis cassé la moulette de l'épaule et je me suis démis la palette du genou. Et, de plus, j'ai une diarrhée permanente. C'est sauf votre respect, comme si vous, vous aviez bu deux litres de cidre nouveau. Il faut lui dire que je ne peux pas partir dans ces conditions-là.

Au début, ça m'amusait, mais, à la longue, j'en ai eu plein le dos.

Nous avions tant de monde qu'on ne pouvait pas faire utilement notre service. Alors nous avons eu l'idée de demander à un médecin du dépôt de venir nous dépanner. C'était un homme peu ordinaire, qui exerçait aux environs de Cherbourg. Pas bien grand, un vaste képi sur la tête, haut par-derrière, bas par-devant, avec une énorme visière d'où émergeait un petit bouc rouge. Les hommes l'appelaient « maudit cochon de bouc ». Sous le képi, qui lui écartait les oreilles, il portait un dolman datant de la guerre de 1870, avec des brandebourgs et des manches à petits boutons dorés qu'il pouvait déboutonner de façon à panser les blessés sans se salir. Enfin, avec sa culotte et ses bottes, il avait tout d'un dompteur.

Il nous a dévisagés, et nous a lancé d'un ton décidé :

— Bon, entendu, demain, c'est moi qui ferai passer la visite.

Le lendemain matin, les malades arrivent comme d'habitude. Et voilà que le « maudit cochon de bouc » débarque. Il monte sur la table et tonne :

— Silence !

On aurait entendu une mouche voler.

— Vous êtes ici quatre cents salauds. Il n'y en a pas vingt de malades. Je conseille à ceux qui n'ont rien de foutre le camp, parce que, s'ils ne sont pas retenus, ils auront dix jours de consigne !

Et là, galopade dans mille directions. Finalement, il reste à peu près une trentaine de types. Alors, s'adressant au sergent de semaine, notre médecin lâche :

— Bon, eh bien, pour tous ceux qui sont partis, quatre jours de consigne.

Ce traitement de cheval nous a donné un peu de répit.

Peu après, j'ai dû cesser mon service à l'infirmerie, car, avec l'arrivée de la classe 14 et celle d'un contingent de cinq cents Belges venus d'Anvers par bateau, la caserne s'est trouvée au complet, et les

compagnies du dépôt ont été réparties en cantonnement, soit dans des hameaux, soit dans des fermes,
autour de Saint-Lô.

J'ai alors fait mes visites « à domicile », sur une distance d'environ sept kilomètres à pied. Première étape :
la compagnie cantonnée à La Fourchette, où les
hommes étaient répartis dans deux ou trois fermes. Le
poste de commandement de la compagnie était installé
dans le bistrot, au sommet d'une forte côte. Dès qu'il
m'apercevait au bas de la côte, le trompette appelait à
la visite, et sa sonnerie était reprise par les autres
compagnies cantonnées dans les fermes voisines. Tout
cela faisait dans la nature un cocorico qui me gonflait
d'orgueil.

Cette première fois, au bistrot, j'ai été reçu par mon
ami le sergent Léon Derenne, retour de retraite de la
Marne, et son adjoint. La petite bonne m'a apporté un
café – « sans eau-de-vie », ai-je précisé. Puis elle est
allée servir la même chose à un quatrième homme, au
bout de la table. Nous avons parlé de la conjoncture en
fumant une cigarette… Au bout d'un moment, j'ai
commencé à m'impatienter :

— Mais qu'est-ce qu'ils font tes malades, Léon ? Ils
ne viennent pas ?

— Comment ? Il est là ton malade, il t'attend ! C'est
le gars qui est au bout de la table.

— Ah bon, eh bien, on va le laisser finir sa tasse, le
temps que les autres arrivent.

— Mais il n'y en a pas d'autres, il est tout seul ! Tu
penses bien que depuis que nous sommes installés ici,
les malades ont disparu. Les hommes ont des paillasses
gonflées, ils bouffent comme quatre… Ils ne tiennent
pas à ce qu'on s'occupe d'eux – les peuples heureux
n'ont pas d'histoire.

Ma cigarette terminée, je l'ai quitté pour visiter le deuxième cantonnement. Le long d'un joli chemin bordé de prairies clôturées, au milieu des rangées de pots de lait, une vache me regardait passer, l'air pensif : « Voilà le jeune adjudant qui vient voir les malades du capitaine Filledegarce. »

C'est ainsi qu'on appelait le capitaine. On lui avait donné ce surnom parce qu'il ne pouvait pas prononcer une phrase sans la ponctuer d'un « fille de garce ! ». C'était au demeurant un homme parfaitement correct, père de neuf enfants, ce qui lui avait valu d'être maintenu à l'arrière, bien justement.

— Ah ! voilà le docteur. Eh bien, aujourd'hui c'est toujours la même chose, vous savez. Vous avez trois malades, mais c'est toujours les trois mêmes. Ils n'ont pas l'air bien malade.

De là, je reprenais la route pour une autre compagnie. Devant les entrées de fermes, on lisait des écriteaux du genre : « Joseph Levilain possède 3 taureaux primés, prix de la saillie : 2,10 F. S'adresser ici. » Il paraît que les dix centimes étaient pour la bonne. Un peu plus loin, une pancarte légèrement différente : « Verrat primé avec certificat. Prix de la saillie : 2,20 F. » L'augmentation de tarif venait de ce que l'opération, cette fois, exigeait la présence d'un homme. Dans les vergers, il y avait des pommes plein les pommiers et encore davantage par terre parce que, cet été-là, on manquait de main-d'œuvre pour les ramasser.

Lorsque je rentrais à Saint-Lô pour déjeuner avec mes camarades au restaurant du Soleil levant, il était midi.

Au mois de novembre, toutes les compagnies furent rappelées à la caserne Bellevue car les effectifs avaient beaucoup diminué. La visite matinale à l'infirmerie reprit.

De jeunes recrues belges étaient arrivées. De pauvres gars décharnés, mal nourris, mal vêtus et grelottants. Ils faisaient la queue une demi-heure devant la porte en attendant leur médecin. Ce dernier arrivait toujours avec du retard. C'était un grand Flamand blond, bien harnaché, bien équipé, avec un vaste képi sur la tête, qui faisait son entrée en se fustigeant les jambières avec une cravache.

Une fois installé dans la salle, il faisait venir l'infirmier en chef, qu'on appelait le caporal, qui le mettait au courant des événements de la journée. Il signait quelques papiers, puis il disait :

— Tous ceux qui ont mal à la tête, mettez-vous à ma gauche. Ceux qui ont mal à la gorge, mettez-vous dans le coin en face. Ceux qui ont mal au ventre, la diarrhée, ou qui ont envie de vomir, mettez-vous dans le coin en face, de l'autre côté. Tous les autres à ma droite. Puis se tournant vers le caporal : – Aux premiers, vous donnerez un comprimé d'aspirine, aux deuxièmes une pastille pectorale, aux troisièmes une pilule d'opium, quant aux autres, vous les montrerez aux médecins français.

Puis il prenait son képi pot de fleurs et s'en retournait à l'hôtel faire la bringue avec ses camarades.

Outre les malades à l'infirmerie, qui demandaient du temps, nous devions voir chaque après-midi au moins trois cents hommes, soit pour les vacciner contre la variole ou contre la typhoïde, soit pour opérer un triage, c'est-à-dire désigner ceux qui étaient aptes à faire partie du prochain renfort.

Cette dernière tâche me devenait de plus en plus insupportable.

Il y avait quelques salopards, qui essayaient de nous bourrer le crâne de façon à rester. Tous les moyens étaient bons. Ils allaient même jusqu'à nous proposer de l'argent, à nous inviter à dîner en nous faisant comprendre que leurs femmes n'étaient pas farouches. Tout cela nous dégoûtait profondément, Joseph Michel et moi. Ceux-là faisaient partie à coup sûr du prochain départ. En même temps, j'avais honte d'en faire repartir quelques-uns qui en revenaient, alors que moi je n'y étais pas encore allé.

Je me sentais mauvaise conscience. Je me disais : « La guerre va se terminer au printemps, après une offensive. » J'imaginais déjà une seconde bataille de la Marne et je me disais : « Je n'aurai pas fait la guerre. Je n'aurai pas suivi le sort de ma génération. Et cela, ce sera une tache que je ne pourrai pas effacer. »

Enfin, il y avait une curiosité insatiable en moi, je voulais voir de près ce qu'était la guerre.

J'en parlai au commandant Boisson, un ami de ma famille qui était commandant du dépôt. Il m'expliqua que le service de santé ne le concernait pas, puis m'assura que l'effectif des médecins était au complet, aussi bien au 136e qu'au 336e régiment. J'interrogeai le médecin du dépôt, qui me suggéra :

— Vous devriez écrire au député M. Le Hérissé, qui est membre de la commission des effectifs. Il est député d'Antrain. Peut-être connaît-il vos parents ?

Et c'est ce que je fis. Fut-ce cela ou, plus simplement, que mon tour était venu ? En tout cas, le 8 janvier 1915, arriva au dépôt l'ordre de m'envoyer au camp de Coët-quidan pour être incorporé au dépôt du 94e régiment d'infanterie. Je fus un peu surpris. Je m'attendais à être versé dans un régiment de la 10e région[1]. Je n'avais jamais entendu parler du 94e régiment d'infanterie. On

1. 10e région militaire (Saint-Malo).

m'avertit que c'était le régiment de Bar-le-Duc, qu'il faisait partie des régiments de l'Est, et que j'allais en prendre ! Il appartenait en effet à la 42e division basée à Verdun.

Le jour fixé, mes camarades m'accompagnèrent à la gare, et je pris le train pour Dol. Je quittai sans amertume le bocage normand. Je ne regrettais que les premières semaines d'enthousiasme. Mes camarades étaient tous partis, les uns au front, les autres chez eux pour inaptitude aux armes. Le travail était devenu monotone, et j'avais l'impression de vivre dans une salle d'attente.

Pendant ma dernière soirée à Dol, j'essayai de consoler et de raisonner les miens. Le lendemain, mes parents et ma sœur Jeanne m'accompagnèrent sur le quai du train de Rennes. Je les vis un moment, puis je les revis à nouveau, retraverser les voies pour s'en aller, mais, lorsque le train prit sa courbe à l'entrée du remblai de Carfentin, tout fut fini.

Seul dans mon compartiment, je me mis à réfléchir. J'avais l'intime conviction, je ne sais pourquoi, c'était peut-être un peu léger, que je reviendrais. Mais dans quel état ! Je n'en savais rien. Je me pris à regretter la démarche que j'avais faite auprès du député. En réalité, je crois qu'elle n'avait pas servi à grand-chose. Trois semaines après mon départ, Joseph Michel, qui n'avait rien demandé, partait à son tour, envoyé dans un régiment d'artillerie. Je l'ai revu plusieurs fois au cours de permissions, en 1917 et en 1918. Grièvement blessé aux jambes, il marchait avec des cannes. Il me confia ses craintes pour l'exercice futur de son métier de médecin. En réalité, il n'exercerait jamais car il mourut de la grippe espagnole au moment de l'Armistice.

L'adieu à Saint-Lô, janvier 1915. Louis Maufrais au centre, la main dans la poche, entouré de ses amis, sur le quai de la gare. Il part pour le camp de Coëtquidan, d'où il ira au front avec le 94e régiment d'infanterie.

Voilà le récit horrifique de ma campagne normande. Peut-être trouverez-vous qu'elle tourne parfois à la farce. Mais je vous l'ai racontée telle que je l'ai vécue. Cette période m'est très chère, parce qu'elle y rassemble mes amitiés de jeunesse. J'ai laissé à Saint-Lô un bon nombre de mes camarades. Presque tous partirent au front et n'en revinrent jamais.

La bataille d'Argonne[1]

La forêt d'Argonne, située entre Reims et Verdun, fut un des secteurs les plus disputés et les plus dangereux du front occidental de septembre 1914 à septembre 1915. La guerre s'y fit dans les conditions les plus dures, en raison des particularités géographiques de cette région humide au relief accidenté. Les attaques continues étaient précédées presque systématiquement d'explosions de mines, suivies de terribles combats à coups de grenades et à l'arme blanche.

La bataille de l'Argonne fut engagée peu après le repli stratégique, en août 1914, de la 3ᵉ armée française (Sarrail), venue s'appuyer sur la place de Verdun, en face de la 5ᵉ armée allemande (kronprinz). Les Allemands, en suivant ce mouvement de retraite, s'étaient établis de part et d'autre du massif boisé de l'Argonne en remontant les vallées de l'Aisne et de l'Aire. Dès le 5 septembre 1914, le général Joffre décidait de reprendre l'offensive. Face aux troupes du kronprinz stationnées le long des deux flancs de l'Argonne, les Français s'avancèrent dans la forêt, cherchant à couper les communications de l'ennemi. De leur côté, tout en

---

1. Les textes de présentation des batailles sont de Martine Veillet.

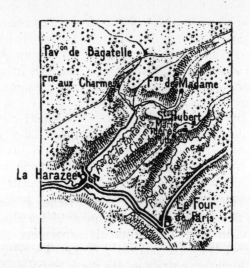

renforçant la protection de leurs communications, les Allemands voulurent encercler les Français et atteindre Verdun. Par les vallées latérales et par le couloir central de la Biesme, ils menaçaient la voie ferrée française vers Verdun et cherchaient à couper l'armée de Champagne de l'armée de Verdun. L'enjeu de cette position d'Argonne explique l'acharnement des combats. En janvier 1915, la lutte est inégale entre les divisions françaises et les troupes d'élite mieux équipées de l'armée du kronprinz, commandées par le général von Mudra, spécialiste de la guerre des mines. Les Français, après avoir rapidement adapté leur matériel et constamment renouvelé leurs effectifs, réussiront cependant à contenir l'ennemi, au prix d'immenses pertes.

Le combat s'organise dans une forêt aux taillis presque impénétrables, où des ravins aux flancs abrupts s'opposent à des vallées traversées de ruisseaux. Il est difficile pour l'infanterie d'y aménager des champs de tir, et pour l'artillerie d'accéder à des endroits panoramiques. L'humidité est partout. Tracées un peu au hasard sous le feu de l'ennemi, les tranchées françaises et allemandes s'enchevêtrent. À peine creusées, elles sont envahies par l'eau et la boue.

En janvier 1915, la ligne des combattants coupe la route de Servon à Vienne-le-Château, au nord de Fontaine-la-Houyette, puis court avec de nombreux saillants et rentrants par le bois de la Gruerie jusqu'à Fontaine-aux-Charmes et les abords de Bagatelle ; de là elle descend au sud par Fontaine-Madame jusqu'à un kilomètre au nord de La Harazée, monte vers Saint-Hubert, redescend jusqu'au Four-de-Paris.

Il est impossible aux historiens d'énumérer tous les combats, presque journaliers, de ce front de l'Argonne...

Louis Maufrais, qui fut présent dans tous les postes de secours de ces secteurs, le confirme. Pendant les derniers mois de la bataille, il suivit son bataillon appelé à changer de secteur d'un jour à l'autre. Il a préféré en condenser les temps forts plutôt que de dérouler son journal quotidien : « Notre vie était devenue d'un nomadisme absolument invraisemblable. J'aurais pu transcrire dans mon récit mes notes quotidiennes. Il aurait gagné peut-être en rigueur mais personne n'y aurait plus rien compris. »

M. V.

Cette garce de Marie-Thérèse

Argonne. Février 1915 - mai 1915

Pendant six mois, depuis le début du mois de février jusqu'à la fin juillet 1915, j'ai suivi mon régiment dans des combats furieux, sans répit, de jour comme de nuit.

Je vivrai dans cette forêt de l'Argonne un hiver et un été. Au cours de cette période, j'observerai une évolution de la guerre, avec l'apparition de nouvelles armes et des gaz asphyxiants. Malgré ses attaques incessantes, nous verrons comment l'armée allemande, dont l'objectif était de nous rejeter du plateau de la Gruerie vers la vallée de la Biesme, n'est jamais parvenue à ses fins.

3 février 1915. Il fait nuit noire quand le train me dépose à la petite gare de Guer desservant le camp de Coëtquidan.

Arrivé à la porte du poste, je vois arriver un homme en sabots, un falot[1] à la main. Lorsqu'il le lève pour lire mes papiers, je remarque qu'il a le calot rabattu sur ses oreilles, un nez violacé et humide, une barbe de plusieurs jours.

---

1. Lanterne portative de grande dimension.

— Venez avec moi, me dit-il, je vais vous conduire au médecin chef.

Je le suis sur un chemin de caillebotis submergé par des flaques boueuses.

Rendu à la popote[1], je vois un homme se détacher du groupe. Trois galons, grand, large d'épaule, le teint coloré, il domine tout le monde. L'air un peu distant mais brave, il paraît avoir pas mal d'autorité sur ses confrères.

— Je suis content de vous voir, me dit-il, je vous attendais. Je suis le médecin-major Oberthur, et je suis affecté comme vous au 94ᵉ qui partira dans trois jours. Je viens d'avoir des nouvelles de notre régiment. Il se trouve actuellement en Argonne dans le bois de la Gruerie et doit arriver au repos dans un village appelé Florent dans quatre jours.

Ce bois de la Gruerie, dont on parle tous les jours dans les communiqués... Pendant six mois, il sera le secteur le plus terrible de cette région redoutable.

Oberthur me raconte qu'il est originaire de Rennes, mais qu'il habite Auteuil où il dirige une clinique psychiatrique. Ancien interne des hôpitaux de Paris, il pratique surtout la neurologie.

— Ne vous tracassez pas trop pour le voyage, me prévient-il. J'ai une cantine remplie de vivres, vous n'aurez pas besoin de vous en occuper. Nous serons à l'aise, car nous ne serons que trois dans notre compartiment, avec un officier commandant le détachement. Nous partons avec un renfort de trois cents hommes. Les hommes voyagent en troisième et les sous-officiers en seconde.

1. Réunion de personnes qui prennent leur repas ensemble en argot militaire.

Avril 1915, Marie-Thérèse. Louis Maufrais dans le boyau qui conduit au poste de secours de Marie-Thérèse. Un des secteurs les plus meurtriers de l'Argonne. Il porte encore un képi, le casque Adrian n'a pas encore fait son apparition.

Un peu plus tard, alors que la conversation de la popote du camp de Coëtquidan s'éteint doucement, j'entends une voix chevroter :

— J'ai écrit dans le temps un poème intitulé « Chant d'amour et chant de joie ».

Regardant d'où vient la voix, j'aperçois le clochard qui m'a servi de guide.

— Mais qui est ce gars-là ? me demande Ober-thur.

Averti par des camarades sur le chemin de la popote, je peux lui répondre d'un ton assuré :

— Comment ? Vous ne le connaissez pas ? Mais c'est André de Fouquières, l'arbitre des élégances parisiennes !

Trois jours plus tard, nous embarquions enfin.

Au moment du départ, j'interrogeais le chef de train :

— Combien de temps faut-il pour aller en Argonne ?

— Je ne sais pas si vous allez en Argonne, me répondit-il. Je ne suis au courant de rien. Moi, je ne sais qu'une chose : je vous conduis à Chartres. Et là, un autre prendra ma place. Vous pensez bien qu'on ne va pas dire au chef de train où l'on conduit les troupes !

On n'y voyait goutte, dans les wagons. Toutes les lumières avaient été mises en veilleuse. Après avoir bavardé un peu, Oberthur nous invita à casser la croûte. Au petit jour, nous nous sommes retrouvés sur une voie de triage, à Chartres, où on nous a donné un quart de jus et du vin.

Un peu plus tard, pendant que nous roulions en direction de Chaumont, je vis Oberthur prendre un bloc et se mettre à dessiner des oiseaux, tous les gibiers possibles, à poil et à plume, dans des attitudes d'une vérité et d'une vie extraordinaires. Comme je lui en faisais la remarque, il m'expliqua qu'il était président de la Société des animaliers.

En plus de sa cantine de vivres, il avait une cantine d'effets personnels et une troisième cantine remplie d'équipements de chasse dont certains, munis de fourrures spéciales, lui permettaient de passer des nuits dehors par vingt degrés au-dessous de zéro. Il avait aussi des combinaisons conçues par lui-même pour traverser les rivières, ainsi qu'un dispositif pour aller chercher les morts, voire les blessés dans les barbelés et entre les lignes. Un système d'amarrage combiné avec un treuil était prévu pour fonctionner depuis la tranchée. Je trouvais ça extraordinaire de la part d'un homme qui avait sans doute plus de quarante-cinq ans. Je ne le voyais pas du tout dans ce genre d'exercice, et moi encore moins ! Je me disais : « Si je suis avec lui, j'en ai pour huit jours là-bas, pas plus. »

Pour passer le temps, je consultais ma carte de Champagne. Où était l'Argonne ? On voyait une vaste forêt au relief accidenté, entre la Champagne et la Meuse. On ne pouvait la traverser que par une vallée centrale, la vallée de Biesme. Cet itinéraire emprunté par toutes les invasions de notre histoire avait valu à l'Argonne d'être surnommée les Thermopyles de la France.

Après une deuxième nuit de voyage, nous avons atteint la gare de Chaumont, puis le train a enfin mis le cap au nord. Le troisième jour, je découvris Sermaize-les-Bains presque complètement démoli par l'artillerie au moment de la bataille de la Marne. À la hauteur de Revigny, il avait neigé, et je remarquai des trous d'obus dans la campagne environnante.

À la nuit tombante, terminus à Sainte-Menehould, la capitale de l'Argonne. Tous les officiers, dont Oberthur, furent appelés pour être conduits chacun à l'endroit où les affectait leur billet de logement. Quant à moi, je dus suivre le troupeau à travers les rues.

Dans la cour d'une caserne, on nous dirigea vers un grand bâtiment rond. Un manège en terre dure, semé ici et là de paille. Et moi qui pensais bêtement qu'après cinquante heures de train j'allais pouvoir dormir sur une paillasse, je perds à l'instant mes illusions. Je compris ce qu'il me restait à faire. Après avoir pris une petite collation, j'étendis ma couverture par terre, plaçai mon sac sous ma tête et, sous le sac, ma vareuse.

Puis je rabattis ma capote sur moi et j'essayai de dormir.

11 février. À six heures : réveil, jus et toilette – si on peut dire. À sept heures, nous partons en direction de Florent[1]. Oberthur vient me rejoindre à la gauche du détachement. Il tombe un crachin épais. On voit à peine notre chemin. Petit à petit, un jour crasseux se lève. On distingue de grands arbres dont les cimes sont encore dans le brouillard, avec, à droite, un petit étang. La route monte de façon continue. Ah, c'est bien fini les champs de la campagne de Saint-Lô ! On n'entend que le bruit de huit cents godillots qui barbotent dans la boue. Et un seul traînard ! Alors Joseph Oberthur n'hésite pas :

— Donne-moi ton sac.

Et il enfile le sac du gars sur ses épaules. Oberthur était vraiment un gars bien balancé.

Un peu plus loin, en remarquant du mouvement sous les arbres, je vois des voitures et des chevaux, dont quelques-uns abrités par de la tôle ondulée, et beaucoup à la corde. Ce sont de pauvres bêtes squelettiques, avec de vastes plaies sous les flancs. Elles se rendent service en se grattant mutuellement, ou se frottent aux troncs d'arbres qui restent debout – la plupart ont été abattus, et leur écorce mangée par les chevaux.

Enfin, des baraques apparaissent, de plus en plus nombreuses. On nous explique que tout ça, c'est le train de combat du 61e régiment d'artillerie. Progressivement, nous gravissons une grande côte en haut de laquelle on distingue des bicoques en torchis. J'ai froid

1. Village d'Argonne, lieu de garnison et de cantonnement de la 42e division où les bataillons relevés du front venaient au repos.

au nez et aux mains. Ma capote est lourde comme tout. Nous arrivons sur une grande place avec, au centre, une église aux lignes lourdes.

On s'arrête là, et je suis surpris de voir, à l'angle de la route et de la place, des baquets munis d'écriteaux sur lesquels est écrit en grosses lettres : PISSEZ DANS LE BAQUET SVP. Je m'offre ce plaisir, avec l'impression de pisser dans de l'eau de Javel. À ce moment, je m'aperçois que j'ai perdu mon stylo. Première contrariété.

Après avoir circulé un peu dans les rues, la troupe se disloque. On voit des maisons dont il ne reste que les charpentes, et dont les trous laissent passer les têtes des chevaux parqués là. Quant aux hommes, ils sont couchés comme des bêtes dans ces espèces d'écuries, tous alignés sur de la paille.

Il est neuf heures du matin. Le docteur Oberthur et moi finissons par repérer l'infirmerie grâce au fanion de la Croix-Rouge, au bout d'une rue semée de bouses de vaches. Nous frappons à la porte et nous entrons. La visite a commencé. Assis au centre d'une table ronde, le commandant du Roselle, médecin d'active et médecin chef à Bar-le-Duc, se lève. Nous en avons déjà entendu parler à Coëtquidan, où il était considéré comme un original. Il est loin d'avoir une figure de guerrier. Imaginez plutôt un gentilhomme de la Renaissance, un Henri IV un peu falot, avec des yeux bleuet, une belle barbe blonde et un sourire candide, indéfinissable, qui ne le quittait jamais. Il s'avance vers Oberthur, les deux mains tendues :

— J'avais d'abord prévu de vous nommer médecin du 3e bataillon, mais j'ai pensé que cette fonction était bien au-dessous de vos compétences. Aussi, j'ai décidé de vous adjoindre comme attaché scientifique. Vous ne vous imaginez pas tous les cas, les choses extraordinaires, tant en médecine de guerre qu'en médecine courante, qui nous passent entre les mains. J'ai besoin d'un homme tel que vous pour mettre certains problèmes au point.

Et voilà comment, dans l'armée, d'anciens médecins d'active dont les connaissances médicales commencent à faiblir sérieusement s'arrangent pour s'adjoindre des gens de la réserve très à la page de façon à profiter de leurs leçons en se piquant de faire des publications médicales sous la signature, associée à la leur, d'un gars qui connaissait son affaire.

Je me doute bien, en regardant la mine déconfite de ce cher Oberthur, que ça ne lui convient pas du tout. Il m'a répété au moins une dizaine de fois au cours du voyage qu'il était affecté comme médecin de bataillon.

Enfin, se tournant vers moi, du Roselle me lance :

— Quant à vous, le médecin auxiliaire, je vous affecte au 2e bataillon que vous accompagnerez aux tranchées. Voici votre médecin de bataillon, le docteur Wirt, à qui vous aurez affaire.

Je ne vais pas le connaître bien longtemps, car quinze jours plus tard, il va se fracturer la tête de l'humérus dans une chute de cheval.

Du Roselle reprend ensuite la visite.

— J'ai de la bronchite, dit son premier patient.

— Je ne te demande pas ce que tu as, je te demande ce que tu ressens !

Du Roselle l'ausculte brièvement et annonce :

— Non, mon ami, tu n'as pas de bronchite, tu as un simple rhume et tu vas retourner dans ta compagnie. Je veux bien t'exempter de service aujourd'hui, mais tu le reprendras demain matin. Pense un peu, la France est envahie ! Les Allemands qui sont des brutes ont détruit ta maison, l'ont pillée, ont violé ta femme…

— C'est que je ne suis pas marié, moi.

— Si ce n'est pas toi, c'est ton camarade. Alors retourne à la compagnie, et pas d'histoire !

Après quoi, du Roselle se tourne vers nous :

— Messieurs, ma visite est terminée pour ce matin.

Dehors, nous trouvons devant la porte une ordonnance tenant deux chevaux par la bride. Avec son sourire indéfinissable, du Roselle fait les présentations :

— Messieurs, mes alezans. Sur ce, je vous quitte.

En rentrant dans la salle de visite, je remarque quelques poilus dans un coin et, dans un autre, un jeune santard[1] que je reconnais à son galon. D'une main, il tient un stéthoscope, de l'autre une lampe électrique qui balaie les yeux, la gorge et la tête d'un gars.

— En effet, me confirme-t-il, je sors de l'école du service de santé militaire de Lyon. Mon nom est Birbize. Je finis mon stage dans un régiment d'infanterie, j'espère obtenir prochainement mon galon et avoir une nouvelle affectation.

J'en conclus que, bientôt, un bon couillon de la réserve viendra prendre sa place. La visite terminée, je viens trouver l'adjudant infirmier, un brave gars, bras droit du médecin chef et grand maître des paperasses, pour lui expliquer ma situation :

— Écoutez, c'est la première fois que j'arrive au front, et je voudrais savoir où m'adresser pour être affecté et où coucher.

— C'est bien simple, me répond-il, puisque vous êtes affecté au 2ᵉ bataillon, la première chose que vous allez faire, c'est de vous rendre au bureau de la 5ᵉ compagnie pour vous inscrire et vous y faire mettre

1. Le santard est un étudiant qui fait des études de médecine militaire. L'école de Lyon est la seconde école du service de santé militaire, après celle du Val-de-Grâce à Paris.

en subsistance. Si par hasard vous y rencontrez le commandant de la compagnie[1], le capitaine Cros, vous vous présenterez à lui, mais, je vous préviens, il n'aime pas beaucoup les médecins. Pour le coucher, ne comptez ni sur un lit ni sur un matelas. Vous dormirez le plus souvent par terre ou sur un brancard. Dites-vous bien que le petit pays de Florent, où l'on ne trouve que quelques lits, est le centre de repos de la 42e division, à savoir au moins cinquante mille hommes. Enfin, ne vous découragez pas, vous arriverez peut-être à vous débrouiller en dehors des voies réglementaires. Quant à la question popote, vous avez peu de chance d'être réclamé dans celle des officiers parce que vous venez d'arriver. Moi, je vous conseille de faire popote avec ceux de l'infirmerie, puisque vous allez vivre en permanence au milieu d'eux. Alors que, dans une popote de sous-officiers, un jour vous serez avec eux, le lendemain, non. Ce sera très compliqué pour vous.

Un petit gars à côté de nous intervient dans la conversation :

— Oui, l'adjudant a raison, vous devriez venir avec nous. Je m'appelle Le Chat, et je suis le cuistot de l'infirmerie. Ce n'est pas mon métier, je suis miroitier au Faubourg, mais je me débrouille plutôt bien.

Fort de tous ces conseils, je confirme que j'irai manger avec ceux de l'infirmerie.

L'après-midi, je rencontre Oberthur dans la rue.

— On m'a promis un matelas et un sommier dans une arrière-boutique, me dit-il, derrière les bureaux des sous-officiers d'une compagnie. Je tiens absolument à ce que vous veniez coucher avec moi. Vous avez

---

1. Subdivision d'un bataillon qui comprend 150 hommes environ.

besoin d'une bonne nuit après les trois que vous venez de passer sans sommeil.

— Ma foi, j'ai trouvé le moyen de dormir sur un brancard à l'infirmerie.

Mais Oberthur insiste :

— Pas du tout, vous allez venir avec moi.

Donc, à neuf heures du soir, nous arrivons dans un local qui communique avec le bureau d'une compagnie. La serrure a été démolie, si bien que l'on voit presque tout ce qui se passe d'une pièce à l'autre. Nous sommes stupéfaits de découvrir un sommier crasseux et puant dans une espèce de débarras. Je suis scandalisé :

— Dites donc, un chien ne pisserait pas là-dessus !

— C'est possible, mais c'est tout ce que nous avons, me répond Oberthur, tout aussi écœuré que moi.

À peine sommes-nous résignés à nous installer là-dessus, que nous entendons les sous-officiers entrer dans la pièce d'à côté. Quelques-uns, déjà pas mal soûls, ont deux filles avec eux. On entend des cris, du chahut, des bouchons de champagne, un vacarme épouvantable que les coups de poing que nous donnons dans la porte ne font pas cesser. Finalement, vers onze heures, tout le monde s'éclipse et nous pouvons commencer à dormir.

Le lendemain matin, je quitte Oberthur confondu, le remerciant de son hospitalité et l'assurant que j'irai coucher comme convenu avec mes infirmiers. Il est temps d'aller me présenter à mon chef de mon bataillon, le commandant Boulet-Desbareau. Selon moi, il représente le type accompli du commandant d'infanterie d'avant-guerre. Pas très grand, l'œil vif, sec mais bon, les cheveux blond grisonnant, il jouit d'une grande popularité, dans le bataillon.

— Ici, nous ne nous verrons pas beaucoup, dit-il après m'avoir posé quelques questions sur mon pedigree, mais quand nous serons en ligne, nous aurons amplement le temps de faire connaissance, parce que nous serons toujours très voisins l'un de l'autre.

J'ai confiance en lui dès le premier contact. Il me semble que, de mon côté, je suis à peu près à son goût.

Vers midi, premier repas à la popote, cuisiné par notre chef Le Chat. C'est là que je fais connaissance avec les bouthéons[1] et les galtouzes, autrement dit les gamelles. Et l'assiette en aluminium, bien pratique pour manger la viande et le dessert. Au menu de l'infirmerie : des biftecks un peu durs, suivis de sardines à l'huile. Puis du riz avec du chocolat, café et gnôle[2]. Tout mon personnel est autour de moi[3] : le caporal infirmier Serane, enfant du 14e, le caporal brancardier Dardaine, un Marnais malheureux en ménage, Bitsch, infirmier de la 5e compagnie, Couchot, brancardier de la même compagnie, et mon tampon[4] – dans le civil, expert en braconnage et propriétaire d'un manège de chevaux de bois. Et enfin, Petit Robert, cycliste agent de liaison, apprenti maçon de la Marne en temps de paix.

Cette nuit-là, je couche à l'infirmerie, sur un brancard. À côté de moi, ma cantine. Sous ma tête, mon

---

1. Marmite militaire pour le transport des aliments.
2. Alcool fort de tout type, consommé par les combattants.
3. Le régiment de Louis Maufrais appartient au 32e corps (regroupement d'au moins deux divisions sous un même chef, avec des moyens supplémentaires en artillerie, génie et logistique), composé de la 42e division, la nôtre, et de la 40e. La 42e comprend d'abord le 94e régiment de Bar-le-Duc, puis le 8e et le 16e bataillon de chasseurs à pied (troupe d'élite particulièrement mobile, destinée à engager le combat avec l'ennemi), et enfin les 151e et 162e régiments d'infanterie, casernés à Verdun. Le régiment d'artillerie de campagne était le 61e. La 40e division est composée de quatre régiments, et du 40e régiment d'artillerie dans lequel il sera affecté plus tard, en 1917.
4. Militaire ordonnance, mis au service d'un officier pour s'occuper de ses affaires personnelles.

sac et ma vareuse pour oreiller et, de l'autre côté, ma musette. Voilà mon mobilier, je n'en aurai pas d'autre pendant plusieurs années.

Les brancards, malheureusement, ne sont pas chauds, car l'air passe par-dessous. De surcroît, le mien a été lavé du sang qui le tachait trois jours plus tôt, et il est à peine sec. Ça ne m'empêchera pas de dormir…

Florent, 17 février 1915. Nous sommes réveillés par un coup de clairon à cinq heures du matin. Quelqu'un entre dans l'infirmerie en criant :

— Tout le monde debout, nous partons dans une heure. N'emportez que l'indispensable. Laissez vos bagages, nous rentrerons coucher ici ce soir.

On nous donne un quart de jus chaud et nous prenons la route de Placardelle. Dans le noir, on n'y voit rien. Nous buttons les uns contre les autres. Nous dormons debout. Et, pourtant, le canon tonne plus que jamais. J'ai l'impression que, dans la nuit, ces coups résonnent encore plus fort que pendant le jour. Des fusées éclairantes au magnésium se succèdent de façon continue. Elles montent assez haut, et leur chute est ralentie par des parachutes. Elles ont pour but d'éclairer les tranchées d'en face. À la hauteur de la Placardelle, je vois tout autour de moi des points lumineux : les départs de pièces de 75[1]. Ça n'arrête pas. On nous informe que nous allons en renfort de corps d'armée, parce que les Allemands attaquent à Vauquois[2], sur notre droite.

1. Le 75 modèle 1897, pièce d'artillerie de campagne de l'armée française de conception révolutionnaire, est le premier canon à tir rapide.
2. Vauquois, occupé dès septembre 1914 par les Allemands, fut un des points clés du champ de bataille d'Argonne. La butte couvrait leur ravitaillement du front d'Argonne par la route du Four-de-Paris.

Deux kilomètres plus loin, nous quittons la route pour prendre un sentier sur notre gauche, en direction d'un petit cantonnement appelé La Croix-Gentin.

Je commence à peine à rassembler mes esprits après ce réveil difficile quand tout d'un coup, près de moi, quelqu'un se met à siffler le début de la deuxième partie de *Shéhérazade*. Je ressens un petit choc délicieux. Brusquement, me voilà reporté des années en arrière – l'Opéra de Paris en 1910, les Ballets russes... Après les premières mesures, le siffleur s'arrête et je continue le morceau. Intrigué, l'inconnu m'interpelle :

— Qui a sifflé ça ?

Et je vois arriver un grand gars de quelques centimètres de plus que moi, que j'ai vu à la popote. Il commence par me poser des questions, avant de se confondre en excuses en apprenant que je suis le nouveau médecin auxiliaire. Je le rassure :

— Mon vieux, ne vous excusez pas. Je suis au contraire enchanté. J'espère que nous aurons souvent l'occasion d'échanger nos idées.

C'est Bitsch. Le plus gentil garçon que j'ai rencontré dans tout le 94e, et que je ne quitterai qu'à mon départ du 2e bataillon[1]. Nous restons assis à discuter le long de ce sentier jusqu'au soir, en oubliant complètement les bruits de la guerre.

Suite de la n. 2 p. 71
Les Français, après deux assauts sans succès le 17 et 28 février 1915 au prix de pertes énormes, finirent par s'emparer définitivement de Vauquois en mars 1915.

1. En avril 1917 pendant la bataille de Verdun, Louis Maufrais, nommé médecin aide-major du 1er bataillon du 94e, quittera le 2e bataillon.

Florent, 18 février. Ma matinée étant libre, j'en profite pour aller me promener jusqu'au carrefour, vers la route de Placardelle. J'y rencontre par hasard l'adjudant qui m'a conseillé la popote des infirmiers. Il est en grande discussion avec le commandant Toussaint de la 6e compagnie, auquel il me présente – l'un des officiers les plus aimés des hommes du bataillon. De retour à ma popote, je retrouve notre cuistot Le Chat à genoux en train de souffler sur quatre morceaux de bois pour faire prendre du feu, sans y parvenir. Il est découragé :

— Que voulez-vous que nous fassions avec du bois mouillé ! Ça fait de la fumée mais ça ne prend pas. Je vous avais préparé des biftecks avec des frites. Jamais nous n'arriverons à cuire les patates, c'est inutile. Alors si vous voulez, moi je vous conseille de prendre du « singe » et on va s'en tenir là pour aujourd'hui.

Le singe est la viande en conserve de l'armée, du bœuf bouilli tout préparé, dont la qualité est remarquable. On arrivait toujours à trouver des boîtes, et elles étaient toujours bonnes.

L'après-midi, sur un coup de sifflet, on nous donne l'ordre de nous éloigner du sentier et de nous planquer un peu plus haut parce qu'un avion allemand rôdait au-dessus de nous. Ce qui veut dire nous repérer avant de nous « marmiter ». En effet, une demi-heure plus tard, trois énormes « fusants » tombent sur la crête des arbres, à côté de nous, dans des nuages verdâtres et une pluie de branches et de feuilles. Mais ils arrosent surtout le carrefour de la route.

— Ça, ce sont des obus à shrapnell, m'expliquent les camarades. Ils éclatent en l'air, à une hauteur calculée, et projettent au-dessous d'eux des balles de plomb ou des billes métalliques très meurtrières.

En plus des obus à shrapnell, il y a les obus explosifs, qui se brisent en mille morceaux, mais ils n'éclatent que lorsque la tête de l'obus touche le sol ou un obstacle. Les hommes sont alors blessés par les morceaux mêmes du projectile.

Il n'y a pas un quart d'heure qu'on nous a recommandé de nous mettre à l'abri qu'on vient m'avertir que l'adjudant infirmier a été blessé au carrefour de la route. Accouru sur place avec un brancardier, je trouve l'homme avec lequel j'ai discuté le matin même, en train de se tordre de douleur sur le bas-côté de la route.

Il me dit :

— Je viens d'être touché au ventre par un shrapnell, je suis foutu.

Le malheureux est livide, il fait grand pitié. Très vite, je vois un petit trou dans le flanc, pas loin de la hanche. Il a dû causer pas mal de dégâts à l'intérieur. Je ne peux que lui faire une piqûre de morphine. Vingt minutes plus tard, il sera rendu à La Harazée et, de là, il est transporté en voiture jusqu'à Sainte-Menehould. Hélas, rien à faire ; il mourra le soir même.

L'événement me laisse découragé jusqu'à la fin de la journée. Je viens de découvrir brutalement toute la bêtise et la cruauté de la guerre.

Florent, 19 février. Il fait un froid glacial, et comme je me plains de mes nuits difficiles à l'infirmerie devant des camarades, ils me proposent de partager avec eux le grenier qu'ils ont déniché. Mais le déménagement prévu pour le lendemain matin ne peut avoir lieu ; le jour même, après la visite médicale, le commandant Boulet-Desbareau m'avertit :

— Ah, cette fois, docteur, nous partons aux tranchées. Départ à midi. Préparez vos hommes, nous partons à Marie-Thérèse relever un bataillon du 151e.

Une grande journée pour moi, celle de l'initiation. J'éprouve plus d'appréhension que d'enthousiasme, je l'avoue, à l'idée de me trouver bientôt dans cet endroit dont on parle tous les jours dans les journaux depuis plus d'un mois.

Je passe ma matinée à trier mes affaires pour mon paquetage, laissant de côté ce qui n'est pas indispensable. Enfin, me voici équipé : j'ai sur le dos mon sac avec mes effets, une couverture et une toile de tente et, par-dessus, un petit imperméable genre cycliste qui faisait plus civil que militaire. Un peu plus bas, ma grosse musette, avec des vivres et des ustensiles, ma musette d'infirmier alourdie encore par quelques instruments professionnels. Et, pour finir, un bidon. Je suis beaucoup trop chargé. Tout ça me scie le cou et m'empêche de courir.

À midi, notre bataillon quitte Florent. Nous fermons la marche, emboîtant le pas des mitrailleurs et leurs mulets chargés de caissons de munitions. Nous gagnons Moiremont, Vienne-la-Ville, et nous nous engageons dans la vallée de la Biesme. En traversant Vienne-le-Château en partie démoli, nous remarquons, aux fenêtres d'un bâtiment, de nombreux chasseurs à pied au repos, pour la plupart coiffés de chéchias. Spectacle inattendu, qu'on nous explique aussitôt : ils sont cantonnés dans une ancienne fabrique de chéchias. Au bout du village, nous prenons un sentier de traverse à l'abri du versant nord, jusqu'à La Harazée. Après avoir longé des abris creusés dans le roc où sont basés des cuistots et des services, nous passons devant le ravin de la Houyette donnant accès au secteur de Bagatelle, que nous fréquenterons plus tard.

Enfin, nous voilà à La Harazée.

Ce hameau aux trois quarts démoli est le secteur central. Y convergent tous les chemins qui montent vers le secteur nord où l'on se bat. Il y a une petite église à demi effondrée et quelques bicoques. L'une d'entre elles possède un étage – on l'appelle pompeusement « le château ». Ce « château » sert de poste de secours central.

Dans une espèce de véranda qui lui est accolée, on a installé les blessés. La salle de bains reconvertie en salle à manger accueille le médecin chef du Roselle.

C'est de La Harazée que nous partirons à la tombée de la nuit pour gagner notre secteur. Devant nous, le bois de la Gruerie a l'aspect d'un quadrilatère irrégulier limité vers le sud par la vallée. Le Nord, perdu dans les hauteurs arborées, est occupé par les Allemands, sur la gauche, à la hauteur de Vienne-le-Château. Le bois s'étend ensuite au secteur de Saint-Thomas, beaucoup moins agité, pour finir à la route de Varennes, qui part du Four-de-Paris. Ce bois de la Gruerie, qui deviendra le grand champ de bataille de l'infanterie, est divisé en secteurs. À partir de Vienne-le-Château, les secteurs de Bagatelle et de Marie-Thérèse sont séparés par l'enclave du petit secteur de Blanlœil. Ensuite, c'est Fontaine-Madame, Fontaine-aux-Charmes, Fontaine-Ferdinand, le ravin du Mortier et pour finir, le Four-de-Paris.

Des noms pittoresques et un joli bois vallonné qui respirent la joie de vivre… On y ramassera cent mille morts.

Au coucher du soleil, nous quittons La Harazée. Avec ma cohorte de l'infirmerie, je regarde la compagnie du 151e descendre petit à petit du bois de la Gruerie, pendant que les nôtres partent les remplacer. Notre tour enfin arrivé, nous nous engageons dans un large sentier aménagé dans le taillis, qui compte quelques grands arbres encore intacts. La pluie commence à tomber. On longe les réserves de matériel et de munitions, les réserves des cuistots, des enclaves plantées de petites croix avec des noms, et des gabions[1] placés dans les endroits particulièrement en vue. Après avoir quitté le chemin, on suit un sentier composé de rondins assemblés, rendant la marche difficile. Nous marchons en file indienne. Les balles sifflent au-dessus de nous sans arrêt. L'intensité monte au fur et à mesure que se fait la relève.

On nous souffle la consigne : « Silence, éteignez les cigarettes. » Brutalement, le chemin commence à descendre sous le flanc du plateau de la Gruerie.

— Attention, il y a un mort, chuchote quelqu'un.

En effet, quelques mètres plus loin, je découvre sur le côté un pauvre type recouvert d'une toile de tente. Je le regarde : sa figure semble complètement aplatie. Soulevant son képi, je trouve dedans sa cervelle absolument glacée, alors que le reste du corps est encore chaud – une vision qui me poursuivra une partie de la nuit.

Je m'aperçois que le sentier s'abaisse et que les parapets[2] s'élèvent : nous sommes dans la tranchée.

— Attention, nous dit notre guide, prenez le petit boyau à gauche. C'est là que se trouve votre poste de secours.

Arrivé à destination, je vois devant la porte tout le personnel de l'infirmerie prêt à ficher le camp. En tête, Colson, que j'aurai souvent l'occasion de revoir pendant cette campagne. Un gentil garçon, externe à

---

1. Paniers sans fond, faits de branchages entrelacés sur des piquets fichés dans le sol et remplis de terre afin d'offrir une protection pour l'exécution des terrassements.
2. Rebord de la tranchée qui fait face à la tranchée adverse. Il constitue à la fois une protection (faite de barbelés et de sacs de sable) et un obstacle à escalader lors des attaques ou des départs.

Paris comme moi. Il me dit qu'il ne s'est rien passé de particulier pendant la semaine. Si ce n'est, tout de même, de la casse par affolement. Mais nous n'avons pas été attaqués. Je l'informe qu'il y a un tué de son régiment, le long de la route.

Après avoir écarté une toile pleine d'eau, puis une couverture, je découvre le poste de secours de Marie-Thérèse.

Ce poste de secours n'a rien d'un palace. Il est creusé à moitié dans le rocher. L'autre moitié, en avancée sur le boyau, est recouverte de rondins et d'un mélange de terre, de toile de tente et de gazon qui laisse passer l'eau. Les gens du 151e, cependant, ont pris la précaution de bien balayer leurs petites saletés avant notre arrivée. Mes bonshommes se précipitent pour accrocher leurs bidons, leurs musettes, etc., aux porte-manteaux constitués de baïonnettes enfoncées dans le mur jusqu'à la garde. Deux baïonnettes placées l'une à côté de l'autre et réunies par une planchette forment une étagère. Au fond, une petite table de bois.

Le poste de secours est divisé en deux parties. L'une où l'on peut s'asseoir le jour et s'allonger la nuit, et l'autre destinée aux pansements pour les blessés. Les camarades du 151e, décidément bien élevés, nous ont laissé deux bougies allumées. L'une est fixée dans le goulot d'une bouteille, et l'autre dans une espèce de spirale en fil de fer accrochée au plafond. Elles dispensent peu de lumière, mais énormément de taches de cire. Les infirmiers, habitués à ce genre d'installation, mettent en moins de deux leur matériel à l'abri de la pluie, dans la partie étanche du fond, où sont entreposées des piles de pansements et des fioles. Après avoir emménagé, nous prenons un petit repas.

Au moment de nous coucher, nous voyons arriver trois blessés, heureusement légers. Une entorse, une plaie par balle à l'épaule ; le troisième, qui a reçu un rondin sur le cou, a une fracture de la clavicule. Tout cela n'est pas grave et je décide de les faire accompagner jusqu'au chemin. Ensuite, ils iront bien tout seuls à La Harazée.

Quand nous nous couchons, la pluie tombe bien. Des gouttes d'eau traversent le toit, claquent sur mon capuchon de caoutchouc et m'empêchent de dormir. Ce qui me maintient surtout en éveil, c'est le bruit presque continu des balles. Il y en a de toutes les sortes. Celles qui sifflent, très rapides. Celles qui claquent comme un coup de fouet. Il paraît qu'en fendant l'air une balle laisse un vide dans son sillage et, lorsque les deux masses d'air se rapprochent pour le combler, cela produit ce bruit de fouet. Enfin, il y a celles qui miaulent, parce qu'elles arrivent en bout de course. De temps en temps, une rafale d'obus, soit de 77, soit de 75[1], nous passe très bas sur la tête. Il faut dire que nous sommes à quarante mètres pas plus des Allemands !

La fatigue prenant le dessus, ma pauvre tête bourrée d'émotion se laisse aller à un demi-sommeil traversé de lueurs, celles des fusées éclairantes, qui se glissent sous les toiles de tente de l'entrée jusque sur le sol de notre abri.

Le lendemain matin, quand je fais ma toilette, je sens des gouttes me couler sur la figure. Je les regarde tomber dans ma belle cuvette neuve en toile où j'ai versé le volume d'un bol d'eau. De couleur jaunâtre, elles viennent de la couche de terre, au-dessus de ma tête. Je suis dégoûtant, et mes habits aussi. J'essaie

1. Canon léger de 75, arme d'une grande efficacité, et fleuron de l'artillerie française en 14-18. Grâce à son frein hydropneumatique, il pouvait tirer vingt coups à la minute.

d'écrire un petit mot à mes parents, et ma première lettre est authentifiée par une jolie trace jaune en plein milieu du papier. Écœuré, je sors dans la tranchée pour repérer les abords du poste de secours, et mes chaussures sont aussitôt recouvertes de boue[1].

Malgré le bruit des balles, mes camarades de l'infirmerie ont parfaitement dormi. C'est tous des gars aguerris qui vivent ce métier-là depuis le début du mois d'août. Ils ont fait la retraite de la Marne, la bataille de la Marne, sont remontés se battre à Sézanne, puis finalement au fort de La Pompelle et, de là, ils sont partis participer à la guerre des Flandres. Rien ne les impressionne plus. Les bruits sont ceux de leur vie quotidienne. Leur sensibilité devant les atrocités de la guerre s'est émoussée. C'est indispensable.

Ils cherchent un dérivatif à leurs pensées en remontant les mois, les années pour retrouver des souvenirs de famille, de caserne, de femme… Voilà comment je me trouve bientôt entraîné dans leur vie privée sans l'avoir cherché. Car, dans les tranchées, on ne se cache rien entre copains. Mon infirmier Bitsch domine le lot. C'est un beau, grand gars brun. Dévoué, brave sans ostentation, il ne se plaint jamais. Il me confie qu'il a fait des études de droit, et qu'il a fait son service militaire à Dijon. Il est aussi musicien amateur. Il était clarinette pendant son service, mais il joue surtout du violoncelle.

---

1. Après la mort de Louis Maufrais, les lettres à ses parents se perdront dans les déménagements. Mais ses cartes postales écrites du front à sa sœur seront retrouvées dans un album où cette dernière les collectionnait, comme beaucoup de jeunes filles à cette époque.

— Je vais faire un tour dans ma compagnie, m'annonce Couchot, mon tampon, alors que je m'apprête à passer mon premier après-midi au poste de secours de Marie-Thérèse.

— Je vais avec toi. J'ai envie de voir comment c'est fait, une tranchée !

— Bon, alors moi, j'irai devant, et surtout pliez-vous bien en deux quand vous passerez devant un créneau ou dans un endroit où le parapet est abîmé.

Il pleuviote, et on a de la boue par-dessus nos chaussures. Trois gars nous croisent, nous obligeant à nous plaquer contre la paroi. Du coup, nous avons le dos tout aussi couvert de boue.

Devant un créneau, un homme monte la garde, mais je note qu'il évite de regarder de face. Ces créneaux sont en bois, calés avec des sacs de terre ou des plaques blindées. Je remarque que la fente par où passe le canon du fusil est volontairement augmentée de beaucoup, en largeur. Couchot m'explique que, lorsque le soleil donne derrière nous, les Allemands nous voient à contre-jour dans le créneau ; ils visent le créneau et font souvent mouche, grâce à leurs fusils à lorgnette montés sur chevalet. Nous, nous n'avons pas ce genre d'équipement. Aussi voit-on des trous de créneaux qui ont doublé de largeur, de façon à permettre au soldat de ne pas se placer dans l'axe de son canon de fusil.

Les guetteurs de garde restent debout ou accroupis par terre. Ceux qui sont de repos se creusent des trous dans le bas de la tranchée. Là, ils lisent, ils écrivent et, surtout, ils dorment. S'ils dorment le jour, m'apprend Couchot, c'est qu'ils ne ferment pas l'œil de la nuit. La plupart sont occupés à traîner des rouleaux de fil de fer barbelé, des rondins, des boîtes de munitions, des boîtes de grenades, que sais-je encore… Et, surtout, ils montent sur le parapet pour aller réparer les réseaux[1], planter des pieux ou garnir les postes d'écoute. Ils travaillent à mains nues, par un froid glacial, dans la neige ou dans la boue. Ce n'est pas un travail, c'était un enfer.

Après cette visite exploratoire, je reviens au poste de secours gelé.

Le soir, vers dix heures, alors que nous sommes sur le point de nous endormir, j'entends dans le boyau d'accès des pas lourds précipités, un bruit d'étoffe froissée et une voix qui souffle :

— Éteignez !

— Qui c'est ?

— Pichot de la 7e.

On fait rentrer les arrivants et on rallume. Le premier brancardier[2] a sur l'épaule, protégée par une peau de mouton, une grosse trique que son camarade tient à l'arrière de la même manière. Sur cette trique est attachée une toile de tente faisant hamac, dans laquelle se trouve le blessé. De lui, on ne voit que les jambes pendantes.

On dispose le brancard en dessous, et ils y déposent le blessé d'un mouvement bien calculé. On dénoue les nœuds. On voit alors que l'homme a une plaie pénétrante de poitrine. Il respire bruyamment, avec des gargouillements, et un filet de sang lui sort de la bouche. Il a une perforation du poumon et l'épaule

1. Le fil de fer barbelé fixé sur des montants était fréquemment installé sur plusieurs lignes successives dénommées « réseaux ». Leur mise en place et leur réparation généralement effectuées de nuit constituaient une part importante des travaux des combattants aux tranchées.

2. Militaires chargés de la récupération et du transport des blessés aux tranchées et sur le champ de bataille. Leur tâche était particulièrement périlleuse.

gauche fracassée. Je lui fais une piqûre pour le soutenir un petit peu, et on lui met un vague pansement. Je donne un peu de gnôle et de café à mes gars et je leur dis :

— Emmenez-le vite à La Harazée, il ne peut pas attendre, c'est trop grave.

Au tout début de la guerre, il était dans les habitudes des cadres de l'armée de désigner comme brancardier des hommes incapables de se battre. Mais ils comprirent rapidement que c'était l'inverse qu'il fallait faire. Parce que ces gars-là agissaient en dehors de tout contrôle, que leur rendement était subordonné à leur dévouement, sans aucun repos ni de jour ni de nuit. Et les brancardiers furent alors sélectionnés parmi les meilleurs éléments – résistance physique et morale, esprit de devoir.

Cette scène pénible du transport du blessé dans la toile de tente, image caractéristique de la guerre, vous la trouverez dans la première cour du Val-de-Grâce, à Paris. Elle est l'œuvre d'un de mes brancardiers qui fut blessé dans le ravin de la Houyette alors que je me trouvais à ses côtés. Il s'appelait Gaston Broquet. Quant au système de la toile de tente, on a bien essayé de le perfectionner, mais on n'y est pas parvenu.

Dans la tranchée, nous vivions constamment dans l'humidité, la boue, la neige et, surtout, le froid. L'hiver était particulièrement rigoureux. Depuis que j'étais en ligne, à savoir pas loin de huit jours, je ne m'étais pas réchauffé une seule fois. On avait froid au nez, aux oreilles, aux mains… nos pieds enserrés dans des chaussures pleines d'eau macéraient, gonflaient. Il était formellement interdit de se déchausser. Il en résultait des espèces d'engelures qui s'infectaient, et les pieds gelaient. Une affection extrêmement sérieuse, qui me fit évacuer un grand nombre d'hommes, dont certains restèrent estropiés pendant des années.

Le mois de février touche à sa fin. La journée a été relativement calme. Mais la nuit va l'être beaucoup moins.

Vers une heure du matin, nous sommes réveillés par une fusillade intense. Les balles sifflent dans toutes les directions. Des départs de 75 semblent passer à trois mètres au-dessus de nous, immédiatement suivis de la réplique allemande. Les coups nous soulèvent de notre couche, et on reçoit sur la tête de la terre provenant du toit. Des obus tombent à une dizaine de mètres à peine de l'abri. À la moindre erreur de nos artilleurs, nous pouvons être anéantis. On se lève. Dardaine, mettant le nez dehors, nous avertit qu'on envoie des fusées rouges : ces fusées sont destinées aux artilleurs français pour leur signaler de porter leur tir plus loin.

— On va allonger le tir, explique-t-il.

Le vacarme dure une demi-heure et, peu à peu, s'apaise. Nous voyons alors arriver un brancardier de la 7e compagnie, ahuri et essoufflé :

— Les Allemands ont essayé de prendre un de nos postes, dit-il. Il y a des tués et des blessés. Je ne sais pas quoi faire.

Il est désemparé.

— Attends, nous venons avec toi.

Je pars avec un infirmier et le brancardier auquel je dis :

— Va devant, guide-nous, mais ne va pas trop vite.

Dans la tranchée, on n'y voit rien. Elle est encombrée d'hommes chargés de rondins, de caisses, de rouleaux de fil de fer qui forcent le passage en nous plaquant contre le parapet boueux. On finit par crapahuter dans la boue, qui nous passe entre les doigts. De temps à autre, nous longeons des endroits où le parapet vient d'être éboulé. L'échancrure révèle le terrain entre les lignes, éblouissant de blancheur sous les fusées éclairantes. On voit se dessiner des bouts de troncs d'arbres. Nous marchons sans perdre une seconde. Soudain, l'infirmier bute contre quelque chose, tombe à plat ventre dans la boue, se relève. Heureusement, il n'a rien. Puis on entend les fusils tirer à nouveau. Quelques mitrailleurs chargés de caisses de munitions nous disent de nous arrêter – ça commence à canarder. Je leur demande si le PC de la compagnie est encore loin. Il reste encore cent mètres à faire. Nous profitons d'une accalmie pour avancer par petits bonds en nous cachant au bas du parapet. Nous arrivons au PC englués de boue.

Le commandant de la compagnie nous attend à l'entrée de son abri.

— Les Boches ont attaqué notre petit poste d'écoute, me dit-il. Ils ont tué trois hommes, griève-ment blessé un sous-officier, un qui ne vaut guère mieux, et il y a encore trois autres blessés. Je pense que, de leur côté, les Boches ont dû prendre quelque chose, parce que notre artillerie a bien tiré dessus. Je ne serais pas étonné que le petit poste soit à nouveau vide.

Je décide d'examiner sommairement les blessés, car le reste sera fait au poste de secours.

— L'important est de faire partir votre sergent le plus rapidement possible, lui dis-je. Préparez vos bran-cardiers. Lorsque nous serons arrivés au poste de secours, je verrai ce qu'il faut faire.

J'énonce les diagnostics à l'attention de mon infirmier, en parant au plus pressé.

— Sergent Huette, jambe gauche arrachée et plaie profonde du bras droit.

Je lui fais un garrot. D'ailleurs ça ne saigne presque plus, et je sens à peine son pouls. Je pense qu'il n'arrivera pas vivant au poste de secours.

— Wialenski, caporal. Plaie à la base du cou.

Et je me dis : « Toi, tu peux dire que tu as de la veine. »

— Thomanou, René, sergent. Plaies à l'avant-bras gauche.

Malheureusement pour mon sergent – je remarque qu'il a les doigts inertes, qu'il ne peut plus les remuer ; il a sans doute une section de nerfs.

— Ah, docteur ! s'écrie le commandant, est-ce que je peux demander la médaille militaire pour mon sergent ?

— Bien sûr, faites-le tout de suite. Et, en même temps, est-ce qu'il vous serait possible de téléphoner au service de santé de La Harazée en passant par le colonel ou la brigade, pour demander deux équipes de musiciens[1] en renfort à mon poste de secours pour ramener les autres ?

Lorsqu'on demandait par morse ou par téléphone si un blessé pouvait se voir décerner par le service de santé soit la médaille militaire soit la Légion d'honneur, cela signifiait qu'il était perdu.

---

1. Durant toute la Grande Guerre, lors des attaques, l'afflux des blessés ne permet plus aux brancardiers des régiments trop peu nombreux, d'assurer correctement leur transport vers l'arrière. Les médecins peuvent alors faire une demande auprès du service de santé, afin que les musiciens de la fanfare de leur bataillon leur soient ponctuellement envoyés en renfort, comme brancardiers. Le transport des blessés fut une préoccupation constante de Louis Maufrais.

Le calme revenu, nous partons rejoindre notre poste de secours avec les blessés. En arrivant, nous constatons que le pauvre sergent Huette est mort.

Mais le poste de secours est rempli par cinq nouveaux blessés qu'on nous a amenés en notre absence. J'énonce les nouveaux diagnostics :

— Estival, Jean-Marie. Plaies par grenades. Trois perforantes dans le flanc droit, et de même dans la cuisse droite.

Tandis que j'énonce mon rapport, je poursuis un monologue intérieur que je ne peux confier à personne : « Mon pauvre Estival, je crois que tu ne t'en tireras pas. »

— Arre, Joseph. Plaies par balles, de la région deltoïdienne gauche et pectorale gauche.

« Ça, ça peut aller. »

— Cohen, David. Plaies par éclats d'obus de la région lombaire gauche. Ludos Gilbert. Perte de deux doigts de la main droite.

Le bilan est lourd : cinq morts au moins, et dix blessés qui garderont certainement des séquelles. Et pour quel résultat ? Pas grand-chose ! Les Allemands ont essayé de prendre un poste avancé des nôtres et n'ont pas pu garder leurs positions.

Lorsque tout le monde est évacué, après un bon coup de balai, nous essayons de dormir.

Cinq heures du matin. La fatigue aurait dû me faire tomber de sommeil. Mais c'est le contraire qui se produit. Toutes les émotions de la nuit me bourdonnent dans la tête. Alors, je prends un carnet et j'écris. Je décris, je classe, j'essaie d'en tirer quelques réflexions et enseignements pour les jours suivants.

Inconsciemment, j'apprends le manuel du gibier traqué. Pour professeurs, j'ai mes copains de l'infirmerie. En particulier Couchot, qui exerce dans la vie civile le métier de braconnier. Les principales règles en sont :

— Agir ou se concentrer dans une action absorbante s'avère le meilleur dérivatif contre la peur, au moment du danger.

— Avoir confiance en sa chance et être convaincu qu'il y a de la place à côté pour les obus.

— Éviter systématiquement de stationner dans les carrefours, cibles privilégiées de l'artillerie allemande qui en a les coordonnées.

— Se dire que la tranchée n'est pas un lieu de tourisme, que la place des médecins est dans le poste de secours, à l'endroit où ils sont directement opérationnels. On ne les désire pas ailleurs.

Pour le moral des troupes, la qualité constante du ravitaillement en dépit des conditions difficiles a joué un grand rôle. Il cheminait par fourgons ou par wagonnets jusqu'aux cuisines creusées dans le flanc nord de la vallée. Le matériel était déposé à pied d'œuvre, le plus près possible des cuistots. Trois fois par jour, dès le matin, on voyait ces petites bandes pittoresques de braves gars nous apporter du pain, dix boules à fois, au moins, sur un bâton porté par deux hommes. Ils étaient également chargés de bidons de deux litres contenant du café, du vin, et de la gnôle, bien entendu. Les distributions se faisaient dans la tranchée même. Dans les moments durs, de pauvres types buvaient dès le réveil, d'un seul coup, le café chaud, le vin et la gnôle.

— Maintenant je peux crever, disaient-ils, c'est toujours ça que les Boches n'auront pas eu.

Vers onze heures, la soupe était apportée dans des bouthéons, par une autre équipe, souvent accompagnée du fourrier qui, lui, apportait les colis et le courrier. C'était le bon moment de la journée. Enfin, le soir, on resservait la soupe. Bien entendu, en cas d'attaque, tout ça était perturbé. Rien n'allait plus, on ne touchait à rien.

Pendant les quatre jours qui ont suivi cette première attaque, il régna un calme relatif. On se laissait aller au plaisir de se faire du chocolat au lait condensé tout en roulant des cigarettes qu'on fumait amoureusement. Lorsque le ravitaillement était trop dangereux, on nous distribuait des boîtes de sardines à l'huile et du camembert.

Saluons bien bas les hommes du ravitaillement, car ils nous ont permis de tenir le coup jusqu'à la victoire. Même si la sardine à l'huile espagnole et portugaise sentait l'huile de machine à coudre, même si le camembert était fait avec du lait écrémé, si bien qu'en le penchant on le voyait se gonfler et se vider pour peu qu'il y ait un trou. Enfin, c'était la guerre…

Une semaine plus tard, nous sommes relevés par le 1er bataillon. Je note au moment de partir que Hurel, le médecin qui me remplace au poste de secours, s'est laissé pousser une belle barbe blonde[1].

Le chemin qui part du secteur de Marie-Thérèse jusqu'au cantonnement de Florent est long et dangereux. Devant la grande échancrure du ravin des Meurissons, le long de la route de Varennes, les balles pleuvent à longueur de temps – les Boches en occupent le fond. Pour s'en protéger, on a fait un mur de presque trois gabions les uns sur les autres. Après la traversée

1. Un détail qui sera noté à plusieurs reprises : c'est l'apparition des « poilus ».

de la vallée de la Biesme, nous arrivons épuisés au village de Florent, et peu décoratifs avec nos capotes bleues (qui n'étaient pas encore horizon), recouvertes d'une croûte de boue.

Bitsch me propose à nouveau de partager son local :

— Ce grenier a l'avantage de ne pas avoir été réquisitionné par l'armée, me dit-il. Nous y sommes chez nous, entre nous. On fait ce qu'on veut, et personne ne vient nous ennuyer.

J'accepte immédiatement l'invitation, et, avec quelques autres, nous nous hissons sur l'échelle qui y conduit. Ensuite, nous faisons monter des brancards qu'on installe les uns à côté des autres.

Bien sûr, ce n'est pas un palace. Le jour passe entre les tuiles et par deux petits carreaux de verre. Mais on peut y lire tranquillement. De plus, il y fait bon, parce que la cuisine d'en dessous est habitée par les propriétaires de la maison, et que la cheminée chauffe.

Le mobilier est simple – et d'époque ! Au milieu, une caisse sert de table. De chaque côté, une planche installée sur d'autres petites caisses, et un arrosoir.

Nous vivons à quatre dans cette pièce, plus un membre de la famille des propriétaires dénommé « le cousin ». J'y fais aussitôt monter ma cantine. La première soirée est consacrée à nous laver. Le brave Couchot, que j'ai pris comme tampon, a pour mission de décrotter mes godillots et de tâcher de remettre au clair ma triste capote.

Le lendemain matin, rasé et débarbouillé, je me rends à l'infirmerie pour présenter mes respects à du Roselle et l'aider à passer la visite. Il m'annonce que mon médecin de bataillon, le docteur Wirt, victime d'un accident de cheval, a été évacué et qu'il sera remplacé prochainement par le docteur Boderosse. Il m'informe également qu'il convoque tout le personnel médical pour quinze heures devant l'infirmerie. La visite terminée, je pars me promener dans la rue avec Bitsch et le caporal infirmier.

Dans ce pays-là, il n'y a pas une boutique, mais on peut acheter de tout. Bitsch me montre une porte, où attendent quatre gars.

— Ici, dit-il, c'est chez Nénesse. S'il y a tant de monde, c'est parce que c'est la fille du patron qui sert.

J'entre avec eux. Une grosse nymphe forestière que je trouve fort laide me sert avec dédain une bouteille de vin blanc dont le fond est encore plein de traînées de sucre en poudre. Elle réserve ses sourires aux fourriers, ces hommes à sacoches pleines de sous qui viennent dépenser le budget des compagnies pour le ravitaillement. On peut demander à Nénesse des chaussettes, des boutons, du papier à lettres, du cirage, elle a de tout.

La porte à côté, c'est le coiffeur, mais rien ne l'indique. Chez lui, on trouve de la mèche, de la pierre à briquet, des pantoufles, de l'eau de Cologne, des couronnes mortuaires, voire des cercueils. Tous des salauds qui nous dégoûtent. Pour finir, nous faisons le tour de l'église avant de rentrer.

À quinze heures, nous sommes devant l'infirmerie, comme convenu. Du Roselle nous demande de le suivre au bout du village, et, une fois arrivé devant l'entrée d'une grange, il ouvre les portes en grand.

— Messieurs, annonce-t-il, voici nos bains-douches. Je viens de les faire aménager.

Il y a par terre deux rangées de trois baquets. À chaque baquet correspond un demi-baril tenu par des cordes dirigées par un système de poulies, qu'on peut monter ou descendre à volonté. On met de l'eau chaude dans le baril, dont le fond est percé de quatre trous fermés avec des chevilles, puis on le hisse au-dessus du

91

baquet, et il n'y a plus qu'à enlever les chevilles. Quand le gars qui prend sa douche en a assez, il remet les chevilles, et ainsi de suite… C'est simple et génial.

Au retour d'une relève de tranchée, nous étions en général au repos pour une semaine. Pendant les deux premiers jours, on laissait un peu les hommes en paix. Ils étaient libres de dormir à volonté, jouer aux cartes, se décrotter, se nettoyer, écrire et prendre une petite cuite – ce qui était excessivement fréquent, dans bien des cas salutaire, et efficace, comme lavage de cerveau. Ces pauvres gars oubliaient ce qui s'était passé, et ils oubliaient aussi que, peut-être dans une semaine, il faudrait qu'ils remontent.

Cependant, dès le troisième jour, les exercices reprenaient. Principalement le lancer de grenades et l'initiation aux armes nouvelles. Depuis que des accidents s'étaient produits, nous avions ordre d'assister à tous les exercices de grenades. Je n'ai pas eu de chance : il s'en est produit un dès mon premier service.

Les hommes descendaient dans des espèces de tranchées, sur un terrain en bordure du village, et, là, ils lançaient leurs grenades par-dessus un parapet supposé. La fanfare des chasseurs à pied de l'un ou de l'autre bataillon répétait sur le même terrain, et ce n'était pas désagréable.

On utilisait de ces grenades artisanales surnommées pétards à clous ; souvent mal faites, et qui éclataient beaucoup trop tôt. Ce qui est arrivé cet après-midi-là. Un gars eut trois doigts emportés avant d'avoir eu le temps d'envoyer sa grenade. Pendant ce temps, son voisin, qui venait d'amorcer une grenade à cuillère et qui allait la lancer, a été surpris par l'explosion. Il en a lâché sa grenade qui lui est tombée entre les jambes. Il a eu les cuisses réduites en bouillie par une dizaine d'éclats, un pied presque arraché, et les parties aussi. Il est mort trois jours plus tard.

1er mars 1915, départ pour le secteur de Blanlœil. Nous quittons Florent à six heures du matin. On m'a prévenu au dernier moment, hier soir, de me tenir prêt à partir avec deux de mes infirmiers pour accompagner une compagnie et cinquante bombardiers. Je serai sous les ordres du commandant de la 8e compagnie.

Nous suivons les hommes dans la nuit glacée, Bitsch, un autre infirmier et moi. Après un premier cantonnement nommé la Seigneurie, puis celui du Rond-Champ, nous descendons sur Vienne-le-Château, pour faire une pause à La Harazée. Nous y retrouvons le commandant de la 8e compagnie, que nous accompagnerons à Blanlœil. Ce secteur de très mauvaise réputation, enclavé entre Bagatelle à gauche et Fontaine-aux-Charmes à droite, présente un relief tourmenté. Le tracé des tranchées y est extraordinaire. À certains moments, les nôtres dominent les lignes boches et, à d'autres, c'est l'inverse. Le commandant nous raconte :

— Dans ce secteur, les hommes se canardent nuit et jour. Et, quand ils n'ont plus de munitions, ils pissent dans les boîtes de conserve… qu'ils balancent sur la tête des Allemands ! On ne peut pas tenir les hommes. Ils font ça malgré nous.

Il nous apprend également qu'on s'est furieusement battu hier et avant-hier, et qu'on a perdu la moitié de l'effectif d'une compagnie. Sa compagnie part en renfort pour contre-attaquer. Et la contre-attaque se fera presque uniquement avec des gars armés de grenades, dont dix porteurs de bombes incendiaires.

Après avoir quitté La Harazée, nous laissons à droite la route des secteurs de Marie-Thérèse pour piquer tout droit. Arrivé à Blanlœil, on m'indique mon poste de secours. Le site que je découvre est dérisoire. Une petite excavation aménagée dans la pente, où l'on peut se protéger le corps jusqu'aux genoux, pas davantage. Impossible d'y loger un brancard. On m'explique que c'est provisoire, prévu pour un jour seulement.

L'attaque doit avoir lieu à minuit, et sans préparation.

En effet, aussitôt après minuit, on entend un vacarme infernal de grenades. On distingue des lueurs et des Boches effrayés qui se sauvent. Nos hommes gravissent la première tranchée, s'élancent pour occuper la seconde. Mais la riposte est vive. Les mitrailleuses allemandes se mettent à tirer toutes en même temps. Nous sommes couverts d'une nappe de balles quand notre artillerie donne à son tour. Peu après, tout s'apaise. C'est un grand succès, apparemment.

Les Français font même des prisonniers. Alors que je me trouve chez le commandant pour prendre des nouvelles avant que les blessés n'arrivent, j'assiste par hasard à un interrogatoire. Ça reste assez banal, jusqu'au moment où je vois un de nos gars se glisser discrètement derrière le prisonnier. Avec un couteau, il coupe les boutons de la vareuse de l'Allemand – qui finiront probablement en œuvres d'art serties sur des pièces en aluminium. Le prisonnier qui le sent bien rouspète un peu, puis se calme en réclamant des épingles pour remplacer ses boutons. En même temps, on lui donne un quart de boule de pain qu'il se met à grignoter aussitôt. Le gars qui a coupé les boutons, c'est notre cuistot Le Chat qui se trouvait là, je ne sais trop comment !

Juste avant l'attaque, on avait donné à nos hommes une double ration de gnôle[1]. On va le regretter. Le lendemain au petit jour, les Allemands contre-attaquent sans bruit et récupèrent une tranchée sur les deux qu'on leur avait prises. Le mouvement a été d'autant plus facile que nos bonshommes, qui cuvaient leur gnôle, dormaient profondément. La nuit aura donc été un demi-succès.

Au poste de secours, nous savons le prix qu'il a coûté. Les blessés français et allemands sont arrivés à partir de deux heures du matin. Une boucherie : au moins douze blessés graves et de nombreux tués. Il a fallu faire venir des brancardiers supplémentaires, des musiciens surtout, pour les évacuer à La Harazée. Nous faisons des pansements jusqu'à midi.

Épuisés, après avoir mangé légèrement, nous décidons de dormir dès sept heures du soir. L'exercice est assez difficile, car nous sommes trois à coucher dans cette petite grotte glaciale. Nos têtes portent au fond mais, à partir des genoux, nous sommes à découvert. Il faut nous emmailloter dans une quelconque toile imperméable parce qu'il neige. À peine suis-je endormi que je reçois une visite qui me laisse pantois. Du Roselle est planté devant moi, lancé dans un discours sur le courage et l'héroïsme des médecins auxiliaires et de leurs aides :

— Oui, messieurs, on ne saura jamais assez à l'arrière tout l'esprit de sacrifice qui vous anime, etc. Mon ami, venez avec moi, je vous invite à dîner.

---

1. On donnait une double ration de gnôle aux hommes pour les aider à aller à l'attaque. N'oublions pas que les corps à corps étaient horribles, à l'arme blanche. Les Allemands faisaient de même.

J'essaie bien un peu de résister, parce que cela me faisait un aller et retour d'au moins six kilomètres, et que j'en ai assez. Alors il insiste, et je finis par céder pour avoir la paix.

Nous voilà partis par le chemin qui retourne à La Harazée. Nous venons de passer par un mur de gabions au milieu du sifflement des balles quand, tout d'un coup, le médecin chef me dit :

— Excusez-moi, mon ami, mais j'ai un petit besoin à satisfaire.

Et il part se cacher derrière un arbre. Enfin, se « cacher »... On le voit comme le nez au milieu du visage ! Des chasseurs à pied qui montent en renfort en sens inverse l'interpellent en chœur :

— À la tienne, à la tienne !

Enfin, du Roselle revient vers moi. Il soupire :

— Voyez-vous, mon cher ami, ces gens ne sont pas nés.

Arrivé à la popote de La Harazée, à laquelle on accède par la fenêtre, au moyen d'un escabeau, du Roselle prend à la table, la place qui lui est réservée. À côté de lui, la sympathique figure d'Oberthur. Nous sommes contents de nous revoir. À côté d'Oberthur, le nouveau médecin du 2e bataillon, le docteur Boderosse. Large d'épaules mais court sur pattes, ce Breton originaire de Morlaix avait une bonne tête rougeaude avec une houppette de cheveux rouquins. À côté de lui, un homme très distingué, trois galons : le médecin chef d'un escadron de chasseurs d'Afrique qu'on vient de démonter et qui occupe un secteur tranquille. La guerre ne semble pas beaucoup l'intéresser. Sa seule passion : Mme de Maintenon. Et son seul interlocuteur valable, selon lui, du Roselle. À côté, notre chef de musique, Prosper Logeard, toujours dans la lune, à tambouriner du Beethoven ou du Bach. Un garçon sympathique, grand chef des musiciens et des brancardiers. Me voyant, il m'interpelle :

— C'est bien gentil, mais vous avez évacué mon trombone.

Ce n'est pas une popote, c'est un cénacle. Sauf qu'en bruit de fond de notre conversation mondaine on entend le canon gronder. Du Roselle commence à s'impatienter. Il appelle constamment le cuisinier. Et le cuisinier de lui répondre que ça n'est pas tout à fait prêt. Cinq minutes plus tard, du Roselle me déclare :

— Écoutez, mon ami, vous entendez comme moi ce qui se passe là-haut. Votre place n'est pas ici.

— Bien sûr, mais c'est vous qui m'avez invité à dîner ! lui fais-je remarquer.

— C'est certain, mon invitation est toujours valable pour un autre jour, mais ce soir, je vous en prie, allez-vous-en.

Je ne me le fais pas dire deux fois.

Au moment où je pars, la fenêtre s'ouvre, et un grand gars apparaît, beau garçon d'ailleurs, la trentaine. Il lance familièrement à du Roselle :

— Bonsoir, confrère.

Le médecin chef en est soufflé. Il se lève d'un bond et se présente sèchement :

— Médecin commandant du Roselle, médecin chef du 94e d'infanterie.

Il est blême. Nous autres, nous nous tordons. Aux questions qu'on lui pose, l'inconnu répond :

— Eh bien, oui, on m'affecte ici, paraît-il, mais vous savez, je n'ai pas fait beaucoup de médecine. J'ai pris des inscriptions dans le temps, mais je n'ai jamais exercé. D'ailleurs je vous dirai même que, comme métier, je suis agent de publicité ; c'est moi qui ai l'adjudication de toute la publicité sur les poteaux télégraphiques et autres entre Antibes et la frontière.

Quant à moi, je m'éclipse en passant par la cuisine, où je demande au cuistot :

— Dis donc, ton patron me met à la porte, il faut que je remonte aux tranchées. Tu serais bien gentil de me donner quelque chose que je puisse manger là-haut. Et puis tu n'oublieras pas mon copain Bitsch et un autre.

— Voulez-vous trois tranches de jambon ?

— À la bonne heure !

— Vous savez, il n'y en a pas tellement, mais je vais vous en donner trois tranches. Et puis, si vous voulez, je peux ajouter deux œufs ?

— Eh bien, oui, on tâchera de les cuire, mais pas là-haut.

— Attendez, j'en ai qui sont durs.

Je repars triomphant avec mon butin de guerre. Arrivé là-haut, je réveille les copains et nous nous ruons sur le jambon et les œufs. Quelle campagne ! Le festin consommé, nous finissons par nous endormir, les jambes à l'extérieur, entortillés dans nos imperméables. Le lendemain, nous sommes relevés.

Florent, mardi 16 mars. Nous partons vers un nouveau secteur, le ravin du Mortier, également appelé Saint-Hubert. Il fait un temps magnifique. Nous accédons bientôt par des chemins de rondins à de beaux gourbis, sorte de petits chalets propres et neufs installés par le génie. Le commandant occupe une espèce de petit château en contrebas. Ce secteur situé aux confins du bois de la Gruerie est dominé par le Four-de-Paris. C'est une tranchée tranquille, un vrai repos pour les hommes et pour nous. Le jour même, nous nous lançons dans des essais culinaires : grillade, patates sous la cendre, chocolat épais au lait condensé. Enfin, c'est la belle vie.

Mars 1915, bois de la Gruerie, secteur de Saint-Hubert. Louis Maufrais a écrit au dos de la photo : « Gourbi de Saint-Hubert, séjour tranquille. Deux de nos infirmiers : le plus rapproché est dentiste à Granville, le second fait ses études de médecine à Brest. » Louis Maufrais est debout, la main dans la poche.

Le lendemain, réveil à sept heures. Les nuits sont glaciales mais, le matin, le soleil chauffe déjà bien, et nous sortons du gourbi pour nous asseoir sur un petit banc à l'extérieur en plein soleil. Pour la première fois depuis mon arrivée en Argonne, j'ai chaud dehors. Devant nous, la côte couverte d'arbres commence à prendre des teintes rousses et violettes. Nous assistons à la naissance du printemps. Le ciel est bleu, c'est merveilleux. Par un étonnant hasard, l'administration nous a offert un menu de fête : sardines à l'huile, saumon, crème au chocolat, fromage et café. Sans oublier la gnôle et des cigares offerts par un comité étranger. Bref, après l'enfer, c'est le paradis.

Pour digérer, je pars me promener avec Bitsch et Couchot par un chemin de traverse où on ne risque pas d'être vus. Nous apercevons en contrebas depuis le Four-de-Paris toute la zone de combat, allemande et française, jusqu'aux abords de Bagatelle. Nous nous rendons compte qu'elle n'a guère qu'un kilomètre de large. C'est un paysage lunaire, où se dressent quelques troncs d'arbres dénudés ressemblant à des bouts de poteaux télégraphiques. Mais, de chaque côté, la futaie est là, tout près, intacte. En somme, nous nous battons dans un champ de bataille dévasté encerclé de verdure.

Quelques jours plus tard la 7e et la 8e reçoivent l'ordre de s'installer à Fontaine-Madame. Des abris dégoûtants nous attendent, trempés par la neige fondue qui a traversé la couverture.

Je proteste auprès du commandant de la compagnie :

— Mais il n'y a pas moyen d'amener un blessé là-dedans !

— Ah ! qu'est-ce que vous voulez, je n'y peux rien. Nous ne sommes pas mieux logés que vous, et puis il faut que je vous prévienne : le boyau d'accès, chez vous, est pris en enfilade par une mitrailleuse. Nous allons essayer de la détecter et de faire tirer dessus.

Nous y restons trois jours. Les deux compagnies ont pris les tranchées, et la pression des Allemands se fait assez forte. Nous sommes en soutien des hommes postés là auparavant. Nous n'en pouvons plus, d'autant que Julien Richard, l'infirmier qui est avec Bitsch, se sent fiévreux. Quand je lui propose de le faire évacuer, il me répond :

— Non, je veux rester avec vous.

25 mars. Les deux compagnies reçoivent un ordre de repli pour gagner des gourbis du côté de la Seigneurie, dans le bois des Hauts-Bâtis. Cela nous fait une belle

Une photo stéréoscopique prise par Louis Maufrais en mars 1915. Le secteur de Saint-Hubert, bois de la Gruerie. « La zone de combat franco-allemande, qui n'avait guère plus d'un kilomètre de large, écrit Louis Maufrais. Un paysage complètement dénudé, lunaire, avec quelques troncs d'arbres ressemblant à des poteaux télégraphiques. Alors que tout autour, la nature reprenait ses droits. »

trotte. Partis tôt dans la soirée, nous arrivons, épuisés, vers deux heures du matin.

Là, on nous donne un gourbi incroyable. Il faut se courber en deux pour y entrer. J'envoie des coups de lampe électrique à l'intérieur : il est rempli d'eau ! Deux banquettes se font face, et, au milieu, flotte une boule de pain sur laquelle trois rats se font les dents. Effarant. Dans le gourbi voisin, c'est la même chose. Il a neigé. Il fait un froid épouvantable. Les hommes, qui refusent de dormir dans les abris, battent la semelle jusqu'au jour.

Quant à moi, j'ai allongé mon malade sur la banquette. Le voyant à bout de forces, je lui prends sa température : 40°. Tout d'un coup, il se met à vomir et se plaint de violents maux de tête. Enfin, le jour revenu, j'essaie de le sortir du gourbi. Je découvre alors avec stupeur en l'examinant qu'il présente les symptômes d'une méningite cérébrospinale. Je fais

Gravé après la guerre, ce portrait a été dessiné au fusain en mars 1915 par Marcel Bitsch à la Placardelle. C'est celui du brancardier Julien Richard, réalisé quelques jours avant qu'il ne meure d'une méningite cérébrospinale diagnostiquée par Louis Maufrais.

prévenir à La Harazée qu'on vienne le chercher immédiatement car je n'ai pas de brancardier. Des musiciens arrivent sur-le-champ pour évacuer le pauvre garçon. Il mourra quelques jours plus tard à l'hôpital de Bar-le-Duc.

La Harazée, 29 mars. La découverte de la méningite de notre infirmier est un coup de tonnerre. Et l'occasion pour notre médecin chef du Roselle de montrer qu'il sait prendre de grandes décisions. Il décrète que le personnel de l'infirmerie sera logé pendant deux semaines à La Grange-aux-Bois, dans un petit abri situé au milieu de la vallée de la Biesme. Il sera défendu d'y pénétrer. Dans cette perspective, il le fait entourer de deux rangées de fil de fer barbelé par-dessus lesquelles les cuisiniers passeront le ravitaillement. Je ne suis pas du nombre des évacués.

— Vous, mon ami ? me répond du Roselle quand je lui demande pourquoi. Quand on a fait comme vous six ans d'hôpital, on est immunisé depuis longtemps !

Je rejoins donc le bataillon avec Petit Robert, qui a échappé à l'internement.

2 avril 1915. Après quelques jours passés à Florent, le commandant Boulet-Desbareau passe me voir :

— Cette fois, docteur, nous partons demain pour le saillant de Marie-Thérèse.

L'endroit a mauvaise réputation, et ce n'est pas pour rien. Je le découvre très aéré et très exposé. Et je me demandais, dans la mesure où mon personnel était en quarantaine, si on allait me donner des infirmiers prélevés dans les compagnies. Autrement, je ne me voyais pas faire le travail dans ces conditions-là.

Je suis découragé. Par moments, il y a quinze à vingt blessés à évacuer. Je demande des renforts au régiment et aux musiciens. Le chef de musique me fait répondre qu'un saxophone vient d'être évacué et que, s'il donne encore des hommes, la musique cessera d'exister. Alors, on fait appel aux brancardiers divisionnaires, qui font le service entre les postes de régiments et les hôpitaux de l'arrière.

Un beau soir, je vois arriver un garçon à la tête d'une file de six brancardiers[1]. Pas bien grand, pâle, l'air préoccupé : c'est Marcel Vilas, que je retrouverai plus tard, lorsque je serai chirurgien dans l'ambulance 1/10 en 1917.

— Je vais te débarrasser de tout ce monde-là, me dit-il.

Et, aussitôt, on transporte les blessés dans les ambulances automobiles. Ce sont de vieilles Ford hautes sur roues avec des ressorts transversaux. Elles peuvent rouler sur tous les terrains sans jamais verser, souvent conduites par des Américains[2], tous des garçons épatants qui ignorent le danger.

29 avril, poste de secours de Marie-Thérèse. J'ai le soulagement de voir revenir de quarantaine la cohorte de ma vieille infirmerie. Ce n'est pas ce qu'on appelle un retour de bagne… Ils se la sont coulé douce, pendant leurs vingt jours passés dans le petit hameau de La Grange-aux-Bois, où ils se sont gavés d'omelettes au pissenlit jusqu'à se rendre malade. Il était grand temps qu'ils reviennent parce que, ici, c'est de plus en plus dur.

1. De son poste de secours sur les tranchées de 2e ligne, Louis Maufrais est loin des ambulances, qui se trouvent au moins à cinq kilomètres en arrière. Il ne les voit jamais.
2. Dès le début du conflit en 1914, l'Hôpital américain fondé en 1906 devient le centre de rassemblement des Américains francophiles désireux de venir en aide aux blessés. En septembre 1914, des Américains vont donner une douzaine de voitures transformées en ambulances, conduites par des volontaires, qui iront sur le front de la Marne. Ils interviendront dès l'hiver 1915 sur l'ensemble du front, avec l'arrivée de très nombreux jeunes volontaires américains pour conduire les ambulances.

Les combats de tranchées se sont intensifiés. Nous avons fait connaissance avec le terrible canon de tranchée 88 autrichien, qui tire de plein fouet sans bruit, avec une rapidité telle qu'on n'a même pas le temps de se garer. Mais surtout, des deux côtés, allemand et français, les soldats sont maintenant armés de grenades. Les Allemands nous les envoient munies d'un système que les hommes appellent des « rats à queue[1] ». Ce sont des engins ovoïdes auxquels sont accrochées des brides en cuir. Beaucoup d'entre elles tombent sur le parapet sans éclater, mais les autres ?

La proportion des blessés par grenades est de plus en plus importante. Ils nous arrivent criblés de trous sur presque la totalité du corps, mais plus souvent sur les membres inférieurs. On a même du mal à les déshabiller. Il faut couper les pantalons, désinfecter autant que possible et faire de gros pansements qui les transforment en Bibendum. Ces pansements d'une efficacité douteuse demandent une grande dépense de temps, de fatigue pour les infirmiers, et de matériel.

30 avril, poste de secours de Marie-Thérèse. Tout notre secteur est pris brusquement sous les feux d'une attaque. Nous sommes bombardés par l'artillerie, autant française qu'allemande. Les 75, en bombardant les positions allemandes, nous sifflent au-dessus de la

---

1. Cette grenade à main sphérique munie d'une longue tige est montée sur un adaptateur permettant de la lancer avec un simple fusil d'infanterie Mauser. Elle est dangereuse parce que très rapide et précise, avec l'inconvénient évoqué par Louis Maufrais : ce projectile lancé avec trop d'efficacité a tendance à s'enfoncer très profondément dans le sol avant explosion.

Juillet 1915. Poilu lançant une grenade à manche. Les combats, à cette époque, sont d'une extrême violence. Il a été relevé dans le *Journal de marches et opérations du 94ᵉ RI* que, le 13 juillet, l'effectif des fusils était de 2 474 unités. Il en restait 1 809 le 17 juillet. Soit une perte de 665 hommes, tués ou blessés. Photo prise par Louis Maufrais.

tête presque à nous frôler, puis les 155 entrent dans l'action. Les Allemands ripostent et nous arrosent tout aussi copieusement. Dans l'abri, nous sommes sérieusement secoués. Qui a déclenché l'attaque, les Français ou les Allemands ?

Nous n'en savons rien, mais depuis deux heures, dans le poste de secours, les blessés affluent. Nous travaillons sans manger ni dormir, et sans avoir le temps de faire de pronostics ou de penser à la stratégie. Dans l'après-midi, une dizaine de blessés très graves peuvent être évacués immédiatement grâce au concours des musiciens et des brancardiers divisionnaires. Vers onze heures du soir, tout rentre dans l'ordre.

Peu après minuit, nous sommes réveillés par un planton envoyé par le capitaine Cros, qui commande la 5e compagnie.

Il me remet un mot qui dit ceci :

« Docteur, j'ai dans mon poste de commandement un sous-officier qui a été pris dans l'éclatement d'un 210 et projeté en l'air. Il est retombé à moitié nu. Il est fou furieux. Il menace de nous tuer tous. Nous ne pouvons pas dans cet état le faire transporter par des brancardiers. Que faut-il que nous fassions ? »

J'ai compris. J'emporte dans ma musette de quoi faire une piqûre et quelques ampoules, et je pars avec Bitsch et Couchot. Heureusement que le calme est revenu dans la tranchée, car nous avons au moins cent mètres à faire. Arrivés sans dommage devant le PC, nous sommes accueillis par le capitaine Cros qui nous attend dehors, avec sa compagnie.

Son réduit est occupé par ce seul sergent devenu fou, que ses hommes ont réussi à ligoter à un rondin. Les yeux exorbités, il profère des menaces et bave, secoué de mouvements convulsifs. Il a été à moitié déshabillé par l'explosion. On ne peut pas le transporter dans ces conditions-là. Je décide de lui faire une piqûre. Je commence d'abord par me décrotter les mains et les doigts avec le dos de mon couteau, j'y passe un peu d'eau avec du coton, je désinfecte le bout de mes doigts avec de la teinture d'iode tout en faisant bouillir une seringue dans un quart en fer chauffé par un morceau d'alcool solidifié que j'ai apporté.

En attendant que la piqûre fasse effet, j'ai le temps de passer en revue trois blessés qui se trouvent à côté, dans le boyau. Toussaint, Gaston. Le caporal a une grosse fracture ouverte du tibia droit, avec saillie de nombreux fragments. J'accroche à un bouton de sa capote un petit mot pour qu'on le porte directement à La Harazée. L'autre blessé, moins urgent, partira en brancard, et le troisième, qui peut marcher, nous accompagnera. Pendant ce temps, le sergent commence à se calmer et s'assoupit. On va pouvoir l'amener en toile de tente jusqu'au poste de secours.

J'apprends par le capitaine que la première attaque de l'après-midi a été lancée par les Boches qui voulaient prendre un bout de nos tranchées pour faire des prisonniers, et qu'elle s'est soldée par un échec. Ils ont été repoussés par notre artillerie, qui a causé de la casse de leur côté.

Pour la deuxième attaque, c'était le contraire. Nous avons envoyé une patrouille dans la première ligne allemande pour tâcher de ramasser quelques prisonniers dans le but d'obtenir des renseignements parce qu'on craignait une offensive du côté de Saint-Mihiel. On voulait retenir les Allemands de ce côté-ci.

Après nous être souhaité bonne nuit, nous repartons en vitesse. Cinquante mètres plus loin, nous sommes sur le point de rattraper les brancardiers qui emportent le premier blessé quand, tout d'un coup, il nous semble entendre tirer derrière nous. Cette fois il n'y a pas de doute, les Allemands préparent bien quelque chose du côté de Saint-Mihiel.

— Arrêtons-nous, ce n'est peut-être rien. Et je crie aussitôt : Ils bombardent la tranchée devant nous ! Faut se planquer !

Et je me plaque contre la paroi de la tranchée, dans la boue. Le noir de la nuit est traversé par la lumière des fusées éclairantes et par l'éclat d'explosions, devant nous.

— Regarde, Bitsch, on nous attaque, c'est évident. Nous voilà bien ! Décidément, chaque fois que je vais dans la tranchée, la bagarre commence. Est-ce qu'ils sont à l'abri au moins, les blessés qui sont devant ?

— Ça a l'air de se calmer. Je crois qu'on peut y aller maintenant.

Cent mètres plus loin, on tombe sur un boyau démoli. Nous voilà à découvert ou presque. Heureusement pour nous, il y a une accalmie, et il fait nuit noire.

Nous trouvons le poste de secours rempli de blessés, graves et légers. Un adjudant avec une entorse, un autre avec un éclat d'obus dans le dos, etc. Au total, nous avons onze blessés, auxquels il faut rajouter deux tués. Décidément ma vraie place est au poste de secours. Et je me jure pour la deuxième fois que je ne recommencerai pas une équipée pareille.

Cette nuit-là, je ne dors que d'un œil. Il me semble entendre des coups réguliers, profonds, venant du sous-sol. À côté de moi, Dardaine remue. Il ne dort jamais. Je lui demande :

— Qu'est-ce que c'est que ça ?

— Ça, il n'y a pas de doute, c'est une mine qu'on creuse.

Cette garce de Marie-Thérèse, elle nous en aura fait voir !

Dardaine a déjà par deux fois collé son oreille contre la terre. Il est formel : il n'y a pas d'autres explications. Je me dis qu'une mine ne se fait pas en un jour ! Ça ne sautera pas demain matin ! Mais d'où est-ce que ça peut venir ? Ce sont peut-être les nôtres qui creusent une mine. Les Allemands en ont fait sauter une quelques jours plus tôt dans le secteur d'à côté, paraît-il.

Juillet 1915, dans la tranchée à Marie-Thérèse. Le poilu se réconforte en buvant le jus dans son quart. Il porte le casque Adrian, qui fait son apparition au cours de l'année 1915. Photo prise par Louis Maufrais.

Le lendemain matin, le réveil est lugubre. On n'a pas envie de manger, pas envie de rire. Par moments, il nous semble entendre deux pioches frapper presque en même temps. J'essaie de me rassurer : « Tant que ça cogne, c'est que ça va bien, c'est qu'elle est loin d'être finie. »

Puis, quand le bruit s'arrête, l'angoisse commence. Autour de moi, il n'y a que des types courageux, mais ce danger-là n'est pas comme les autres. On ne peut rien contre lui. Alors comment ne pas avoir peur ? Surtout quand on n'a rien à faire pour se changer les idées.

Nous passons ainsi deux journées insupportables. Petit Robert, notre cycliste, refuse de coucher dans l'abri, alors il reste debout dans la tranchée du matin au soir, et du soir au matin.

— Je veux bien crever la gueule ouverte, me dit-il, mais pas étouffé comme un rat !

Le lendemain, bonne nouvelle : nous sommes relevés. Nous n'avons même pas osé parler de la mine aux chasseurs à pied venus nous remplacer. Pas le courage. En réalité, nous n'avons jamais su comment cette histoire s'est terminée. Notre bataillon est très éprouvé. Il a perdu une partie de son effectif, et les autres ne tenaient plus debout.

— Mais, dites donc, ai-je lancé à ma petite bande de l'infirmerie, puisque nous retournons à Florent, est-ce que nous allons retourner loger dans le grenier ?

— Il faut qu'on vous raconte, m'a répondu Couchot. Quand nous sommes revenus de notre petit cantonnement de convalescence de La Grange-aux-Bois, nous sommes repassés par Florent, et nous sommes allés retaper à la porte des propriétaires de notre grenier. La vieille nous a ouvert avec un beau sourire édenté et elle nous a raconté ceci : « La dernière fois que vous avez couché dans le grenier, quelques jours après, mon mari y est monté parce qu'il avait besoin de l'arrosoir. En le prenant, il a été surpris de sentir qu'il y avait quelque chose dedans, et il a reçu un jet de vieille pisse sur lui. Il est rentré chez nous dégoûtant et furieux. "Ce n'est pas la peine, il m'a dit, d'être correct et de rendre service aux gens pour être remercié de la sorte. Je les fous à la porte, je ne veux plus les voir." Pendant ce temps, notre cousin a continué à coucher là-haut. Un peu méfiant, quelques jours après, mon mari est remonté au grenier, il a pris son arrosoir, et a regardé à nouveau dedans. Il y avait encore de l'urine, et une enveloppe à son nom, avec autre chose sans doute. Alors, on a compris que c'était lui, le cochon qui avait fait dans l'arrosoir ! On vous demande ben pardon de vous avoir accusés, mais ce n'était pas de notre faute non plus. Aussi, on a convenu, mon mari et moi, qu'à la prochaine occasion on organiserait avec vous un petit casse-croûte de réconciliation. »

En arrivant à Florent, nous remontons donc directement à notre ancien perchoir. Et, le jour même, une petite réception a lieu chez les vieux. Nous avons apporté le vin bouché et des gâteaux secs, et ils ont fourni le café et un camembert. Nous avons également apporté du pain. Le cousin se trouvait là aussi, quoique n'étant pas invité. Au total, nous sommes neuf. La bonne femme prend le camembert, le coupe en quatre, puis en huit. Elle s'arrange pour nous donner à chacun une part, et la boîte est vide quand elle passe devant le cousin.

— Eh bien, et moi ? dit le cousin.

— Cousin, eh bien, il y a des gens qui n'aiment pas le fromage, dit la vieille avec son plus bel accent meusien.

Cette histoire pas bien méchante nous a remplis d'aise pendant des jours… On y revenait à chaque instant. C'est vous dire à quel niveau notre pauvre cerveau en était arrivé !

Mai 1915. Après quelques jours de repos, passés à se laver, s'épouiller, dormir, lire, écrire, on nous a annoncé pour le lendemain une revue du général Deville, commandant de la division. Cela a jeté un froid. On nous a avertis qu'il verrait tout spécialement notre bataillon, décernerait des décorations à cette occasion. J'ai été étonné d'apprendre que, la veille, le général Deville avait fait demander par l'intermédiaire de son adjudant-major mes prénoms et mon matricule.

Le 5 mai à neuf heures, tout le bataillon était rangé par compagnie, l'arme au pied. En face, de l'autre côté du chemin, se trouvait la musique. Le général Deville est arrivé, très alerte, suivi du colonel de Saintenac, tout essoufflé, et enfin du commandant Boulet-Desbareau. Le général s'est placé face aux bataillons, leur a fait un beau discours dont j'ai retenu quelques bribes : « Esprit de sacrifice, fatigue, vaillants défenseurs de la patrie, les ennemis vont une dernière fois essayer de percer, ils n'y arriveront pas. Ce sera le dernier effort de leur part, etc. »

Il a rassemblé ensuite les officiers, et nous a fait un autre laïus pour nous expliquer que la bataille d'Argonne allait changer de tournure parce que les Allemands voulaient attaquer en masse et nous jeter dans la Biesme. Nous allions recevoir des renforts. À leurs armes nouvelles, nous répondrions avec des armes similaires, et en nombre égal. Pour commencer, il faudrait s'attendre à une bataille de mines livrée par l'armée du kronprinz, dirigée en réalité par von Mudra, le grand maître de la guerre de mines en Allemagne. Puis il s'en est allé, et le commandant a pris sa place devant le bataillon aux côtés de son adjudant qui lui sortait les dossiers. Il a appelé compagnie par compagnie ceux qui faisaient l'objet d'une citation. Les cités sortaient des rangs pour se ranger devant les autres. C'était long, parce qu'il y en avait pas mal.

Lorsque mon tour est arrivé, j'ai entendu le commandant Boulet-Desbareau lire ma citation[1] d'une

1. Pendant la Grande Guerre, la citation individuelle est une récompense matérialisée par un texte et donnant droit à la croix de guerre créée en 1915. Les citations s'organisent selon un ordre de valeur croissant : à l'ordre du régiment, de la brigade, de la division, du corps d'armée, de l'armée

voix ferme. Il y était question de mon « grand zèle » et « grand dévouement ».

Malheureusement, au moment où le bataillon commençait à défiler, quelques rafales de 77 sont tombées autour de nous. Les hommes ont reçu l'ordre de s'éparpiller sous les arbres. Enfin, au bout d'un quart d'heure, les compagnies se sont remises en position, un peu en retrait, et elles ont défilé entre le commandant et les décorés d'un côté, et la musique de l'autre. C'était la marche du capitaine Prosper Logeart, dont les deux premières mesures sont les indicatifs de notre régiment.

À midi, il y a eu pour la troupe du vin bouché avec du pain blanc. Enfin, l'après-midi, nous avons eu droit à une séance récréative. Elle avait été organisée avec les moyens du bord, car nous n'avions pas la chance d'avoir des vedettes. Nous nous sommes tout de même arrangés pour avoir deux femmes – le coton hydrophile était fourni par l'infirmerie ! Dans le répertoire, la note sentimentale dominait : « Sous les ponts de Paris », « C'est la femme aux bijoux, celle qui rend fou est une enjôleuse, ceux qui l'ont aimée ont souffert, pleuré, etc. » « Tu le verras Paname, le rêve passe, quand tu reviendras mon aimé, tu retrouveras mes caresses… »

Après quatre jours de repos réparateur, nous avons quitté le Rond-Champ pour descendre la côte menant à Vienne-le-Château. Il faisait un soleil magnifique. C'est alors qu'on a entendu quelqu'un crier :

— Et dire, qu'on va aller se faire buter par un beau temps pareil !

Été brûlant à Bagatelle

Argonne. Mai - juillet 1915

La belle saison en Argonne serait encore plus meur-trière que l'hiver. Nous n'avions plus la boue ni le froid, mais nous allions connaître les gaz asphyxiants.

8 mai 1915. Nous quittons le Rond-Champ, et le cri de ce soldat anonyme vient jeter une ombre sur la matinée radieuse : « Dire qu'on va aller se faire buter par un beau temps pareil ! » Nous nous attendons au pire, car nous allons relever le 1er bataillon du 94e à Bagatelle. On entend des avions sans les voir tellement ils sont hauts. Mais leur couronne de flocons blanc ver-dâtre se détache dans le ciel. Nous marchons en colonne, un par un, pour ne pas être repérés.

En arrivant à Vienne-le-Château, nous sommes pris de suffocation, de toux et de larmoiements ; c'est à cause du bombardement lacrymogène de la veille. Après avoir traversé le pays le plus vite possible, nous piquons à gauche vers la pente nord, de façon à nous mettre à l'abri.

À l'entrée du ravin de la Houyette, qui mène à Beau-manoir et à Bagatelle, nous recevons l'ordre de nous arrêter. Le canon tonne sans arrêt depuis plusieurs jours. On engage les compagnies dans le ravin par petits paquets, pour qu'elles soient moins vulnérables.

Comme il reste encore trois compagnies à passer avant nous, j'en profite pour faire un saut à La Harazée qui se trouve à un kilomètre de là. Je veux voir le médecin chef pour lui raconter notre arrivée à Vienne-le-Château sous les gaz lacrymogènes. Quand je lui demande quels sont nos moyens de protection en pareil cas, il me répond, accablé :

— Mon cher, nous n'avons rien. Cela ne regarde pas, paraît-il, le service de santé, mais le matériel tout simplement. Enfin, je vais faire pour le mieux.

Il m'annonce deux départs qui me font de la peine : d'abord Oberthur, évacué trois jours plus tôt pour un ictère infectieux – il est resté jusqu'à la limite de ses forces. Et puis la veille, ce brave Boderosse est tombé de cheval, se fracturant les os de l'avant-bras. Précisément le genre d'accident qu'il appréhendait. Je ne dis pas que c'est une grande perte pour l'équitation, mais c'est une perte pour nous tous. Je reçois l'assurance que son successeur ne tardera pas à arriver. En retour, je fais remarquer au médecin chef que la besogne est lourde, là-haut, pour un seul médecin. Puis je repars en vitesse rejoindre mes camarades devant le ravin de la Houyette.

L'entrée est signalée par trois beaux rejetons de sapins restés au milieu. La vallée et le fond du ravin sont plantés de magnifiques chênes formant au-dessus de nous un dôme de feuilles.

Tandis que les compagnies s'engagent une par une, on entend à chaque instant des fusants tomber. Quand le tour de la 4e compagnie arrive, nous laissons les hommes nous distancer un peu avant de nous engager.

À ce moment, surgit au-dessus de nos têtes un barrage de fusées.

Elles éclatent à la cime des arbres en projetant une pluie de shrapnells qui soulèvent des nuages de poussière, de feuilles et de brindilles. Nous n'avons pas fait cinquante mètres que l'un d'eux éclate au-dessus de nous. Bousculés, nous tombons les pattes en l'air puis nous nous relevons en vitesse pour aller nous abriter le long de la pente. Nous voyons alors que l'un d'entre nous ne s'est pas relevé. C'est Broquet, le sculpteur.

— J'suis touché, me dit-il. Je ne peux plus bouger.

Apparemment, il a un shrapnell dans l'épaule et une de ses chaussures est déchirée. Je le confie à un brancardier pour qu'il l'emmène immédiatement à La Harazée. Et nous repartons au plus vite.

Nous marchons le long de la pente. C'est un peu plus abrité, mais à marcher dans la broussaille et dans les branches cassées, on n'avance pas. Nous finissons par risquer le tout pour le tout : nous nous éparpillons et nous courons par le fond du ravin. Le sprint est d'autant plus pénible que nous sommes en capote avec sac et musette, qui pèsent un poids considérable. Enfin, absolument à bout de souffle, nous arrivons en haut du ravin, à l'entrée du boyau qui mène de Beaumanoir à Bagatelle. Nous avons un mort et quatre blessés légers. Bitsch, qui s'est foulé la cuisse, boite.

À Beaumanoir sont rassemblés les services et l'état-major du colonel, dans des abris plutôt bien faits. Un peu plus loin, se trouvent les services des territoriaux et des crapouillots[1].

---

1. Désigne dans l'argot des combattants de 14-18 les différents types de mortiers de tranchée et leurs projectiles. Ces armes, servies par des artilleurs de tranchée, furent beaucoup utilisées parce que leur tir courbe était adapté à la guerre des tranchées.

En partant sur notre droite, nous prenons le boyau qui mène directement au secteur G. C'est un boyau très pratique pour se protéger des balles, mais un vrai nid à obus. Nous essuyons trois rafales d'obus pendant le parcours. Nous sommes sidérés de voir dépasser du fond de la tranchée une main et un avant-bras de cadavre noirci que personne n'a retiré. Par endroits, il nous semble que le sol est bizarrement mou. Probablement le corps d'un tué. On songe d'abord à s'arrêter et à faire quelque chose, mais nous sommes poussés par une centaine de gars qui nous suivent : « Allez, filez, avancez, avancez. » Nous tombons enfin sur une petite plate-forme. Nous sommes arrivés à Bagatelle. Terminus.

L'entrée est protégée par quelques gabions. À droite, se trouve le PC du commandant Boulet-Desbareau, ainsi que deux abris pour son bureau de liaison. À gauche, c'est le poste de secours.

Ce poste de secours de Bagatelle n'a pas son pareil en Argonne. Construit à l'abri d'un énorme chêne, il a une superstructure faite de deux couches de rondins avec un peu de tôle et de terre. Un jour, un obus a frappé l'arbre de plein fouet, l'a cassé comme une allumette, et tout le haut a basculé sur le poste de secours. L'abri aurait dû être écrasé, avec tous ses occupants, mais les premières grosses branches ont fait écran, et le poste est resté debout. Cependant, il reste à la merci du moindre projectile un peu important.

À gauche de la porte, on voit en plein soleil deux morts recouverts d'une toile de tente ; derrière eux, un immense tas d'équipements, de baïonnettes et de fusils, du linge plein de sang… Le décor habituel des entrées de poste de secours.

Juin 1915. Le poste de secours Bagatelle ; un médecin soigne un blessé sur son brancard. Un obus a fait tomber un arbre énorme juste au-dessus du poste. Accroché sur un moignon de l'arbre, un petit papier indique : « Poste de secours ». Peu après la prise de cette photo par Louis Maufrais, un second bombardement soufflera tout, tuant tous les hommes qui se trouvaient à l'extérieur du poste.

Mon confrère Duval apparaît à la porte, la figure décomposée par la fatigue des jours derniers :

— Mon vieux, heureusement que tu arrives. Je suis claqué, me dit-il. Nous partons dans deux heures. Voici ce que je te propose : tu prends en charge les blessés, et moi je m'applique à faire le vide, à faire des convois de petits éclopés, à évacuer le plus possible.

En entrant, encore ébloui par le soleil, je ne vois d'abord rien que quelques bougies et deux lampes à acétylène. Peu à peu, j'arrive à distinguer des blessés couchés par terre, presque les uns sur les autres. Dans le fond, il y en a qui sont assis. L'odeur est épouvantable, l'air irrespirable. Cela sent le sang, les matières, le vomi, tout ce qu'on peut imaginer. Ce n'est que plaintes interminables. Certains geignent, d'autres crient, d'autres encore réclament à boire. Je me déshabille pour me mettre en tenue de travail, et je dépose mes affaires dans un coin. Le plus difficile est d'avancer : il faut mettre un pied entre les jambes d'un gars et un genou sous l'aisselle d'un autre pour en soigner un troisième. Pour la plupart, ils ont été blessés dans l'après-midi – les Allemands ont attaqué une tranchée qui a été prise en partie. Ensuite, il y a eu une contre-attaque, avec une énorme casse.

Nous commençons à faire les pansements vers seize heures. À une heure du matin, nous n'avons encore rien mangé. On nous fait passer un quart de jus pour tenir le coup. Nous devons recourir non seulement aux musiciens, mais aussi aux brancardiers divisionnaires, qui ont fait déjà au moins deux tournées. J'ai conservé le carnet de mon caporal, qui mentionne la liste des blessés de ce jour-là :

— Dauville : fracture déchiquetée avec de nombreux fragments des os de la jambe droite, hémorragie importante ;

— sergent Baron, Gustave, plaie de la face ;

— Barthélemy, Jean-Baptiste : fracture du maxillaire inférieur ;

— lieutenant Didier, René, éclats d'obus dans l'omoplate droite ;

— Fournier, Francis, éclat d'obus dans l'aine gauche ;

— sergent Becker, plaie de poitrine par balle…

— Au total : trente-cinq blessés. Enfin, à quatre heures du matin, tout est fini.

Tous les blessés sont partis. Il ne reste que deux pauvres malheureux, arrivés parmi les derniers et pour lesquels il n'y a rien à faire. Le premier, un certain Poisson, Joseph, a reçu un éclat d'obus dans le crâne, avec perte de substance considérable. La cervelle est à nu, il est dans le coma. Le second a une plaie pénétrante de poitrine par éclat d'obus, atteinte au cœur, respire très difficilement. On ne sent plus son pouls. Il n'en a plus pour longtemps. Ils sont tous les deux sur des brancards, dans le fond du poste de secours. On décide de les garder. D'ailleurs il n'y a plus de brancardiers pour l'instant. Les premiers ne reviendront pas avant une heure. Il est temps pour nous de dormir un peu.

9 mai, vers six heures du matin. Nous sommes secoués par un choc épouvantable, qui nous soulève sur nos brancards. Le poste de secours tout entier semble avoir explosé. Une poussière formidable nous entre dans les poumons et dans les narines. Si je ne voyais pas le jour à travers la porte, je pourrais me croire enterré. Tout le monde crie. Une mine vient de sauter tout près, on le devine.

On se met debout tant bien que mal et on titube jusqu'à la porte. Dehors, une poussière opaque nous empêche de voir à deux mètres, pendant que des blocs de terre énormes tombent de tous les côtés. On sent que les rondins se déplacent. Notre premier réflexe est de nous traîner jusqu'à notre réserve d'eau pour calmer notre gorge qui nous brûle. On donne de l'eau aux blessés, mais ils ne réagissent même pas. On se contente alors de leur en verser un peu sur les lèvres et sur la figure.

La poussière s'atténue petit à petit, mais elle va persister jusqu'à midi. Après avoir constaté que les structures de l'abri n'ont pas trop souffert, nous nous attelons à remettre de l'ordre dans le poste de secours dévasté.

Dans la matinée, un lieutenant du génie fait amener deux de ses hommes portés par des camarades, légèrement blessés mais intoxiqués. Celui des deux qui n'a pas de plaie apparente, semble beaucoup plus intoxiqué que l'autre. J'explique au lieutenant que je ne peux rien faire ici :

— Peut-être qu'à La Harazée ils ont des ballons à oxygène, mais ça ne rime pas à grand-chose.

— C'est que j'ai encore une demi-douzaine d'hommes restés dans la sape[1], me dit-il. Ils ont été étouffés dessous au moment de l'explosion.

Lorsque je lui demande si on peut faire quelque chose, il me répond, accablé :

— Rien. Tout individu qui se fourre dans une sape comme ça ne revient jamais.

La plupart étaient des Nord-Africains qui, en temps de paix, travaillaient dans les mines de phosphate d'Algérie et de Tunisie. Le lieutenant me confie qu'à son avis cette bombe-là était chargée de trois cents kilos de dynamite, et que, demain, ce sera à notre tour de riposter.

En effet, le lendemain à huit heures du matin, une mine saute sous les tranchées allemandes, et une seconde une demi-heure après. Dans le poste de secours, malgré la poussière, nous sommes beaucoup moins secoués que la veille. Chaque mine contenait

---

1. Pendant la Grande Guerre, une sape est une galerie creusée par le génie militaire sous le no man's land, afin de faire exploser de grandes quantités d'explosifs sous les tranchées adverses. Par extension, une sape signifie également un abri.

Juin 1915. Louis Maufrais saisit cet instant où un soldat de la 5ᵉ compagnie lui apporte sur un couvercle de boîte une main portant une chevalière, en disant : « Je vous l'apporte parce qu'on ne sait pas à qui elle appartient. On suppose que c'est celle d'un officier allemand. » Le contraste entre le regard encore juvénile du poilu et cette main déchiquetée exprime, en deçà des mots, toute l'horreur de la guerre.

cent cinquante kilos d'explosifs. Un peu plus tard, un petit gars de la 5ᵉ compagnie m'apporte sur un couvercle de boîte une main sectionnée. Elle est soignée, portant une belle chevalière.

— Je vous la donne. On ne sait pas à qui elle appartient. Il n'y a pas de mutilé comme ça dans les compagnies. On suppose que c'est la main d'un officier allemand. On vous l'apporte parce qu'on ne sait pas quoi en faire.

Je retire la chevalière et je la mets de côté pour l'envoyer à la brigade.

La riposte allemande ne se fait pas attendre. À midi pétant, le poste de secours est ébranlé par une terrible secousse. Les infirmiers tombent, tout le matériel est par terre. Les blessés doivent être évacués tout de suite, car il nous semble que les rondins du toit s'écartent. Dehors, de gros blocs de terre pleuvent sur nous. La poussière rentre, et une odeur d'explosif nous pique les yeux et la gorge. On vient nous dire presque aussitôt qu'un *minen* est tombé à quarante mètres d'ici. Un quart d'heure plus tard, il en tombe un autre. Résultat : à deux pas de moi, il y a quatre pauvres gars tellement réduits en morceaux que les lambeaux de leurs corps s'incrustent dans la terre, quatre blessés et deux fous.

Les *minen* sont des bombes explosives de la forme d'une bouteille de butane un peu arrondie aux deux bouts, lancées sans bruit. Et une fois arrivées en haut de leur trajectoire, elles oscillent, puis guidées par des espèces d'ailerons, tombent verticalement. Quelquefois, n'explosent pas. Et souvent, elles ne tombent pas à l'endroit visé. Elles sont la terreur de nos hommes, dans la tranchée. Aussi, très rapidement, on a mis sur pied un système de guetteurs qui gardent le regard fixé en l'air. Quand ils en voient une, ils donnent un coup de sifflet, et les gars cessent toute occupation pour se précipiter du côté qui leur semble le moins menacé. Ils s'écroulent les uns sur les autres et, parfois, malheureusement, dans leur affolement, ils se retrouvent en plein dessous.

À ces *minen* nous répondons par des bombes à ailettes du même genre, tout aussi terribles.

Une heure plus tard, le calme étant revenu, je vais chez le commandant. Il n'y a que quelques mètres à franchir, mais il faut traverser l'entrée du grand boyau qui va aux tranchées. En entrant dans son abri, je vois courir vers moi un agent de liaison, des papiers à la main. Tout d'un coup, il s'arrête, titube et tombe presque dans mes bras, à deux mètres de moi. Nous le transportons jusqu'au poste de secours, où nous l'allongeons. Il a reçu une balle à la base du cou. Presque aussitôt, les yeux révulsés, il est pris de convulsions, hagard. Je ne sens plus son pouls. Quelques secondes plus tard, tout est fini. C'était Blondeleau, un grand et beau garçon de Ménilmontant, gentil, courageux, tué sur le coup. Le commandant arrive aussitôt dans le poste de secours, très ému. Il se découvre, et reste là un moment, en silence.

— Mon commandant, lui dis-je, cette mort et celle de l'officier d'artillerie d'hier indiquent qu'il y a un tireur quelque part entre notre entrée de secteur et nos deux portes, qui tire avec un fusil à lorgnette. Vous ne croyez pas qu'il serait bon de faire installer des gabions plus ou moins en chicane pour éviter qu'on soit zigouillés d'un moment à l'autre ?

Le lendemain, la protection sera installée. Après le commandant, tous ceux de la liaison viennent un par un dire au revoir à leur copain. De l'adjudant Vuillaume jusqu'à Borniche, l'ordonnance du commandant, qui pleure toutes les larmes de son corps. Ce drame nous laisse glacés jusqu'au soir. Cette mort tellement brutale, venue faucher si près de nous un garçon apprécié de tous nous bouleverse.

Ah ! quel patelin, ce Bagatelle ! Quand je pense qu'à l'arrière les civils devaient imaginer des pages glorieuses à la lecture du « communiqué », parce que, là-dedans, presque tous les jours il en était question.

Le début de soirée est plus calme. On n'entend que la fusillade, des grenades de temps en temps, et des tirs de 77 de harcèlement. Enfin, la nuit venue, nous décidons de dormir à tour de rôle. Après avoir étalé une couverture sur un brancard encore raidi de sang, j'essaie de dormir. Impossible. Malgré la fatigue et l'insomnie des nuits précédentes, les idées noires m'assaillent. En réalité, nous avons tous eu les jambes coupées par la mort de Blondeleau, si près de nous, qui aurait pu être la nôtre au dixième de seconde près. Je m'interroge sur l'immunité supposée des médecins de troupe. Depuis quelques jours, j'en mesure la réalité…

Le lendemain matin, après le jus et quelques éclopés vite expédiés, je reçois un mot du lieutenant Cathalan. Il me demande de passer le voir. À son PC, il m'explique :

— Ah ! docteur, je vous ai fait venir pour un officier du génie que nous avons trouvé ce matin dans la tranchée.

Arrivé sur les lieux, je constate que ce pauvre officier a été décapité. Sa tête repose sur une serviette, dans laquelle je trouve sa cervelle. C'était le lieutenant du génie avec lequel j'avais parlé trois jours auparavant.

— Quand nous avons pris la relève, me raconte le lieutenant Cathalan, nous sommes tombés en pleine attaque. Les Boches venaient de prendre notre tranchée de 1re ligne. Ce n'était que le début… Nous avons contre-attaqué, nous en avons repris une partie, mais l'autre partie est restée indivise, avec des mines et des barbelés.

« On ne sait plus où on en est. Les Boches et les Français sont mélangés. On ne reconnaît plus rien. Les

Allemands pas plus que nous. C'est pour ça qu'il y a un répit de l'artillerie, en ce moment. Les Allemands envoient toujours des *minen*, mais un peu sur notre gauche, maintenant. Les hommes travaillent surtout à refaire la tranchée et à faire des barrages[1]. Cela n'a pas empêché les gars de chaque côté de continuer à s'envoyer des grenades du matin au soir. On n'a pas arrêté de se battre et de tuer des hommes pour faire avancer ou reculer ces barrages, ou pour les refaire quand ils étaient démolis. Ça n'a avancé à rien. Ceux qui restent n'en peuvent plus, soupira Cathalan. Et il n'en reste plus beaucoup. Je crois que la relève ne va pas tarder.

Le lieutenant Cathalan[2], avec lequel j'ai noué des liens d'amitié, prendra quelques semaines plus tard le commandement de la 8e compagnie en remplacement du capitaine Migeon, tué au cours d'une relève.

Je fais descendre le lieutenant du génie, et je rejoins en vitesse mon poste de secours, car, ce matin-là, « François-Joseph » – c'est ainsi que nous appelions le 88 autrichien – rend le séjour dans le boyau plutôt malsain.

En arrivant au dernier tournant, j'aperçois un pauvre blessé à plat ventre sur le chemin. Il avance par petits bonds en se soutenant du bras et du genou droit. Quant à la jambe gauche, elle paraît démesurément longue. En

---

1. Ces barrages étaient de véritables cloisons épaisses, faites de sacs de terre empilés qui atteignaient la hauteur de la tranchée. Ils avaient même parfois un mètre d'épaisseur. On y aménageait une espèce de meurtrière par où passait une arme, tantôt allemande, tantôt française, une mitrailleuse la plupart du temps.

2. Le lieutenant Cathalan, commandant la 8e compagnie, sera tué sous un tir de barrage pendant la bataille de la Somme le 31 octobre 1916.

fait, elle est presque complètement sectionnée un peu au-dessus de la chaussure qui retient le pied et le rattachait au reste du corps. À chaque avancée, comme un élastique, son tendon tire sur la chaussure, qui suit en grattant le sol. C'est très douloureux à voir. Je prends dans ma poche une paire de ciseaux pliants, c'est tout ce que j'ai. Derrière lui, et sans rien lui dire, je lui coupe ce tendon pas plus gros qu'une ficelle. Avec deux hommes, je le transporte à l'infirmerie, qui est à côté. Je lui dis :

— Mon pauvre vieux, veux-tu le voir ton pied ?

— Oh ! non, j'y tiens pas, me répond-il. Ça ne doit pas être beau. Il me rendit de grands services, pourtant.

— Il t'en rend encore un autre aujourd'hui, parce que, grâce à lui, ta guerre est finie. Et puis tu verras, ce que je te dis est vrai, on va te faire un bon appareillage avec ce qui te reste, et tu auras une vie à peu près normale[1].

---

1. Bitsch écrit sur le même blessé : 2 mai 1915. J'ai vu le blessé le plus extraordinaire de la campagne. Verplanque, sergent de la 8e compagnie. Nous arrivons à quatre heures au gourbi. Le pied droit est arraché complètement, la jambe gauche fracturée, des écorchures sur tout le corps. Une conscience très nette. Voix forte : c'est sa neuvième blessure. Pansement lent et très douloureux. Pas un cri, de la gaieté, presque, même pas un mouvement pour la teinture d'iode qui brûle son pauvre moignon. Les obus tombent sur le gourbi, lui seul est sans émotion… Il nous dit : « C'est drôle, il me semble avoir froid à mon pied droit. Oh ! je sais bien que mon pied droit est coupé, mais j'ai froid tout de même. » Moi : – Tu es flamand ? Lui : – Oui, mais natif de Tours. Mes parents ont trois enfants au feu. Ils les aiment. Laissez-moi ma capote déchirée pour que je la leur rapporte. – Piqûre d'éther. Un peu surexcité. Nous voit tous à genoux autour de lui (le gourbi est trop bas pour se tenir debout), et reçoit sur la tête l'eau qui coule des rondins qui forment le plafond.

« Messieurs les brancardiers, vous écrirez à mes parents 4, rue général Chauzy à Tours que leur fils est mort en brave. » Nous gueulons

Le reste de la journée au poste de secours de Bagatelle est semblable aux autres. Les blessés arrivent un par un. Dans la soirée, Petit Robert met à exécution l'idée qui lui trotte dans la tête : il monte sur le haut de l'abri pour juger de son état. Les rondins n'ont pas trop bougé, nous dit-il, mais il n'y a presque plus de terre entre eux. Le tronc du chêne, au-dessus de nous, fait quatre-vingts centimètres de diamètre.

Le lendemain matin, nous sommes réveillés par deux *minen*, dont l'une tombe à peu près à cinquante mètres de nous. Nous recevons une avalanche de blocs de pierre, de la poussière et nous respirons une odeur d'explosif extrêmement irritante.

En sortant, je repère dans le boyau mon ami Entrevan[1], de la 7ᵉ compagnie. Devant lui, ses hommes. Alignés dans le boyau, les uns dorment debout appuyés contre la tranchée, les autres par terre ou accroupis. Je lui demande :

— Mais qu'est-ce que tu fais là ? Tu as ton revolver à la main !

— Oui, mon vieux, me répond-il, c'est la consigne. En bas, la 7ᵉ se bat toujours autour du barrage, et on voit passer les uns après les autres les gars blessés qu'on transporte. Alors tu comprends, ça ne donne pas le moral aux miens, qui voient défiler tous les copains

tous : — Tu es fou ! Lui : — Si, si, j'ai bien vu qu'on me donnait l'absolution, et puis on ne m'emmène pas. C'est que je suis fichu ! — Nous lui expliquons que dans cinq minutes les musiciens viendront pour l'emporter. Nous le rudoyons et rions pour bien le rassurer. Emporté enfin. Nous serre la main et dit à Maufrais : « Monsieur le major, vous connaissez bien votre métier ! » Et je lui crie : « Et toi, mon vieux, tu connais encore mieux ton métier de poilu ! » © Jacques Bitsch.

1. Tué à Verdun en 1918.

devant eux en attendant de monter en ligne Dieu sait quand. Nous sommes ici depuis cinq heures du matin, et nous avons avancé peut-être de vingt mètres. C'est une épreuve dont on pourrait nous dispenser. Du coup, il y en a qui sont absolument inertes, et d'autres au contraire qui se révoltent. J'ai reçu la consigne de tirer sur les fuyards. Ça, c'est la théorie. Mais moi, je te dis bien une chose : si on me donne l'ordre de le faire, eh bien, je t'assure que la première balle sera pour moi. Ce serait démissionner, je sais, ce serait déserter. Enfin, j'espère que nous n'en viendrons pas là.

17 mai. Dans la matinée, un peu avant la soupe, entre deux pansements, je vois arriver un beau et grand officier blond du service de santé, un galon. Il arrive de l'artillerie, ça se voit à son képi, qui s'enfonce bas sur sa tête.

— Je suis Émile de Parades, se présente-t-il. Médecin du 2ᵉ bataillon. Écoute, mon vieux, je m'excuse. Voilà cinq jours que je suis ici, mais j'ai été retenu par du Roselle. Enfin, maintenant que le voilà évacué, je suis libre et je viens prendre ma place.

Avec le sourire, il me serre la main, ainsi qu'à tous les infirmiers.

— Je te raconterai ça tout à l'heure, quand j'aurai un moment, me dit-il, mais il faut d'abord que j'aille me présenter au commandant.

Ma foi, nous nous sommes d'emblée tutoyés, sans même y faire attention. Il peut avoir deux ans de plus que moi. De tous les officiers de troupe que j'ai connus, il sera le copain des copains. Cinq minutes plus tard, il revient m'annoncer :

— Le commandant Boulet-Desbareau nous invite à déjeuner. On va se taper la cloche.

Je lui présente mes infirmiers, surtout Bitsch et le caporal Serane. Après quoi Émile de Parades reprend :

— Voilà plus de cinq jours que je suis à La Harazée, mais impossible de monter. Je suis tombé sur du Roselle, qui m'a envoyé à Sainte-Menehould. « Mon ami, m'a-t-il dit, vous savez que nous sommes attaqués par le gaz ? Voici deux cents francs, prenez la voiture médicale et allez acheter quatre seaux de lunettes d'automobiliste. » Il voulait aussi du feutre pour faire des tampons à placer devant le nez et la bouche et des élastiques pour les maintenir. Son idée est de faire préparer des solutions alcalines, qui seront placées dans des seaux que nous installerons aux intersections des tranchées, pour que les hommes puissent venir y tremper leur masque de feutre.

Parades s'interrompt pour sourire, avant de reprendre :

— Il était fatigué, du Roselle, tantôt excité, tantôt déprimé, parlant tout seul, de plus en plus bas. Il me donnait l'impression d'avoir perdu les pédales. En fait, il a été évacué hier et remplacé immédiatement par un quatre galons de l'active, le docteur Cenet, qui a l'air beaucoup mieux.

À l'heure du repas, nous nous rendons au PC. Le commandant n'est pas beaucoup mieux ravitaillé que nous. Au menu : thon à l'huile, camembert et patates. Le tout arrosé de vin bien entendu, café et gnôle. Le départ de du Roselle intéresse beaucoup le commandant Boulet-Desbareau. Il n'est pas du genre à éclater de rire, mais sa mine réjouie montre bien que cette histoire l'amuse énormément.

— À mon avis, conclut Parades, c'est l'annonce de la visite du médecin inspecteur Bop à La Harazée il y a trois jours, qui a donné le coup de grâce à du Roselle. Il nous a convoqués à quinze heures parce que Bop devait venir à quinze heures trente inspecter les locaux de l'infirmerie de La Harazée. La veille, du Roselle a fait évacuer tous les blessés qui s'y trouvaient pour que ce soit plus propre. À quinze heures trente, pas de Bop. Nous étions tous au garde-à-vous devant la petite véranda qui servait de poste de secours, sur laquelle montait du lierre. À seize heures, toujours pas de Bop. Le commandant du Roselle, n'y tenant plus, a appelé un infirmier. Et Parades d'imiter du Roselle : « Mon ami, allez donc me chercher une cuvette d'eau et un morceau de coton hydrophile. Vous notez que la pluie de ce matin a éclaboussé les feuilles de lierre qui sont près de la terre et, surtout, près de la porte d'entrée. Vous allez me prendre les feuilles les plus sales, vous les étalerez sur une main avec votre coton, et vous les laverez. » À seize heures trente, pas de Bop. À dix-sept heures, pas de Bop. À dix-huit heures, du Roselle nous a déclaré : « Messieurs, vous pouvez rentrer. Maintenant l'inspecteur ne viendra pas. » Ressentait-il qu'il n'allait pas bien, c'est possible. En tout cas, il a été évacué le lendemain, et moi je suis resté tout seul après son départ. Mais, dès que le docteur Cenet est arrivé, je me suis dépêché de partir pour rejoindre mon poste.

Au café, le commandant nous annonce une bonne nouvelle à ne pas ébruiter jusqu'à nouvel ordre. Nous allons être relevés de Bagatelle le soir même. Le bataillon, qui a eu de grosses pertes, ne peut pas tenir plus longtemps. Les troupes de relève sont déjà en route. Les 7e et 8e compagnies iront à Beaumanoir dans le cantonnement derrière le PC du colonel.

— Vous, le médecin auxiliaire, vous les accompagnerez pendant trois jours. Les 5e et 6e compagnies, aussitôt relevées, se dirigeront vers la Seigneurie, avec le médecin de bataillon.

Juin 1915. On aurait dit que les Allemands avaient eu vent de cette relève vers Beaumanoir. Elle a été cruelle. Deux *minen* sont tombées sur la tranchée, projetant des tas de pierres. Six hommes ont été réduits en morceaux, et onze ont été blessés. Les miens sont partis en courant dans le boyau long de deux cents mètres sans casse, malgré deux rafales de 77, mais, à la hauteur du chemin descendant vers la Houyette, un fusant a blessé quatre d'entre nous, heureusement sans gravité.

Des abris confortables, bien aménagés, protégés par la pente orientée vers Vienne-le-Château, nous attendent au cantonnement. Les hommes s'y précipitent et, à peine leur équipement retiré, s'endorment comme des souches. Nous sommes morts de fatigue.

Le lendemain, je pars me promener avec mon infirmier Renaud et mon brancardier Couchot dans le sentier où je m'étais rendu pendant les accalmies à Bagatelle. En traversant un sous-bois au milieu des ramiers, des tourterelles et des loriots, je passe devant un cimetière pareil à tous ceux que j'ai fait creuser du côté de Marie-Thérèse, simple enclave aménagée dans le taillis, d'une dizaine de tombes. Quelques-unes ont des croix, mais la plupart n'ont rien qu'une bouteille plantée le goulot dans la terre, où l'on a glissé un petit papier portant le nom du mort. De grosses branches d'arbres abattues par les obus ont mis à mal ce petit cimetière.

Un peu plus loin, je trouve le campement des territoriaux occupés à faire des clayonnages sur des gabions, maniant pelles et pioches. Nous poussons notre exploration jusqu'au cantonnement des canons de tranchées. À notre grande surprise, nous arrivons en plein branle-bas.

— Nous évacuons, m'avertit un gradé.

Leurs mulets harnachés, ils commencent déjà à descendre. L'homme explique :

— Maintenant, notre rôle est fini, ici. On se bat presque en rase campagne. Il n'y a plus rien à faire pour nous, et nous sommes marmités tous les jours.

De fait, devant eux, le canon tonne sans arrêt.

Nous faisons demi-tour jusqu'au poste de secours de Beaumanoir. En allant vers le PC du colonel, je suis rattrapé par Couchot, qui porte sa musette d'infirmier.

— Où vas-tu ?

— Eh bien, voilà. L'adjudant Merel tousse et je vais le badigeonner à la teinture d'iode.

— Et les furoncles du cuisinier ?

— Ça va un petit peu mieux, mais ces histoires-là, ce n'est jamais fini…

Ce qu'il ne disait pas, c'est que, à chaque fois, il revenait avec une fiole remplie de gnôle. C'est pour ça que, certains soirs, il était noir bien avant la nuit. Je le gronde :

— Si tu continues, tu vas finir par avoir des histoires !

Arrivé au PC, je lis un petit papier épinglé sur la porte, signé de l'abbé Lombard, aumônier du 94e et confesseur du colonel. Il annonce que le lendemain aura lieu une messe pour les défunts.

En avant du PC, à cinquante mètres vers Bagatelle, une compagnie de territoriaux creuse des tranchées sous la direction des hommes du génie. Ils font des nids de mitrailleuses et travaillent à la protection de l'entrée du ravin de la Houyette. Tout cela n'est pas bon signe.

À midi, le repas est lugubre. Nous échangeons nos impressions. Couchot, homme pratique, nous résume :

— Ce qui ne me plaît pas là-dedans, nous dit-il, c'est de voir les crapouillots s'en aller. Ça signifie que c'est la fin de la guerre de positions.

— Pour moi, répond un autre, les Boches soutiennent le poids d'attaque sur Bagatelle et sur Marie-Thérèse. Les voilà maintenant qui tirent devant nous. Ils sont devant Beaumanoir. Ils tirent presque à la hauteur de Vienne-le-Château, ils menacent la Houyette. Ils veulent évidemment nous encercler, nous attaquer par les deux ailes et nous rejeter dans la vallée. Je crois que, dans huit jours, il ne fera pas bon, par là.

De mon côté, j'essaie de réconforter Renaud, de Brest, qui a le cafard :

— Mon vieux, quand je n'ai pas le moral, je compte par minute, par heure et par jour. Il n'empêche qu'en mettant tout ce temps bout à bout nous allons bientôt arriver à un an de guerre. Cela compte tout de même, c'est déjà ça de fait, c'est le plus dur. Moi, cela me donne courage ce calcul idiot.

L'après-midi est consacré au nettoyage, au savonnage, et à la chasse aux totos[1]. Couchot prend mon linge et me détaille sa technique :

— Je vais le battre un petit peu parce que les totos sont tellement lourds que, quelquefois, ils tombent tout seuls. Après je brosse, je savonne, et je mets tout cela dans l'eau bouillante. Seulement huit jours plus tard, vous en aurez autant parce qu'on ne peut pas avoir les œufs. Il faudra qu'un jour, quand on sera tout à fait à l'arrière, je vous repasse toutes vos doublures avec un fer bien chaud, alors on entend tic, tic, tic. Ce sont tous les œufs qui pètent !

Nous essayons de nous distraire, sans pouvoir éviter de penser au nouveau corps d'armée allemand qui se trouvait devant nous.

---

1. Poux en argot militaire.

Le lendemain matin, la messe a lieu dans un grand abri, en présence du colonel et du capitaine Coste-Floret. Le prêtre ouvre son sermon par une évocation du « livre de Judas Maccabée », mot d'esprit involontaire qui en fait tiquer quelques-uns…

À l'aube du troisième jour, nous quittons Beaumanoir. Pas de repos, ici. Ça sent la charogne, les gaz asphyxiants, la peur.

Le voyage se fait sans incident. Après avoir remonté la pente de la Placardelle, nous passons entre les positions de batteries du 61e et du 40e. Entre les pièces, on voit ici et là des petites tonnelles où les servants prennent le jus. À sept heures du soir, nous arrivons à la Seigneurie. L'endroit est toujours aussi tranquille. Du soleil filtre entre les branches et on entend des oiseaux. Je me présente au commandant Boulet-Desbareau pour lui faire part de mes appréhensions, à propos de Beaumanoir.

— Oui, répond-il. Nous allons avoir devant nous un nouveau corps d'armée allemand.

C'est tout. Pas d'autre commentaire.

Mon séjour à la Seigneurie me donne l'occasion de faire mieux connaissance avec mon nouvel ami Émile de Parades. Ce Provençal de Nîmes, un Méditerranéen calme, un flegmatique, plus attiré par les plaisirs de la vie que par la gloire des combats. Mais, pour le cran, il peut en remontrer à beaucoup ! Nos conversations à trois, Parades, Bitsch et moi, nous emmènent fort loin de la bataille, malgré le bruit de fond du canon. Ça me remonte le moral…

Hélas, nous ne profitons pas longtemps de ce secteur tranquille, car nous recevons bientôt l'ordre de repartir pour cette maudite Houyette.

En quelques jours, l'endroit a bien changé.

De grands arbres cassés encombrent le fond du ravin. Les relents de gaz nous piquent les yeux.

Pour monter, le bataillon se scinde en quatre parties, les médecins et les infirmiers en deux ; les uns avanceront après la 3e compagnie, et la queue m'est destinée. Au moment où la compagnie de tête s'engage, un énorme tir de barrage par 105 se déclenche en haut du ravin de la Houyette. Le mouvement est immédiatement arrêté et ne reprend que vingt minutes plus tard lorsque le calme est à peu près revenu.

La première moitié du bataillon semble avoir traversé sans trop d'incidents, quand notre tour arrive. La dernière compagnie et moi venons de nous engager quand un nouveau tir de barrage s'abat sur la cime des arbres. C'est une tempête épouvantable. On voit des arbres tomber, de grosses branches barrer le fond, une pluie de feuilles et de shrapnells tomber autour de nous. D'abord, j'entends les arbres se casser, puis le bruit me rend sourd.

Instinctivement, j'avise un gros arbre, à quelques mètres de moi. Je me plaque contre le tronc, au ras de la terre, en attendant mon sort. J'essaie de penser : « On verra bien… », mais chaque seconde s'allonge comme une minute entière. Mon infirmier et mes brancardiers sont à une dizaine de mètres de là, plaqués au sol, comme moi. Un peu plus loin, je vois un malheureux couché sur le dos, avec du sang qui lui sort à pleine bouche. Que faire ? Il remue une jambe. Peut-être y a-t-il encore de l'espoir ? Mais tout d'un coup je le vois basculer et dégringoler vers le fond du ravin. Plusieurs sont couchés comme ça devant moi.

Enfin, au bout de quelques minutes qui paraissent des siècles, les Allemands allongent leurs tirs et les obus quittent le ravin pour se diriger vers la vallée de la Biesme.

En rampant, nous allons voir le blessé. Hélas ! il est mort. Nous nous hâtons de rejoindre ceux qui sont devant nous. Au total, l'équipée nous a coûté une quarantaine de blessés, la plupart légers, et quatre morts. Dans le ravin, l'air est devenu irrespirable à cause de l'odeur d'explosif.

Le reste du chemin se fait sans trop de mal. Grâce à un nouveau boyau, plus court, nous arrivons sans encombre devant le poste de secours. Tout le terrain alentour est labouré d'obus. Au loin, Beaumanoir et les tranchées qu'on avait creusées devant semblent en avoir pris un bon coup.

À l'entrée du poste de secours de Bagatelle je retrouve le même décor que j'avais laissé : quelques morts en plein soleil, avec les yeux et les lèvres remplis de mouches, et, à côté, des blessés assis par terre, à la porte.

À l'intérieur, il y a Parades et un médecin du 155e de notre corps d'armée dont le bataillon est engagé en ligne devant nous. Il n'y a pas assez de place pour coucher tous les blessés. Tous ceux qui le peuvent restent debout. Le plus terrible, ce sont les mouches. Par ce temps orageux, elles piquent et nous dévorent les yeux, surtout ceux des blessés graves, qui n'ont même pas la force de les chasser. Pour essayer de les protéger, on leur met de la vaseline et on leur couvre tout le visage de gaze. Bientôt, nous devons nous appliquer le même traitement. Nous n'avons pas été ravitaillés et nous n'avons pas d'eau à boire.

Le médecin du 155e m'apprend que la première ligne a été perdue, et que la seconde, la seule qui reste devant nous, est entamée par les Boches. La question du poste de secours se pose, car il va bientôt se trouver en première ligne[1]. Il ne sera pas possible de rester. Notre confrère nous informe que les troupes arrivées en renfort et les troupes restantes de son régiment vont contre-attaquer dans la soirée.

En effet, à la tombée du jour, après une préparation intense, notre artillerie déverse ses obus à quelques mètres au-dessus de nos têtes, nous déchirant les oreilles. Le spectacle est hallucinant. La contre-attaque est menée à la grenade et plus encore à la baïonnette. Nos renforts, surtout des jeunes des classes 14 et 15, en mettent un coup. Il paraît qu'ils font merveille.

Je profite de la nuit relativement calme pour faire évacuer les blessés. Parmi les brancardiers bénévoles et les convoyeurs volontaires qui effectuent les évacuations, quelques-uns reviennent, mais pas tous. Les autres préfèrent rester aux cuisines, en fin de compte. Faut-il leur en vouloir ? Ils risquent leur vie à chaque trajet. Au poste de secours, nous vivons dans l'attente des brancardiers, qui arrivent souvent trop tard, pour les blessés les plus graves.

Comme il est déjà difficile de faire évacuer des blessés, il n'est pas question de penser aux morts. Or des morts, il y en a un peu partout. Les contre-attaques de ce genre coûtent cher. Enfin, nous apprenons que la deuxième tranchée a été reprise, ainsi que la première, en partie.

---

1. Le 30 juin, les Allemands déclenchèrent une offensive sur tout le front d'Argonne. Après un bombardement par obus, ils sortirent des tranchées et prirent trois lignes successives à Bagatelle. (*Les Batailles de l'Argonne*, Guide Michelin, 1920.) Louis Maufrais se trouvait dans le poste de secours de Bagatelle au moment où le 2e bataillon sous les ordres du commandant Boulet-Desbareau, appelé à contre-attaquer de flanc, reprit les troisième et deuxième lignes.

Le lendemain matin de bonne heure arrive au poste de secours un capitaine de l'état-major de la brigade. Il m'a déjà vu à Beaumanoir, me dit-il. Quelque peu énervé, il me demande de l'accompagner toutes affaires cessantes près de l'état-major de la brigade, pour faire enterrer une dizaine de morts. Je le suis, et je découvre un vrai charnier de cadavres en complète putréfaction. Je dois avouer mon impuissance :

— Je n'ai pas un homme pour creuser et faire des terrassements. Je ne peux rien faire. Vous, vous avez le bras long. Vous pourriez demander aux territoriaux qui sont là, je suppose. On pourrait aussi faire appel aux brancardiers divisionnaires, encore que ce ne soit pas véritablement leur tâche.

Une heure plus tard, tout le monde est à pied d'œuvre avec pelle, pioche, chlorure de chaux et toile de tente. Mais les Allemands ne tardent pas à nous envoyer quelques rafales. Le capitaine et moi, nous nous mettons à l'abri. Lorsque nous revenons sur place, les territoriaux ont disparu. Ils sont rentrés chez eux. Quant aux brancardiers divisionnaires, ils se sont sauvés – ceux-là, on ne les reverra pas. Enfin, après un moment, les territoriaux réapparaissent ainsi que deux des bénévoles, et le travail peut recommencer. Et quel travail ! Dans une odeur effarante, il faut déplacer les corps, qui ont la figure noire, énorme, grouillant d'asticots, les déshabiller, prendre leur feuille d'identité et leur portefeuille...

Le soir même, le téléphone un moment coupé ayant été rétabli, on m'ordonne d'aller immédiatement à la brigade. J'y retrouve le capitaine :

— Le colonel commandant la 83ᵉ brigade a été tué ce matin de bonne heure entre les lignes, me dit-il. Il faut relever le corps et le descendre.

Je lui promets d'être à sa porte le lendemain à quatre heures du matin avec quatre brancardiers, si quelqu'un peut me guider jusqu'au corps.

1er juillet 1915. Le jour se lève dans une petite brume. Je suis au rendez-vous, avec quatre brancardiers dont Couchot[1] et Lefrêche[2], avec le matériel nécessaire. Avant de partir, je les ai laissés se servir à volonté de rhum Saint-James, dont je gardais une bouteille dans ma cantine. Malheureuse idée. Nous partons tous les six, le guide, les quatre brancardiers et moi. L'heure est propice et calme. Nous n'avons que cent cinquante mètres à parcourir, mais le terrain est criblé de trous d'obus. Après avoir rampé pendant trois quarts d'heure, nous apercevons le corps du colonel Escalon. On m'a averti : c'était un homme très corpulent, et nous aurons des difficultés.

Nous sommes à cinquante mètres à peine lorsque je vois tout d'un coup mon Lefrêche gesticuler, raconter des gaudrioles et sauter sur ses pieds. Il est complètement soûl. Inutilisable. À coups de bottes dans le derrière, on le fait descendre en vitesse, et le guide prend sa place. À pied d'œuvre, nous trouvons le colonel le nez plein d'asticots, comme tous les autres, mais il ne sent pas mauvais. Nous réussissons à rouler le corps dans deux toiles de tente, à le ficeler, et, avec un bois, on le fait glisser sur à peu près trente à quarante mètres en contrebas. Puis on le charge sur un

---

1. Couchot, touché au ventre le 14 juillet 1915 sur le front d'Argonne, succombera à ses blessures de guerre à l'hôpital de Bar-le-Duc en août 1915.
2. Lefrêche sera tué entre les lignes pendant la bataille de Champagne, alors qu'il regagnait son poste de secours avec Louis Maufrais en septembre 1915.

brancard, en l'y fixant avec des cordes parce qu'il déborde largement. Ensuite, les quatre brancardiers le descendront jusqu'à La Harazée sans trop de difficultés. Les Boches nous ont-ils vus ? En tout cas, ils n'ont pas réagi. Je crois plutôt que nous avons été protégés par la petite brume. Mes compagnons et moi serons cités à l'ordre de la division – Lefrêche y compris !

Un peu plus tard, de retour de La Harazée, Couchot me remet une demande écrite du médecin chef : « Veuillez ne pas nous descendre de corps d'officiers tués au-dessous du grade de capitaine. »

Couchot me donne les explications. Il a vu les corps de deux colonels, de quatre commandants, et de je ne sais combien de capitaines et de lieutenants. Autrement dit : nous avons eu des pertes énormes. En dessous de nous, en première ligne, on se bat encore jour et nuit, toujours à coups de grenades et de mitrailleuses, autour des barrages et de quelques éléments de tranchée. Sans pouvoir avancer ni reculer.

Relevés peu après par deux bataillons du 155ᵉ faisant partie de notre corps d'armée, nous avons pris la route jusqu'à Neuville-le-Pont en passant par Vienne-le-Château. Il y avait douze kilomètres à faire. Pas une goutte d'eau, et une poussière épouvantable. Pour se désaltérer, les hommes secouaient les branches des cerisiers qui bordent la route et mangeaient les cerises tout en marchant.

Nous avons fini par atteindre un petit pays agréable installé sur les bords de l'Aisne, qui paraissait ne pas avoir trop souffert. Nous étions tout étonnés de rencontrer des civils, dont certains portaient des chapeaux de paille sur la tête. Nous n'en avions pas vu depuis si longtemps ! Crevant de soif, Parades et moi nous avons couru acheter une bouteille de vin bouché. Deux verres plus tard, je suis tombé dans un sommeil comateux dont je ne suis sorti que le soir. C'était la fatigue, le manque de sommeil, et surtout l'intoxication discrète mais continue par les gaz. Deux joies ineffables mais oubliées m'attendaient au réveil : manger à une table, les fesses sur une chaise, et dormir sur un matelas, sans bottes ni culottes. En trois mois, ce plaisir m'aura été réservé exactement six fois.

Le lendemain, autre plaisir oublié, nous avons fait les boutiques pour y acheter des aliments frais, sans le souci des balles qui sifflent aux oreilles, ni des éclats d'obus. Nous en jouissions d'autant mieux que nous avions la quasi-assurance d'une prochaine relève à l'arrière. Ne parlait-on pas déjà dans les cuisines de permissions de détente de six jours pour ceux qui avaient fait six mois de front ?

Après cinq jours de repos, nous recevons l'ordre de quitter Neuville-le-Pont.

Quelle n'est pas notre stupeur, à la sortie du pays, de découvrir que nous reprenons la route de Vienne-le-Château ! Découragement pour les uns, fureur ouverte pour les autres. Ça râlait fort dans la colonne. Les officiers ne disaient pas un mot, mais n'en pensaient pas moins.

En fin de matinée, nous atteignons les abris taillés dans la butte de la vallée de la Biesme, qui précède l'entrée du ravin de la Houyette.

Il n'y a aucune espèce de confort, et nous dormons sur le sol, mais à l'abri des combats, au moins. Émile de Parades et moi sommes accueillis par le nouveau médecin chef du 94e, le docteur Cenet, qui, en homme du monde, nous invite à partager son pain blanc et du vrai calva. Il nous apprend que La Harazée a été évacuée parce que constamment bombardée par les gaz asphyxiants. Et que nous sommes en réserve de corps d'armée. Les hommes n'ont rien à faire, et la nuit est calme, le bruit mis à part.

Le lendemain matin, on distribue à quelques hommes trois cents cartouches et dix pétards. Le canon tonne sans arrêt. On entend les bombes depuis le Four-de-Paris, sur tout le front d'Argonne, de la Gruerie jusqu'à Binarville. Ça sent mauvais. De gros obus tombent à chaque instant dans le ravin, jusque dans la vallée de la Biesme, où les balles pleuvent.

À midi, on fait monter les hommes par petits bouts de colonnes. Ils s'engagent non pas dans le ravin, qui est interdit, mais sur un petit chemin parallèle, un peu camouflé par des restes de feuillage. Ils partent s'installer dans des éléments de tranchée rudimentaires. Même les cuistots ont été armés ; ils vont monter avec la dernière compagnie, derrière laquelle nous nous trouvons. Ça montre que l'heure est grave, et la patrie en danger.

Lorsqu'à mon tour j'arrive là-haut, le premier type que je rencontre est un ami, interne à Paris : Bertot, médecin au 155e d'infanterie.

— Mon vieux, tu tombes à pic, me dit-il. Il y a une bande de tire-au-cul qui font demi-tour. Voilà ce que je te propose : le poste de secours est tout près, juste derrière nous. Deux médecins de mon bataillon y sont déjà. Avec deux du tien, cela fera le compte. Alors si tu veux, on va devant pour faire le tri. On aide les blessés à avancer, et on arrête les autres.

Ainsi, pendant tout l'après-midi, nous faisons circuler des blessés, légers et graves, en même temps que nous en faisons refluer d'autres. Ils appartiennent surtout au 32e corps, mais il y a aussi beaucoup de coloniaux et des troupes du régiment du 20ᵉ. Je leur demande d'où ils viennent.

— Nous sommes engagés devant Binarville[1], me répondent-ils. Les Boches foncent. Ils veulent nous rejeter devant la vallée. Le coin est malsain. Des obus tombent sans arrêt, les nôtres répondent follement. Les balles pleuvent de tous les côtés, et les avions n'arrêtent pas de faire des repérages.

Puis un sous-officier, blessé léger, m'annonce :

— Les Boches sont à Beaumanoir.

— Peut-être, me souffle Bertot. Mais tu peux remarquer que nous n'avons vu aucun reflux des nôtres. Ils ont l'air de tenir le coup.

On entend bien le moulin à café des mitrailleuses, et nous avons vu quelques Allemands blessés, mais cela ne suffit pas à faire un pronostic.

Après avoir redescendu tous les hommes dans les abris de la veille au soir, nous retournons dans le nôtre. Nous occupons des cuisines évacuées par leurs cuistots. Ça sent le graillon, il y a des plaques de graisse par terre et les rats pullulent. Mais nous dormons à poings fermés.

Le lendemain, j'apprends par un commandant d'une de nos compagnies qu'en effet Beaumanoir a bien été pris, puis repris par nous en une contre-attaque qui a libéré une partie des tranchées. Tout ça

---

1. Les Allemands déclenchèrent une attaque générale le 13 juillet depuis la route de Binarville à Vienne-le-Château jusqu'à Haute-Chevauchée. Après un bombardement de plus de 45 000 obus et plusieurs jours de lutte acharnée, l'ennemi est contenu, et, le 14 juillet, les Français l'attaquent à leur tour, en le refoulant. (*Les Batailles de l'Argonne*, Guide Michelin, 1920.)

à la baïonnette et à la grenade et, grâce à l'artillerie, qui écrase leurs positions arrière. Si bien que, ce matin-là, les Boches ont évacué d'eux-mêmes tout ce qu'ils ont pris la veille. Deux des médecins auxiliaires qui se trouvent devant nous ont été faits prisonniers pendant l'après-midi et se trouvent naturellement libérés au matin. Malheureusement, à Marie-Thérèse, un médecin auxiliaire a été tué dans un bombardement, ainsi, disait-on, qu'un médecin du bataillon et des coloniaux.

Les hommes s'endorment dans leurs abris...

Mais à quatre heures, branle-bas. Sac au dos plein de cartouches, nous repartons en direction de La Harazée.

Pour commencer, le mouvement se fait sans casse. Jusqu'à ce que la fin de la colonne, où je me trouve, se trouve prise dans un bombardement par gaz asphyxiant, près du hameau de La Harazée. Nous ne les avons pas entendus venir, car ces obus-là ne font pas de bruit.

On est comme submergés. J'ai des nausées, des vertiges, larmoiements, éternuements à répétition. Complètement abruti, je m'assois sous un tas d'obus entreposés contre un pan de l'église de La Harazée. Mes infirmiers sont éparpillés dans les ruines, la plupart occupés à vomir. Enfin, après nous être regroupés, nous rattrapons le reste du bataillon qui est monté sur la cote 213 (dominant La Harazée).

Le 17 juillet, nous mettions le cap sur Neuville-au-Pont où quatre-vingts camions nous attendaient pour emmener tout le bataillon et la compagnie de mitrailleurs...

La campagne d'Argonne était finie pour moi.

Argonne 1915, la visite médicale. Louis Maufrais ausculte un soldat pendant que l'infirmier, en arrière-plan, note le diagnostic sur son registre.

Après une semaine de repos, nous avons reçu un ordre de départ à pied pour le camp de Châlons, en Champagne, avec une halte dans les bois de Baconnes.

Après la montagne de Reims, nous traversons Bouzy, toujours couronné d'un nuage de poussière, puis la Marne à Athis, et enfin le village des Istres-et-Bury, où nous allons nous reposer.

L'après-midi, avec la voiture médicale, nous sommes montés chez un grand récoltant d'Avize, Veron Magaud, pour lui acheter quelques bouteilles de champagne. Quand il a appris que nous étions du

94e régiment, qui comprenait pas mal de Marnais, et que depuis sept mois nous défendions l'entrée de la Champagne, il nous a fait un prix.

Nous nous sommes promenés sur la route à mi-coteaux qui part de Cramant. On se sentait heureux. Après avoir été enterrés pendant des mois, nous avions devant nous la plaine de Champagne, à perte de vue, baignée par un soleil brûlant. À nos pieds, des champs de vigne entourés de pierres, et Avize plus bas. Dans la brume de chaleur, on distinguait à peine les monts de Champagne. À l'horizon, il y avait l'Argonne, si près et déjà si loin. Et puis ce silence. Un grand silence que soulignait le bruit du sécateur d'une paysanne qui taillait sa vigne à côté de nous. Tout cela nous insufflait une terrible joie de vivre. Ou plutôt, nous pensions moins au danger encouru qu'au vide laissé par nos camarades. Combien avions-nous connus de simples sergents qui s'étaient retrouvés commandants de compagnie et capitaines, et dont tant, déjà, avaient été tués ! On peut dire que l'Argonne nous a coûté cher !

Mon tour de permission était arrivé. J'ai retrouvé mes parents, ma sœur, la mer et le bruit des vagues par un bel après-midi, sous les murs de Saint-Malo. Deux jours après mon arrivée à Dol, une amie de ma mère fit cette remarque :

— Vous savez, j'ai vu votre fils. Eh bien, il n'a jamais eu aussi bonne mine !

Avis à tous, en guise de cure de repos, allez en Argonne !

En Argonne, les Allemands, en dépit des menaces répétées, ne purent jamais mettre le pied dans la vallée. Les combats acharnés continuèrent jusqu'à la fin août. Le 10e corps d'armée y fut intimement mêlé, et beaucoup de mes compatriotes se firent tuer du côté de Binarville.

Cette campagne dans la forêt d'Argonne m'a laissé le souvenir le plus profond et le plus durable de toute la guerre. Je vivais avec les officiers et les hommes. Nous partagions la boue, les poux, le froid, la pluie, les balles, la petite ferraille, etc. Nous éprouvions les mêmes espoirs et les mêmes déceptions. À la longue, il en était né une camaraderie sans réserve que je n'ai retrouvée dans aucune autre arme.

Le soir de notre dernier engagement dans les tranchées, au moment où nous allions nous endormir après nous être roulés dans des couvertures, mon voisin m'avait fait remarquer qu'il y avait un trou, pas bien grand, à l'épaule gauche de ma vareuse. Nous en avons retiré un petit éclat très irrégulier de la grosseur d'un noyau de cerise. Un éclat, sans doute en bout de course, s'était logé dans l'épaisseur de l'étoffe. Je ne m'en étais pas aperçu.

La bataille de Champagne 1915

Au début de la Grande Guerre, après la défaite des Alliés dans les batailles des frontières, la Champagne est entièrement occupée par les Allemands. Après la contre-offensive victorieuse du général Joffre à la bataille de la Marne, les armées allemandes battent en retraite. Le 15 septembre 1915, les Français qui les poursuivent s'arrêtent au pied des massifs au nord-est de Reims et des crêtes qui s'échelonnent entre ces massifs et l'Argonne. Les Allemands s'accrochent à cette ligne de positions naturelles qu'ils organisent et fortifient. Le front français se fixe le long de l'ancienne chaussée romaine qui suit en droite ligne, de Reims à Vienne-la-Ville.

Après une année de guerre de positions, le front n'a quasiment pas bougé. C'est dans le but de rompre la ligne allemande d'Aubérive-sur-Suippe à Ville-sur-Tourbe que fut organisée l'offensive française du 25 septembre 1915, sous le commandement du général de Castelnau. Sur vingt-sept kilomètres, cette ligne était constituée de gros centres fortifiés et, à trois kilomètres en arrière, de buttes avec un réseau caché sous bois ou à ras de terre, dont la butte de Souain et celle de Tahure.

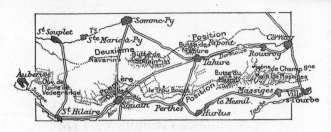

LES ORGANISATIONS ENNEMIES AVANT L'OFFENSIVE FRANÇAISE
DU 25 SEPTEMBRE 1915.

D'énormes travaux furent réalisés par les soldats français pour la préparation de l'offensive. À l'ouest de Souain, il fallait gagner, de nuit, plus d'un kilomètre pour élargir et multiplier les boyaux de communication.

L'offensive française du 25 septembre a pour but de percer cette ligne. Louis Maufrais, avec le 94e, se trouve en face d'Aubérive, et les compagnies de son bataillon doivent conquérir Saint-Souplet. Le jour de l'attaque, après avoir franchi la première position, les fantassins découvrent qu'ils ne sont pas couverts dans leur progression par leur artillerie, située trop en arrière pour pouvoir allonger leurs tirs. Et surtout ils se heurtent, malgré leurs avertissements répétés, à un réseau de barbelés intact que le génie n'a pas retiré.

M. V.

Les pointillés de bois Vauban

Champagne. Août 1915 - janvier 1916

Août 1915. Mon deuxième départ pour le front, tout compte fait, m'a paru moins pénible que le premier. Je n'ignorais plus le danger qui m'attendait. D'inimaginable et inévitable, il était devenu prévisible, parfois évitable. De leur côté, mes parents voyaient dans cette permission la promesse d'autres permissions, de retrouvailles possibles. Ils se disaient qu'une partie de la guerre était derrière nous. Et puis, toute la famille priait pour assurer mon salut. Depuis ma bonne grand-mère qui, pendant quatre années, ferait dire une messe quotidienne pour son petit-fils, jusqu'à la tante Jeannette, qui, tous les jours, soupirait :

— J'ai récité tant de chapelets pour mes neveux que j'en ai soif !

À la gare de l'Est, je pris le Paris-Nancy pour descendre à Châlons-sur-Marne où je fus conduit à un baraquement à côté de la gare, destiné aux permissionnaires en transit. Le lendemain matin à sept heures, départ dans un train mixte, moitié approvisionnement, moitié voyageurs, direction Saint-Hilaire-au-Temple, vers le camp de Châlons. Les wagons bourrés de soldats m'indiquaient que l'armée de Champagne se gonflait rapidement. À Saint-Hilaire, je repérais facilement les fourgons du 2ᵉ bataillon, et je montais m'asseoir à côté du conducteur.

De là, j'avais une vue circulaire sur le panorama. Dans ce coin, la terre arable avait à peine cinq centimètres d'épaisseur. Une petite herbe maigrelette couvrait le sol. Ici et là affleurait une plaque de craie blanche comme de la neige. De petits bois de sapins chétifs et étroits étaient disséminés un peu partout, à perte de vue vers le nord. L'horizon était barré par les monts de Champagne, le mont Cornillet, Vaudesincourt, les hauteurs de Moronvilliers, et tout à fait sur la droite, la butte de Tahure, où tant des nôtres se feront tuer.

Après un trajet d'une demi-heure rythmé par le trot vif des chevaux de fourgons, le conducteur m'annonça

En route vers le camp de Châlons, en août 1915. L'équipe médicale du 2ᵉ bataillon du 94ᵉ RI arrive à l'étape de Saint-Hilaire-au-Temple. Photo prise par Louis Maufrais.

que j'étais arrivé au 2ᵉ bataillon. Me montrant un bois plus étoffé que les autres, il m'indiqua que les bureaux des compagnies et les bâtiments du commandant se trouvaient dans les baraquements au milieu. Tout autour, dans d'innombrables petites tentes individuelles, logeaient les hommes et une partie des officiers. Enfin, tout à fait à droite, étaient installées les roulantes[1].

Première chose à faire, je vais au bureau de ma compagnie, la 5ᵉ, rendre mon titre de permission et me porter « rentrant ». Et là, je tombe sur Entrevan de la 8ᵉ compagnie.

— On t'attend depuis hier, me dit-il. Nous avons réglé ta situation avec les sous-officiers de la popote de la 8ᵉ compagnie : ce soir, tu dînes avec eux, vous buvez le coup d'adieu et, demain matin, tu fais popote avec nous.

Je suis surpris et heureux de cette marque d'amitié. En même temps, je regrette de quitter la popote des sous-officiers. J'y avais trouvé des garçons bien, avec lesquels je m'étais lié, et, disons-le, leur cuisine était certainement meilleure que celle des officiers.

Je fais le tour des tentes et je finis par repérer le fanion de la Croix-Rouge de notre poste de secours. Je vois surgir d'une tente une main puis la tête de mon Émile de Parades, avec ses yeux bleu-vert et une barbe blonde que je ne lui ai encore jamais vue.

— Ah ! te voilà mon petit salaud ! me dit-il dès qu'il m'aperçoit. Tu sais que tu as déjà un jour de retard ? Hier, on t'a réclamé toute la journée.

1. Les cuisines roulantes.

Août 1915, camp de Châlons. Émile de Parades, médecin aide-major de 2e classe du 2e bataillon du 94e RI. C'est à cet ami que Louis Maufrais dédie le chapitre sur la bataille de Champagne. Photo prise par Louis Maufrais.

— Ah ! pardon, lui dis-je, mais j'avais droit à un jour de plus à cause de ma citation.

— C'est bon. Voilà ce qui t'attend. Ici la vie pourrait être épatante, si ce n'est que toutes les nuits les hommes sont de corvée pour aller creuser des parallèles de départ entre les lignes et que nous, nous devons les accompagner. Ce soir, c'est toi qui vas te taper ça parce que tu es inscrit au tableau pour faire la corvée.

J'entre à quatre pattes dans la tente, où Émile m'informe des derniers événements :

— Nous avons un nouveau commandant dénommé de Selancy, grand, maigre, triste, très bien élevé. Mais il vient d'un état-major et n'a jamais commandé dans l'infanterie. Donc, il ne connaît pas grand-chose. Et puis nous avons touché un autre médecin chef, un dénommé Routier. Je ne sais pas quel parcours il a suivi. Il est grand et fort, pas tout jeune, et il ne sait pas très bien non plus ce qu'il faut faire. Il ne donne aucun ordre. On ne peut pas compter sur lui.

Puis il me décrit la situation :

— Voilà comment elle se passe, la promenade de nuit. Tous les soirs vers dix-huit heures trente, quand le jour commence à baisser, deux compagnies s'engagent dans le boyau que tu vois là, et toi, tu les accompagnes.

Août 1915, camp de Châlons. La cuisine roulante de la 8ᵉ compagnie et son caisson de bois, qui permet de ravitailler les soldats près des premières lignes. Louis Maufrais est au centre, au niveau de la croix.

Tu prends ce grand boyau, qu'on appelle le boyau Dijon et qui mène directement jusqu'au pont de Suippes, c'est-à-dire à l'endroit où on rejoint la route de la voie romaine qui va à Jonchery. Là, tu traverses. Les hommes se répartissent alors dans les secteurs. Et, devant, commencent leurs travaux. Toi, tu n'as pas à les accompagner jusque-là. Tu t'arrêtes au pont de Suippes, et tu te couches dans un gourbi. Généralement, on y trouve un médecin de bataillon qui occupe déjà le secteur. Vers cinq heures du matin, les hommes reviennent et tu les reprends au passage. Tu rentres et tu n'as plus qu'à roupiller jusqu'au soir si tu veux. Tout cela vois-tu, c'est en vue de l'offensive. Ça doit rester secret, mais tout le monde connaît la date : le 25 septembre. Nous tenons ça des gars du ravitaillement. C'est généralement eux qui fournissent les bons tuyaux. Nous avons notre plein d'hommes et notre plein d'officiers. Tu verras ça !

Je le quitte à l'heure de la soupe. Il faut que j'aille à ma nouvelle popote faire connaissance, surtout que je ne connais pas très bien le commandant Philippon.

J'y trouve donc Philippon, Cathalan, Laguens, Raulic et Thiriard. L'ambiance est excellente, pleine de gaieté. On jouit du présent, sans vouloir penser au futur.

On reparle de l'offensive, et j'apprends que les travaux de terrassement pour la compagnie sont à moitié terminés.

3 septembre. À dix-huit heures trente, avec casque, musette, couverture, toile de tente et bidon, je pars avec deux infirmiers et mon agent de liaison accompagner les compagnies qui vont faire du terrassement entre les lignes. Nous prenons ce grand boyau, très large,

Août 1915. Popote avant l'attaque du 25 septembre, saisie par l'objectif de Louis Maufrais : le « pinard » est le principal antidote au cafard des soldats.

profond, qui longe les petits bois pour échapper à la vue de l'ennemi – on se rendra compte plus tard qu'il est, en fait, parfaitement localisé par les Allemands, car, sur les photos d'avion, on le voit comme le nez au milieu du visage.

Après la zone des petits bois, le boyau file droit vers le nord jusqu'au pont de Suippes. À cet endroit, la Suippe, petite rivière, traverse la route de Reims vers Saint-Hilaire-le-Grand. Elle fait un coude léger délimitant un terre-plein crayeux, qui descend vers l'eau en pente douce. C'est, en somme, le vestibule du secteur. Et un lieu de passage incessant. J'y serai souvent. Il est bordé sur le bord opposé à la rivière par une rangée d'abris encastrés dans la craie, dont le poste de secours, la cuisine, etc.

C'est long de faire défiler deux compagnies d'infanterie en file indienne dans un boyau étroit comme celui-là. La tête de la colonne s'y engage à dix-huit heures trente, mais il me faut patienter une demi-heure avant de partir à mon tour. À ce moment-là, il fait déjà sombre, et les Allemands ne peuvent pas nous voir. L'allure est d'abord vive. Puis la consigne passe :

— Attention au fil, attention voilà des brancardiers, plaquez-vous sur le dos.

On se plaque, et rien ne passe. Au bout de cinq minutes, on reprend la marche. Et nous sommes arrêtés par une colonne qui descend des lignes. Un peu plus loin, on nous dit : « Laissez passer les corvées de cartouches », et ainsi de suite. Au bout d'une demi-heure, séparés les uns des autres, nous perdons tout contact. On se bouscule, on avance, on recule, on s'arrête. Et, tout d'un coup, on part au pas de course.

Cette allure en accordéon m'épuise car j'ai passé les deux nuits précédentes dans le train. Je dors debout. Nous arrivons finalement au pont de Suippes à dix heures du soir. Mes compagnies sont prises en main par des agents de liaison qui les emmènent par demi-section sur leur lieu de travail après leur avoir alternativement donné une pelle et une pioche. Quant à moi, je m'installe au poste de secours pour attendre leur retour.

Ces parallèles de départ ne sont rien d'autre que des tranchées parallèles à celles qui existaient déjà, mais moins profondes et moins bien aménagées, car leur existence sera éphémère. En effet, reliées par des boyaux aux tranchées de derrière, elles ont pour but essentiel de diminuer l'intervalle existant entre les positions françaises et allemandes. Et, au moment de l'attaque, on y entassera des hommes qui, une fois le parapet franchi, seront immédiatement remplacés par d'autres.

Août 1915. Relève du saillant E 5. Au premier plan, les soldats avec leurs pelles photographiés par Louis Maufrais ; les corvées de terrassement sont finies.

Il n'y aura pratiquement pas de casse au cours de ces exercices nocturnes épuisants. Les Allemands ne tirent pas, et, de notre côté, nous avons des batteries de 75 alignées le long de la route de Saint-Hilaire, qui de temps en temps envoient une rafale sur les Allemands – bien inutilement. On découvrira plus tard qu'en fait, si les Allemands ne tirent pas, c'est pour ne pas démasquer leurs batteries.

À cinq heures du matin, on me réveille pour rejoindre les compagnies qui ont terminé leur travail, et nous rentrons au camp.

Au bout de quelques jours, j'apprends avec plaisir la fin de ces expéditions nocturnes : les travaux étaient terminés. Je commençais à en avoir assez, moi aussi et, pourtant, j'étais loin d'être le plus à plaindre.

13 septembre. On sent l'atmosphère se tendre. Les notes pleuvent dans les bureaux. Les exercices vont en s'intensifiant, matin et soir. Les hommes apprennent le maniement d'armes nouvelles, en particulier celui des fusils-mitrailleurs et de grenades.

Depuis l'Argonne, les cerveaux de l'état-major n'ont pas cessé de bouillonner. C'est ainsi que les fantassins sont maintenant divisés en trois catégories : les voltigeurs, qui partent en tête, légèrement habillés, pas trop lourdement armés, surtout de grenades et de fusils-mitrailleurs. La deuxième vague est constituée de grenadiers et, enfin, la troisième regroupe les nettoyeurs de tranchées. Ils disposent de grenades un peu plus puissantes et de couteaux. Eh oui… des couteaux de cuisine ! Ou plutôt des couteaux de boucher dont la lame est insérée dans une gaine de toile, avec un manche en bois, mais dépourvue de garde pour protéger les mains. Cette nouvelle arme n'aura aucun succès auprès des troupes : après l'attaque, il n'y aura qu'à se baisser pour en ramasser. Les hommes les avaient jetés par terre…

On nous initie aussi au barrage roulant – la dernière trouvaille, je crois, du général Passaga. Le principe en est que, pour couvrir une attaque de notre infanterie, l'artillerie allonge automatiquement son tir pendant un temps déterminé. Et, pour que l'état-major placé à l'arrière et l'artillerie puissent localiser les poilus et éviter de leur tirer dessus, on demande aux hommes de coudre au dos de leur capote un grand rectangle de calicot blanc.

Enfin, on nous informe que, le lendemain, le général Deville, toujours lui, qui commande la 42e division d'infanterie, viendra visiter le bataillon. Le lendemain,

Août 1915, camp de Châlons. Les soldats ont reçu l'ordre de coudre au dos de leur capote un grand rectangle de tissu blanc, pour permettre aux officiers observateurs de mieux les repérer et à l'artillerie d'éviter de leur tirer dessus en allongeant leurs tirs. Photo prise par Louis Maufrais.

monocle vissé sur l'œil, il passe et repasse nerveusement devant les officiers en traçant des huit. L'attaque sera déclenchée le 25 septembre, nous annonce-t-il.

Il s'agit cette fois de rectifier le front, de le raccourcir de façon à dégager Reims et l'Argonne. Et surtout, d'éviter cette fourche inutile qui fait descendre les tranchées jusqu'au niveau de Souain, de manière à libérer une ou deux divisions. Le soir du premier jour, nous irions occuper Saint-Souplet, ce petit pays qui nous fait face, au loin. Au quatrième jour, nous aurons atteint les bords d'une petite rivière appelée la Py. Enfin, l'attaque sera précédée d'un bombardement d'artillerie d'une ampleur encore jamais vue. Autant d'affirmations qui nous remontent le moral.

Les dernières nuits passées dans ma tente au cantonnement sont consacrées au développement de mes photos. Pour cela, j'utilise deux vieux quarts, l'un destiné à l'hyposulfite, l'autre au révélateur, et je voile ma petite lampe de poche d'un papier rouge. Ces photos sont dans mon petit album sur la Champagne. Vous verrez si elles ont bien tenu.

18 septembre au soir. Arrive l'ordre que tout le monde attend sans joie. Le bataillon fait mouvement et monte en première ligne pour remplacer le troisième bataillon qui revient un peu en arrière occuper la 3e ligne aux environs du pont de Suippes et le long de la route de Saint-Hilaire.

À la nuit tombée, nous partons par le boyau Dijon où nous nous sommes déjà tant promenés. Les hommes s'y engagent, taciturnes, peut-être déjà gagnés par le sommeil. J'avoue ne jamais avoir vu de scènes d'enthousiasme, en pareille circonstance.

Une fois le pont de Suippes traversé, les compagnies gagnent leur emplacement. La mise en place dure au moins deux heures.

Le tour de l'infirmerie arrive en dernier. On nous fait prendre un certain boyau Saint-Martin qui longe la Suippe.

— Voilà, vous êtes dans la tranchée Vauban, nous dit-on. Le poste de secours est là.

Nous trouvons un abri plutôt bien fait, assez vaste. C'est un endroit solide, mais qui ne résisterait peut-être pas à un 105, il faut l'admettre. Enfin tant pis. Arrivera ce qui doit arriver.

Nous déchargeons notre barda et, un quart d'heure après, nous sommes installés. Nous étions tous de la

Août 1915, jours tranquilles à l'ENT (École normale de tir) avant l'offensive du 25 septembre. Louis Maufrais relit ses notes dans son carnet de moleskine.

vieille équipe, Parades, les caporaux Dardaine, Serane, Bitsch, et moi. Nous ouvrons chacun un brancard et nous y dormons jusqu'au lendemain.

À huit heures du matin, nous sommes réveillés par des obus qui tombent d'un peu partout et semblent viser nos carrefours. De toute évidence, les Allemands font leur repérage et leur réglage quotidiens. Après le jus, nous prenons connaissance du plan du secteur. La défense est assurée avant tout par un poste principal : la tranchée Dijon. C'est une tranchée moderne, de la forme d'une roue dentée, qui permet aux hommes d'être garantis en avant par une banquette de tir et un parapet, et latéralement par les bords de la dent qui les protègent des éclats venant des côtés. Et, à l'avant, se trouvent les trois étroites parallèles de départ, baptisées : Douai, Dunkerque et Domremy.

Le long de la parallèle Domremy, située en direction des Allemands, sont implantés des petits postes d'écoute avancés qui me rendront grand service par la suite. Enfin, vers l'arrière, il y a la tranchée Vauban, où nous nous trouvons. À côté de notre poste de secours se trouve le PC du commandant de Selancy, puis l'abri des téléphonistes, un réseau de défense de petits points plus ou moins abrités, et quelques sapes pour renforcer la défense de la tranchée Dijon. Toutes les tranchées parallèles ouest et est sont réunies entre elles par des boyaux. À gauche, le boyau Saint-Martin, qui est plus ou moins parallèle à la Suippe et descend jusqu'aux extrémités des tranchées de départ. À droite, le boyau Vauban qui s'appuie sur le petit bois du même nom, en fait une espèce de talus parsemé de quelques restes de troncs d'arbres et de racines. Tous ces boyaux sont perpendiculaires aux tranchées.

Le capitaine Ragot et son lieutenant d'Ancezune, retrouvés au cours de ma visite, nous ont expliqué la situation :

— Nous sommes juste devant Aubérive. Le petit village n'est pas très démoli jusqu'à présent, mais on n'y voit pas plus de mouvements que s'il était abandonné. Malheureusement, entre nous et le village, il y a un réseau très profond de fil de fer barbelé qui nous barre la route en totalité. Il faut absolument qu'il soit démoli.

14 octobre 1915. Devant le poste de secours de bois Vauban, Louis Maufrais avec Émile de Parades en train de prendre une photo. Malgré les règlements militaires qui l'interdisent, de nombreux combattants photographient la guerre, animés par le désir de garder une trace personnelle des événements exceptionnels qu'ils endurent.

À midi, comme par enchantement, toutes nos pièces légères se mettent à tirer. Surtout du 75, et Dieu sait s'il y en a derrière nous. Puis, petit à petit, les pièces lourdes entrent dans le concert. Soutenues de temps à autre par des pièces à longue portée, voire des pièces de marine. En face de nous, les positions allemandes, très enterrées, ne présentent aucune saillie. La terre et

Septembre 1915, près d'Aubérive. Un guetteur au créneau photographié par Louis Maufrais dans la tranchée Dijon, poste principal qui assure la défense du secteur. À l'avant se trouvent les parallèles de départ : Douai, Dunkerque et Domrémy situées en direction des Allemands.

la craie volent en éclats de tous les côtés, au milieu d'une poussière qui nous empêche de voir grand-chose. En fin de journée, les maisons d'Aubérive apparaissent écrasées. Au-dessus de nos têtes, ce n'est que tonnerre et sifflements ininterrompus.

Au poste de secours, nous n'avons rien à faire. Il n'y a pas de blessés chez nous, car les Allemands ne répondent pas à nos tirs. Les 19 et 20 septembre, le bombardement s'intensifie sur Aubérive, considéré comme le verrou de l'attaque. Les Allemands tiennent probablement à le conserver. Aussi ne comprend-on pas très bien pourquoi ces derniers ne réagissent pas, au moins de ce côté-là.

Le 20 au soir après le deuxième jour de bombardement, nous recevons une petite visite d'amitié de d'Ancezune, lieutenant de la 6ᵉ compagnie. Il nous confie qu'il se rend chez le commandant pour lui faire part de ses préoccupations.

— Ce qui nous embête, nous dit-il, c'est qu'ils ont bien tapé dans Aubérive mais le réseau de barbelé est absolument intact.

Les 21 et 22, le réseau n'a pas bougé. Le 23 au matin, nous revoyons d'Ancezune, très préoccupé.

— Je viens trouver le commandant, avec le capitaine Ragot, parce que le barbelé est resté intact.

Quatre volontaires se présentent pour couper le fil de fer et tâcher d'y ouvrir un passage. Ces garçons courageux s'engagent sous le réseau en rampant sur le dos, les épines du barbelé à hauteur de la figure, et, armés de grosses cisailles entourées de linge, s'attaquent au réseau. Mais ils ne peuvent éviter de faire du bruit… Si bien que les Allemands envoient des fusées éclairantes. Il y a un tué et trois blessés, dont l'un est emmené par les Allemands tandis que les deux autres rentrent de notre côté. Enfin, après de nombreux coups de téléphone, la direction de l'artillerie du 32ᵉ corps garantit qu'à la fin de la journée la question de ce réseau sera réglée.

À l'infirmerie nous ne restons pas les bras croisés, car nos tranchées sont bourrées d'hommes, un tous les deux mètres environ. Quelques-uns ont creusé de petites niches à la base du parapet pour s'y fourrer. Mais parfois, comme le parapet a perdu de sa solidité, les obus font s'effondrer la terre et les malheureux se trouvent pris sous l'éboulement, dont certains qui ne peuvent être retirés à temps. Il y a tout de même des blessés. Les Allemands tirent peu, comparativement à nous, mais visent juste et aux bons endroits.

Nuit du 24 au 25 septembre. Une bonne partie des hommes emmenés par leur chef de section s'engagent dans les parallèles de départ avec fusils, baïonnettes, cartouches, grenades et masques à gaz. Consigne formelle : ne pas fumer, ne pas parler… Il semble que les Allemands ont eu vent de quelque chose, car les fusées se succèdent sans arrêt.

À huit heures du matin, toutes nos pièces d'artillerie se mettent à tirer en même temps. Les hommes, ayant eu une double ration de jus et de gnôle, ont le moral.

— On va coucher ce soir à Saint-Souplet, disent-ils. À notre tour d'être bien logés.

On a placé de courtes échelles contre le parapet et recommandé aux hommes de ne relever ni la tête ni le corps. Si possible, ils doivent franchir le parapet en rampant sur le côté, et, de là, courir ou ramper jusqu'à un petit repli de terrain, s'y grouper et attendre les ordres. Les chefs de section, lieutenants et sous-officiers, doivent partir les premiers.

À neuf heures moins dix, l'attaque est déclenchée. Un feu d'enfer passe à quelques mètres au-dessus de nos têtes. C'est terrifiant, mais les soldats rigolent.

— Qu'est-ce qu'ils dégustent ! Il ne doit plus rester grand monde…

Ça leur donne du courage, plus que les discours du général.

Un instant plus tard, toutes les pièces allemandes, surtout des gros calibres entrent dans le jeu : ils arrosent tout le secteur et les voies d'accès. Enfin, sur un geste, les chefs de section grimpent à l'échelle et

Septembre 1915. Louis Maufrais avec le casque Adrian et la capote bleu horizon.

s'élancent. Il est neuf heures dix. Juste à ce moment-là, la pluie qui menaçait se met à tomber. Les premiers hommes qui franchissent le parapet, le font sans trop de mal – les Allemands sont-ils surpris ou leurs armes mal ajustées ? Mais, après quelques minutes, ça change.

Les mitrailleuses des Allemands écrêtent le bord des parapets en soulevant de petits jets de craie. Alors, on voit des soldats arrivés en haut de l'échelle basculer en arrière, touchés à la tête malgré leur casque. D'autres parviennent à monter sur le terrain, mais tombent après

Septembre 1915, angle du boyau 21 et de la tranchée Douai. Un soldat avance, baïonnette au canon. Sur son dos, son havresac, qui contient toutes ses affaires et sa vaisselle, pèse lourd. Photo prise par Louis Maufrais.

quelques pas, immobilisés dans leur position de chute. Enfin, d'autres qui s'élancent courbés en deux, s'abattent, repliés sur eux-mêmes, et s'écroulent en roulade. Les petits éléments de l'infanterie envoyés en soutien d'attaque qu'on avait prévus se constituent. Les armes allemandes donnent des balles et des obus de tous calibres. Sans oublier le petit canon de tranchée autrichien, le François-Joseph. Très rapide, tiré de plein fouet à deux mètres de nous sans qu'on l'entende, il fait des ravages.

Cela, ce sont les rescapés qui me le décrivent au fur et à mesure. Car je suis au travail, avec Parades, enterré dans le poste de secours, au milieu du vacarme assourdissant.

Les obus allemands arrosent sans relâche les tranchées, les boyaux, et surtout les points de croisement.

Le tout sous une pluie battante. Notre boyau Vauban est encombré d'hommes de nos compagnies qui occupent la deuxième position en attendant l'ordre de bondir en avant. Ils sont tellement nombreux qu'on ne peut se déplacer qu'accroupis, de façon à éviter les éclats d'obus. J'en entends un dire à son voisin, installé sur le seuil de notre poste de secours :

— À Saint-Souplet, mon vieux, il paraît qu'ils ont des sapes souterraines larges comme des véritables dortoirs, avec du plancher et de belles couchettes. Ils ont de l'électricité, et on m'a dit que les officiers ont des plumards avec des draps, et qu'ils y amènent leurs poules !

— Tu m'donnes envie d'y aller voir. Et il ajoute en rigolant : Faut-il que tu sois con pour croire à des choses pareilles !

— Puisque je te dis, ce sont des prisonniers ramenés par une patrouille de la 5e, il y a deux jours, qui l'ont raconté !

— Tais-toi donc, tête de lard !

Vers dix heures et quart arrivent les premiers blessés de la première ligne. Jusque-là, les hommes que nous avons vus ont été touchés autour du poste de secours, dans notre boyau et dans la tranchée Vauban.

Les premiers sont les blessés légers. Ils arrivent par paquets, certains portés à califourchon par des camarades. Ils paraissent découragés, choqués moralement plus que physiquement.

— Pourquoi arrivez-vous seulement maintenant ? Ça doit faire près d'une heure que vous êtes blessés.

— Il y a tellement d'embouteillages dans le boyau qu'à un moment nous sommes restés sans bouger pendant un quart d'heure. C'est rempli de troupes de renfort qui montent en ligne.

— On est de la 6ᵉ compagnie, dit un autre. Il n'en reste pas lourd, je vous assure. De ceux qui ont voulu passer par les barbelés, pas un seul n'est revenu vivant. Ils sont tous restés accrochés aux fils.

— On n'a pas idée, commente un troisième qui a la figure couverte de sang en raison d'une plaie du cuir chevelu, de nous faire attaquer un rideau de fer intact !

Je suis obligé de lui répondre :

— Tu n'es pas ici pour faire de la stratégie. Mais pour te faire soigner. Le reste, tu le raconteras ailleurs.

On m'annonce alors :

— Le lieutenant d'Ancezune a été tué.

On voit bientôt arriver les grands blessés, soit sur des brancards, soit sur des toiles de tente nouées et enfilées sur un bâton. Sinistre hamac. En quelques instants, le poste de secours se trouve rempli, de même que l'abri voisin, évacué par les troupes qui sont montées en ligne. J'envoie le caporal Serane repérer dans le voisinage d'autres abris disponibles, le plus près de nous possible.

Le poste est tellement bondé, à présent, qu'on a du mal à mettre un genou en terre pour déshabiller et soigner. Les diagnostics sont effarants : plaies pénétrantes de poitrine, du ventre, plaies pénétrantes du crâne par balle. Un des blessés a la figure comme une boule de sang, la mâchoire inférieure fracassée. Il ne peut plus émettre que des sons inarticulés. Après lui avoir débarrassé la bouche de tous les caillots, j'arrive à lui faire passer une sonde dans l'œsophage par laquelle nous lui injectons, avec l'aide d'une sorte de poire à lavement, de l'eau, puis du café.

Septembre 1915. Louis Maufrais, le visage grave, assis à l'entrée de la sape du boyau 26, au moment de l'attaque du 25 septembre.

Nous retrouvons tous les deux, Parades et moi, l'atmosphère épouvantable du poste de secours de l'Argonne, avec cette odeur de sang et de merde, parce que beaucoup de blessés graves ont le corps qui se vide.

Nous n'avons rien pour les nettoyer. Nous avons à peine assez d'eau pour laver nos mains pleines de boue. On passe les plaies à la teinture d'iode, qui fixe le sang. Les blessés sont très choqués, mais en 1915, en première ligne de bataille, nous n'avons rien comme antichoc. Il ne faut pas songer à faire des transfusions intraveineuses ; rien n'est propre. Les transfusions san-

Juste après l'attaque du 25 septembre 1915, deux brancardiers trans-
portent un blessé dans une toile de tente devant l'objectif de Louis
Maufrais. Celui-ci rend hommage à ces combattants non armés qui,
en permanence exposés au danger et totalement dévoués à leurs camarades, furent rapidement sélectionnés par les cadres de l'armée parmi
les meilleurs éléments pour leurs qualités physiques et morales.

guines sont tout aussi impensables ; on ignore les
groupes sanguins et autres groupes Rhésus. Avec les infirmiers, nous faisons des pansements. Après un nettoyage des plaies, on applique de gros pansements tout
préparés de l'armée, pratiques peut-être, mais absolument inopérants – je l'ai bien vu par la suite, en 1918,
quand j'ai été aide-chirurgien à l'ambulance chirurgicale 1/10.

Le roulement continu des explosions et le sifflement
des balles nous sonnent. J'ai l'impression qu'un
marteau-pilon vient frapper le plafond de notre abri qui,
Dieu merci, résiste. Quelquefois, les bougies, et même
les lampes à acétylène, s'éteignent. Il faut vite tout rallumer et reprendre le travail. Autour de nous, ce n'est
que gémissements : « À boire… » D'autres blessés, qui

ont perdu la raison, nous menacent et se débattent. Il faut leur faire des injections calmantes.

Vers dix-sept heures, un coup beaucoup plus violent que les autres me plaque contre un blessé que j'étais en train de soigner. Par la porte, une lueur rouge, puis une fumée noirâtre et de la terre entrent dans l'abri, un rondin de la porte d'entrée s'effondre.

— Un 105 vient d'éclater tout près de la porte du poste de secours, vient-on nous dire. Il y a un tué et deux blessés.

Émile de Parades et moi travaillons sans lever la tête, lui dans un bout du poste de secours, et moi dans l'autre. Vers dix-huit heures, je demandai à Serane :

— Eh bien, mon vieux, où en sommes-nous ?

— Vous en avez encore trois dans le boyau dans leurs toiles de tente, et sept qui vous attendent dans le deuxième abri. Mais regardez celui-là d'abord. Ça me paraît grave.

L'homme disparaît dans sa toile nouée aux deux bouts, raidie par la pluie. On ne voit qu'une grande flaque d'eau blanche, épaisse de craie, qui se teintait de rouge au contact de la toile de tente. Je le fis immédiatement transporter dans l'abri. Le pauvre malheureux est d'une pâleur de cire, et paraît sans vie. Il a la jambe droite arrachée au-dessous du genou, rattachée encore par quelques lambeaux musculaires. J'appelle Parades. Nous pourrions lui sectionner l'extrémité inférieure, mais le plus important est de lier de grosses artères qui entretiennent l'hémorragie. Une véritable opération, impossible à faire dans un poste de secours.

Après lui avoir mis deux pinces à demeure aux endroits qui saignent encore un peu, nous lui faisons un bon garrot, un pansement propre, puis nous l'expédions en premier. Pendant l'opération, nous arrivons, avec beaucoup de mal, à lui faire boire quelques gorgées d'eau puis de café, plusieurs fois de suite. Ce qui nous donne quelques lueurs d'espoir. Son pouls est à peine perceptible. Serane me tend sa fiche :

— Le Poitevin Francis, de Laval, 23-22, arrachement de la jambe droite, anémie très grave, à soigner en priorité. Deux pinces à demeure.

Il partira avec les premiers. Une fois au poste du médecin chef, on va le faire transporter au plus tôt dans l'ambulance chirurgicale de Jonchery. L'infirmier me rapportera que les médecins ont essayé de le déchoquer un peu avec des injections intraveineuses de sérum tiède. Ils étaient prêts à faire la ligature des tendons artériels, quand, en enlevant ses pansements, ils s'aperçurent que rien ne coulait. L'homme était mort.

Dans le poste de secours du bois Vauban, il est huit heures du soir. Le travail est fini. Parades et moi, nous avons enfin un instant de répit. C'est le moment de prendre des décisions. Il fait nuit noire, et le bombardement par les grosses pièces du secteur a cessé ; il n'y a plus que de petits tirs de harcèlement sur les accès, en particulier au niveau des intersections. C'est le bon moment pour commencer les évacuations. Les musiciens, que nous avons réclamés depuis un moment, vont arriver, ainsi que les brancardiers divisionnaires. Nous avons au moins quarante blessés couchés, et une vingtaine capables de marcher. Nous espérons que chaque équipe aura le temps de faire deux tours avant le jour. Le caporal brancardier Dardaine est chargé de surveiller les opérations. Je m'adresse ensuite à Serane, le caporal infirmier :

— Écoute, mon vieux, il faut de toute urgence nous faire monter de l'eau, du café, du sucre, des conserves ;

1915, secteur Aubérive. Devant le poste de secours de la tranchée Dijon, le médecin aide-major Émile de Parades se repose sur un brancard ; en arrière-plan, le capitaine Serane. Photo prise par Louis Maufrais.

de l'alcool solidifié, de l'alcool à brûler pour faire de la teinture d'iode et des pansements, bien entendu. Mais, surtout, de l'eau, de l'eau. Il en faut au moins quarante litres et au moins cinq à six litres de café. Aurons-nous cela ?

— Ce n'est pas sûr, me répond-il. Je vais essayer.

Enfin Émile et moi, assis chacun sur un panier, essayons de casser la croûte. Un peu de boule de pain, un reste de boîte de singe, et pas plus d'un quart d'eau.

Nous en profitons pour faire le bilan. Il est lourd. Nous avons vu des blessés de toutes les compagnies, mais surtout de la 6ᵉ, celle qui est tombée sur le réseau de barbelés, et devant Aubérive occupée. Deux officiers ont été tués, un de la 7ᵉ compagnie, et un nouveau que je ne connaissais pas bien. Le capitaine Philippon, qui commandait la 8ᵉ, a été évacué, grièvement blessé sous le poste du 3ᵉ bataillon.

— Je serais d'avis que nous prenions deux heures de repos, chacun notre tour.

— Tu as raison, répond-il, c'est une histoire qui ne fait que commencer. On ne sait pas ce que nous réservent les prochaines heures.

À peine a-t-il fini de parler qu'un brancardier de la 6ᵉ arrive avec une lettre destinée au médecin du 2ᵉ bataillon. Elle provient du lieutenant Satta :

Je vous informe que j'ai onze blessés graves dans un abri du boyau 26, blessés depuis 9 h ce matin. L'état de plusieurs d'entre eux est excessivement grave. J'en ai encore six autres dans un abri du boyau 21, près de la parallèle Domremy. Je vous demande de venir immédiatement pour leur donner des soins et les évacuer le plus rapidement possible. C'est très urgent. Je compte sur vous. Faites pour le mieux. Bien amicalement, votre Satta.

Je me tourne vers Parades :

— Eh bien, mon vieux, tu voulais savoir ce qui nous attendait : voilà. Je pars dès que j'ai fini mon casse-croûte. Je vais prendre mon tampon avec moi, et Bitsch comme infirmier. Qu'est-ce que tu veux, il en faut bien un. Le brancardier de la 6ᵉ va nous emmener et nous guider. Mon p'tit gars, je ne reviendrai pas de bonne heure. Peut-être pas avant le matin.

Louis Maufrais a légendé au dos de sa photo : « Cuistot tué par un obus près du boyau 22, entre la tranchée Vauban et le boyau Saint-Martin. 25 septembre-1er octobre. »

Quelques minutes plus tard, nous nous engageons tous les quatre dans le boyau Saint-Martin. Je porte une toile de tente, deux musettes de pansements et mon bâton. À peine ai-je fait vingt pas que je sens déjà l'eau me rentrer dans les godasses. Je respire un air plein de gaz corrosifs, plus toxiques encore avec le crachin qui tombe. Nous avons trois cents mètres à parcourir, le boyau 26 faisant suite au boyau Saint-Martin. À un moment, le brancardier s'arrête en nous disant : « Nous voilà rendus. » On voit alors un pauvre abri à moitié effondré. À la lueur d'un briquet, nous y entrevoyons de nombreux corps allongés tête-bêche, à même la terre. Il ne faut pas songer à utiliser une lampe de poche, ni même une allumette ; les Allemands nous verraient. Le brancardier part en vitesse chercher l'infirmier de la compagnie et prévenir le lieutenant Satta que je vais venir le voir.

Les blessés sont gelés, pâles. Quelques-uns geignent, demandent à boire. On s'aperçoit bientôt que deux d'entre eux sont morts. Avec mes deux infirmiers entraînés à ces lugubres besognes, le travail est vite fait. Une heure plus tard, les blessés sont pansés, étiquetés et prêts au départ.

Nous repartons par le boyau 21 pour gagner la parallèle Domremy. Durant ce court trajet, nous repérons une sape à moitié écroulée qui pourrait nous être utile, plus tard. Nous voilà dans la parallèle Domremy à la recherche du deuxième abri. Après avoir enjambé sept morts couchés dans le fond du boyau, nous trouvons dans l'abri six blessés. L'un d'eux est déjà mort et un autre ne valait guère mieux. Mais il en reste quatre très récupérables qui sont rapidement évacués. En une demi-heure, tout est terminé, et je demande au brancardier de me conduire chez le lieutenant Satta.

Ce grand Niçois aux nerfs solides est effondré, et il y a de quoi. Le capitaine Ragot, tué par éclat d'obus dans la tranchée de départ. D'Ancezune, tué par balle en contournant le réseau barbelé avec un petit élément d'assaut. Les morts de la tranchée, qui s'enlisent peu à peu dans la boue. Dix hommes restés sous le parapet ou dans les barbelés, les uns couchés sous les fils de fer, d'autres pliés en deux par-dessus, suspendus comme des marionnettes. C'est effroyable. Satta me dit qu'avec les blessés et ceux qui se sont dispersés il ne lui reste pas la moitié de la compagnie. Heureusement, il est encore assisté du sous-lieutenant Véron.

— Pour moi, les blessés sont prêts à être transportés, lui dis-je. Il y en a neuf dans l'abri du boyau 26, ainsi que deux morts. Et il y en a cinq dans le boyau 21, plus un mort. Mais, à part les quatre brancardiers de votre compagnie, je n'ai aucun brancardier supplémentaire à vous donner. Les autres sont partis au-delà de mon poste de secours, où attendent une cinquantaine de blessés pansés qui n'ont pas pu partir dans la journée. Ils vont être emmenés le plus vite possible par les musiciens ou par des brancardiers divisionnaires qui, eux, ont à charge toute la 42e division. Concernant les morts, ceux qui sont dans la tranchée s'enlisent. Il faut absolument les faire retirer et les déposer dans des bouts de boyaux désaffectés jusqu'à nouvel ordre, en prenant bien les identités. Quant à ceux qui sont restés sur le parapet, vous pensez bien qu'on ne peut pas faire courir de risques à trois vivants pour sauver un cadavre. D'ailleurs, cela va se calmer, sur votre secteur. D'ici à deux ou trois jours, le Boche vous laissera approcher. À moins, évidemment, qu'il n'y ait des survivants. Ça, c'est à voir.

Avant de m'en aller, je ne peux m'empêcher de lui poser la question :

— Mon vieux Satta, comment se fait-il que le réseau de barbelés n'ait pas été touché ?

— Je ne sais rien de précis, me répondit-il, mais on m'a dit que le canevas de tir avait été très bien fait, en ce sens que, si on réunit à peu près la limite des points de chute, on arrive à une figure superposable à celle du réseau. Malheureusement, le tir aurait été trop axé de cent mètres sur la droite. Enfin, voilà une explication. Ce qu'on ne dit pas, c'est que toutes ces maisons d'Aubérive, où on ne voyait jamais personne, étaient transformées en blockhaus bétonnés avec, à l'intérieur, soit des mitrailleuses, soit des canons autrichiens. C'est ceux-là qui nous ont canardés de plein fouet, à l'avant et aussi sur le flanc de la 5e compagnie. Ils nous ont stoppés sur place.

Pressés tous les deux, on se quitte en se serrant vigoureusement la main, et je promets à Satta de revenir le voir.

En repartant avec mes infirmiers, je retombe sur les cadavres enjambés dans le boyau, qui maintenant s'enfoncent dans la boue. Dans l'entrée de la sape, entre le boyau 21 et le boyau 26, nous nous arrêtons pour souffler. Nous sommes épuisés et affamés. Je sors une petite boîte de pâté que j'avais rapportée de permission, que je coupe en quatre. Il n'y en a pas bien gros pour chacun, mais enfin, étalé sur une tranche de boule, ça fait du bien. Pendant ce temps de repos, nous avons la satisfaction de voir que déjà quatre blessés sont en route pour le poste de secours, et nous les laissons prendre un peu d'avance.

À notre retour, nous trouvons le poste de secours en pleine effervescence. Il n'y a pas de nouveaux blessés, mais les brancardiers arrivaient avec les nôtres, les cinquante qui attendaient depuis l'après-midi.

À quatre heures du matin, tout est terminé. Après un bon coup de balai, nous nous installons à la dure pour dormir d'une traite jusqu'au lendemain.

26 septembre 1915, bois Vauban. La matinée a commencé dans le calme, mais, à midi, notre artillerie reprend les bombardements. Ils semblaient intenses surtout sur notre droite. Au loin, vers la ferme des Wacques et à Tahure, on entend un véritable tonnerre. On vient nous dire que les nôtres gagnent du terrain et

font des prisonniers. Un peu plus tard, on nous annonce que le capitaine Leplat est tué, Sansier et Roussel blessés, par un 105 de chez nous. Il ne restait plus que Sibour[1] pour commander la 5e compagnie.

Enfin, dans la soirée, nous pouvons faire passer un brancardier de l'infirmerie jusqu'au poste de secours du pont de Suippes pour y réclamer à cor et à cri de l'eau, du sucre, du café, des pansements et du ravitaillement alimentaire. Nous n'avons presque plus rien.

2 octobre 1915, bois Vauban. Nous avons dormi couchés par terre dans le fond de l'abri, calés par des pierres pour ne pas rouler, mais un peu avant huit heures, Parades et moi nous sommes prêts, casque en tête, sûrs que la journée ne sera pas oisive.

Après notre quart de jus, nous entamons une cigarette quand, tout à coup, après un léger sifflement, un choc effroyable nous soulève et nous renverse. De larges plaques de craie gonflées par l'eau nous tombent sur la tête dans un bruit terrible. Un étai tombe du toit.

— Voilà l'abri qui s'écroule ! entend-on.

Nous sommes dans l'obscurité. Tout est par terre. Dans le même temps, un jet de poussière suffocante, d'une force extraordinaire, nous prend à la gorge et aux yeux. Nous sommes absolument sourds. Le bruit monstrueux de l'explosion a été suivi d'une avalanche d'éclats d'obus qui tombent en sifflant, avec des mottes de terre si grosses qu'on a l'impression qu'elles vont écraser l'abri. Au bout d'une minute, tout cesse. Alors, à quatre pattes, nous sortons la tête de l'abri. D'abord, on ne voit rien. Et on étouffe. Petit à petit, toujours en

1. Sous-lieutenant de Sibour, tué avec 14 officiers et 778 hommes lors de la contre-attaque du 15 octobre 1915.

rampant, nous nous dirigeons vers la droite, où se trouve le PC du commandant.

L'abri est complètement effondré, et on voit dans ce qui était l'entrée émerger un corps allongé. Je reconnais les guêtres, celles du commandant de Selancy. Vite, à quatre, nous le transportons non pas dans notre abri qui est à moitié obstrué, mais dans l'abri suivant. Rapidement, Parades et moi, d'un côté et de l'autre, nous lui déboutonnons sa vareuse. Les yeux mi-clos, sans pouls, il ne respire plus. Avec nos ciseaux, nous découpons un chandail, un deuxième chandail, un plastron épais de papier et, dessous, une invraisemblable cote de mailles pare-balle. Le corps est chaud. Enfin, nous découvrons une large plaie au-dessous de la clavicule, d'au moins un pouce de diamètre. Le cœur est touché, rien à faire. Nous revenons sur les lieux. La poussière est tombée, et le peu que nous voyons est épouvantable. Le vide.

Un immense entonnoir au bord duquel le PC du commandant semble plonger. Le centre a au fond trois mètres de profondeur. Il est au tiers rempli par des blocs retombés dedans. Tout est recouvert d'une couche de craie. Ça sent l'explosif et l'étoffe brûlée.

Les nôtres et les hommes disponibles du voisinage sont déjà au travail. Avec des pelles, leurs mains, ils grattent, font rouler les blocs, cherchent. On trouve surtout des lambeaux de chair déchiquetée encore chauds et saignants, non identifiables. Impossible de savoir même à quelle partie du corps ils appartiennent. Des bords du trou, l'un rapporte une main avec une alliance, un autre, un pied dans un goupillon. Enfin, on découvre un corps presque entier, auquel il manque juste un bras, mais la figure est tellement tuméfiée et noircie que personne ne le reconnaît. Un peu plus loin,

Photo prise et légendée par Louis Maufrais : « 13-14 octobre 1915. Route de la Suippes, poste de secours de bois Vauban. Au premier plan, le trou d'obus de 380 qui tua le commandant de Selancy du 2e bataillon du 94e, quatre agents de liaison et un agent cycliste. »

sous vingt centimètres de craie, on en trouve un autre. Celui-ci a les deux jambes emportées et est complètement déculotté. Je le reconnais ! C'est le brave père Houpot, sergent à la 8e compagnie, à côté de qui j'avais tant de fois mangé quand j'étais à sa popote. Un brave gars, pas tout jeune. Il était entrepreneur dans la Marne. Un bon père tranquille. Ah ! cette guerre, quelle saloperie !

Au bout d'une heure, on arrête les recherches. Après avoir vidé le trou de tous ses déblais, et on est arrivés à la craie à peu près intacte. On n'y trouve plus que des lambeaux de chair volumineux, des bouts d'étoffe, des capotes. Rien qui puisse être identifiable. Et pas de papiers, sauf un ou deux, dont les propriétaires sont volatilisés, réduits en « pointillés », selon le jargon de l'infanterie. D'après nos calculs, ils devaient être cinq.

Quatre agents de liaison, un par compagnie, et l'agent cycliste.

Un sergent m'a expliqué :

— Le commandant de Selancy, qui venait d'arriver, avait la mauvaise habitude, depuis trois jours, de convoquer chaque matin à huit heures tous les hommes de liaison. Il les faisait aligner face à sa porte, dans la tranchée. Et, de l'encadrement, il donnait ses ordres. C'est à ce moment-là que l'obus est arrivé. Il aurait dû se méfier, on sait bien que les croisements sont des nids à obus.

Il en manque un sixième, l'adjudant-major. Il était du groupe, mais il avait dû partir en mission, faire la tournée des postes de commandement de compagnie.

Après cela, on va retrouver encore deux corps et les restes de trois autres. Nous faisons trois tas que nous mettons dans des boîtes de tentes et des plats de campement. Nous y ajoutons le peu de papiers que nous avons trouvés et nous faisons porter le tout vers le haut du secteur, dans un boyau désaffecté. Tous les renseignements dont nous disposons seront fournis à l'adjudant Laroche, adjoint du médecin chef, à charge pour lui de prévenir le bureau du colonel.

Après une pareille besogne, la soupe de midi n'a pas beaucoup de succès. Pendant toute la journée, nous restons profondément remués par le spectacle, d'une telle sauvagerie, par ce destin qui aurait pu être le nôtre. Pour ma part, je n'en ai encore jamais vu, et je ne reverrai jamais plus une boucherie pareille. Sans doute parce que je n'aurai jamais été placé aussi près.

Après cette hécatombe, on se bat beaucoup moins sur notre secteur, sauf la 8e compagnie qui, paraît-il, a pris toutes les positions allemandes sans trop de résis-

Septembre 1915. Popote au poste de secours du tumulus Dijon, avec, au premier plan, Marcel Bitsch. Photo prise par Louis Maufrais.

tances. Il y a quelques blessés, dont le capitaine Simonnot, qui est évacué. Au total, nous avons perdu les quatre commandants des compagnies.

Le jour suivant est relativement plus calme que les précédents. Il y a bien encore quelques obus sur le secteur, mais on sent que l'effort se porte sur notre extrême droite, sur Souain et Tahure. On peut même nous apporter du riz chaud, des biftecks froids et du jus chaud, ce qui ne nous est pas arrivé depuis cinq jours. Bien entendu, de courrier et de colis, il n'est pas question.

Le lendemain soir nous apprendrons que nous avons fait sur notre droite une vingtaine de prisonniers et pris quarante canons, et que Paris avait accueilli cette victoire avec enthousiasme et dignité.

10 octobre, bois Vauban. Dans la soirée, je reçois un petit mot envoyé par le lieutenant Cathalan, qui a pris

Le lieutenant Cathalan de la 8ᵉ compagnie dans le boyau 25, secteur Auberive, en 1915. Cet ami de tous les fronts de l'Argonne, la Champagne et Verdun, ici photographié par Louis Maufrais, tombera sous un tir de barrage dans la Somme en octobre 1916.

le commandement de la 8ᵉ compagnie. « Viens nous voir, mais ne tarde pas. Tu verras des choses extrêmement intéressantes que je ne peux te raconter. Il y a aussi du ravitaillement. Tu peux venir avec ton tampon. »

Tout est calme dans le secteur. Le lendemain à huit heures, Lefrêche et moi, nous partons avec musette et masque à gaz. La distance ne dépassait pas cinq cents mètres, mais le terrain labouré par des obus est effroyable, et nous devons avancer péniblement de trou en trou.

Ce que Cathalan veut me montrer, ce sont deux tranchées boches. Il me les fait parcourir, et je découvre qu'en réalité les Allemands ont beaucoup moins souffert que nous ne le pensions.

— Tu sais, me dit Cathalan, du 75, ça ne peut pas faire grand-chose là-dessus. Les nôtres n'ont pas tiré avec assez d'armes lourdes. Et puis tiens, regarde-moi ça !

Il me montre une guérite pour guetteur, scellée à la base dans du ciment. Elle est ronde en acier, d'une épaisseur d'au moins cinq centimètres. Une fois dedans, le guetteur peut observer dans toutes les directions au moyen de petits regards. Il ne craint pas du petit calibre.

— Comme tu peux t'en rendre compte, il y en a une autre à côté. Tu verras, il y a de gros éclats dedans. Cela a fait des égratignures, et puis c'est tout. Maintenant tu vas descendre, il y a au moins vingt-cinq marches.

En bas à droite, il me montre une salle ou plutôt un large couloir. Il y a des couchettes superposées.

— C'est une salle de plus de quinze mètres de long, commente Cathalan en faisant le tour du propriétaire. Elle s'en va jusque sous l'espace de séparation entre nos tranchées et les leurs. Voilà leurs couchettes. Tu vois, il y a du plancher par terre, un ventilateur au plafond et des ampoules électriques. Et, ce qui ne gâche rien, huit mètres d'épaisseur de craie au-dessus de la tête. Maintenant, retourne-toi. La salle que tu vois, c'est le réfectoire, salle de repos et salle de réunion. Descends dix marches. On arrive dans la salle des téléphones et des communications. Souterraines. Là, ce sont des postes de téléphonistes. Et nous arrivons au PC du commandant. Il se trouve à douze mètres de profondeur. Voilà son bureau, avec un piano et un beau tapis. Et, de l'autre côté, c'est son plumard. Il y a même des draps, et encore un ventilateur !

Nous retournons dans le réfectoire pour le casse-croûte. Au menu : singe allemand, biscuits français, eau laiteuse de craie et un verre de rhum ! Nous remplissons la musette de Lefrêche de boîtes de conserve, et nous quittons l'abri.

— Et Philippon ? dis-je.

— Mon vieux, aucune nouvelle. Il est parti avec une balle dans le bras et une balle dans le ventre. Ça reste très grave.

— Et vos prisonniers ?

— Ah ben oui. Nous avons pris vingt à vingt-cinq prisonniers, qui ont fait « camarades[1] ». Il y avait un officier avec eux, mais ce cochon n'a accepté de se rendre qu'à la condition que je lui laisse le temps de changer de tenue.

Une fois revenu à la surface, je me rends compte que ça canarde pas mal. J'en fais la réflexion à Cathalan.

— Oui, s'étonne-t-il à son tour. Tout à l'heure, c'était plus calme que cela ; je ne vois pas ce que cela veut dire.

Pas loin de là, j'entends une engueulade formidable autour d'une feuillée[2] allemande. La feuillée, c'est un sillon dans lequel on fait ses besoins, et qu'on allonge au fur et à mesure qu'elle se remplit. Dans l'armée française, il est établi qu'elle doit avoir la largeur et la

1. Expression signifiant, dans l'argot des combattants, se rendre volontairement, en se référant à l'expression prononcée par les soldats allemands lors d'une reddition : « *Kamerad* ».
2. Latrines de campagne, généralement creusées dans la terre un peu à l'écart des tranchées principales.

profondeur d'une pelle-bêche. On dispose de part et d'autre des branches d'arbustes, pour la pudeur. Je constate que, chez les Allemands, il en va tout autrement. C'est une grande fosse d'environ un mètre cinquante sur cinquante centimètres de large sur laquelle, transversalement, on dispose des planches où l'on s'installe.

C'est autour d'un endroit comme celui-là que se tient la dispute, dont j'ai entendu l'écho. Un malheureux *feldwebel*[1] était en train de faire ses besoins quand un obus de chez nous l'a envoyé dans le trou. Il a la tête à moitié enfoncée ainsi qu'une épaule. Mais la chute du corps, particulièrement corpulent, a été arrêtée par l'étroitesse de la feuillée et le système de planches. Il reste donc là, suspendu. Pour s'en débarrasser, certains voudraient simplement enlever ce qui reste des planches et le laisser tomber au fond. Je m'énerve :

— Vous n'allez pas faire cela, bande de salauds. On n'enterre pas un soldat dans la merde. Sortez-le de là immédiatement. Je vous donne cinq minutes. Si vous ne le faites pas, moi, je vous signale, et vous, vous aurez toute votre vie cette saloperie sur la conscience.

Dix minutes plus tard, le *feldwebel* est allongé à terre, sur le dos, face au ciel. Pour avoir son identité et faire les formalités nécessaires, nous le fouillons à la recherche de son portefeuille. Celui-ci contient une lettre de quatre pages de son épouse, qu'on me traduit. Nous apprenons ainsi que ce pauvre bougre devait partir en permission ces jours-ci. Trépidante, sa femme lui promettait des joies sans borne sur lesquelles je n'insisterai pas, mais enfin, auprès desquelles le Can-

1. Adjudant allemand.

tique des Cantiques n'est que de l'eau de boudin. Elle signait « ta souris ».

Mais Lefrêche n'est guère sensible à cette littérature.

— Dites donc, me dit-il. Je crois bien que les Boches bombardent entre les lignes.

Je trouve encore dans le portefeuille de l'Allemand une carte postale coloriée, très répandue dans l'armée allemande, sur laquelle il se proposait de répondre à sa moitié. Ça représente l'arrivée au pays des permissionnaires. On le voit lui, de dos, massif, poussant devant lui une brouette chargée de ses attributs. Au fond, la rue du village et, au bout de la rue, sa *gretchen*, les bras au ciel, qui l'attend.

Mais le bombardement qui semble se rapprocher dangereusement m'arrache à ma contemplation.

— Dépêchons-nous, je lui dis, je crois qu'ils sont en train de tirer sur les boyaux d'accès.

Nous repartons en courant. Arrivés au bout du boyau boche, nous avançons en terrain découvert, mais de trou en trou.

Je fais une pause, je regarde devant et je dis à Lefrêche :

— Regarde, c'est partout pareil. Il n'y a que des trous, rien que des trous. Inutile de prendre le boyau. Moi, je m'en vais au plus court, de trou en trou, vers la tranchée Domremy. Il n'y a pas cent mètres… Arrivera ce qu'il arrivera.

— Eh bien moi, me répond Lefrêche, je préfère piquer sur la 8e compagnie. Je crois qu'il tombe moins d'obus, par là-bas.

— Bonne chance, mon petit gars !

Je pars de mon côté… Je suis au fond d'un trou, à une vingtaine de mètres du boyau Domremy quand

Septembre 1915, secteur Aubérive. Tranchée Domremy en première ligne, face à la tranchée allemande qui sera conquise par les Français. Photo prise par Louis Maufrais.

j'entends un obus arriver. Instinctivement, je me colle contre la paroi. Et c'est le vide.

Je reprends conscience avec très mal au dos, à la nuque, et à la tête surtout. J'ai presque des nausées. Je veux m'asseoir, mais je ne peux pas. Je suis dans le noir. J'aperçois une bougie, qui danse tout près. J'ai l'impression d'être sur un brancard et je me rendors.

Un peu plus tard, la douleur revient. J'ai l'impression qu'on me remue les jambes, la tête, les bras, et tout me fait très mal. On dirait qu'on me tâte le ventre. Il y a quelqu'un ici, sûrement. Un peu plus tard, j'entends des voix. Je reconnais celle de Parades, et je veux me relever.

— Ah ! tu te réveilles. Veux-tu me dire, idiot, ce que tu allais faire à la 8ᵉ compagnie ? Du tourisme sous tir de barrage ? Tu as eu de la chance, tu sais. Tu reviens

25 septembre 1915. Sape dans un boyau conduisant à la tranchée Domremy, photographiée par Louis Maufrais. C'est dans ces sapes que Louis Maufrais partait donner les premiers soins aux blessés entassés avec les morts, avant d'être transportés souvent trop tard au poste de secours de bois Vauban par les brancardiers débordés.

de loin. Heureusement que tu as été vu par des gars qui étaient dans la tranchée Domremy. Ils ont trouvé le moyen de t'attirer et de te faire tomber dans le boyau Domremy. Et, de là, on t'a amené en toile de tente jusqu'ici.

— Je t'entends mal, et j'ai mal partout.

— Je t'ai examiné pendant que tu dormais, enfin, quand tu étais commotionné. Je crois que tu n'as rien de cassé. Je n'ai pas vu de plaie. Seulement, le crâne, je ne sais pas.

— Donne-moi à boire.

Il me tend un demi-quart d'eau avec un peu d'eau de mélisse.

— C'est tout ce que je peux t'offrir, mon pauvre vieux. Si ça bombardait moins, je t'enverrais tout de suite au médecin chef pour qu'il t'expédie à l'arrière te reposer.

— Moi, je ne veux pas. Je veux rester ici. Je t'en prie, Émile, garde-moi vingt-quatre heures. Je t'assure que ça ira bientôt mieux.

Le lendemain, après une bonne nuit de douze heures, je me sens déjà beaucoup mieux. Je me lève et j'essaie de marcher un peu dans le poste de secours. Mais j'ai perdu tous mes repères. J'appelle le caporal Dardaine :

— Dites donc, mon vieux, je ne m'y reconnais plus !

— Pas étonnant ; nous ne sommes plus dans le même poste de secours. Nous avons pris l'abri d'à côté parce que l'ancien menaçait de tomber d'un moment à l'autre. On vous a transporté sur un brancard. Vous ne vous en êtes même pas aperçu.

— Au fait, Lefrêche, tu l'as vu ?

— Lefrêche ? Non. J'ai demandé à sa compagnie, on ne l'a pas vu.

Cela fait un jour et demi qu'il n'a pas donné signe de vie. J'ai un pressentiment terrible.

On va le retrouver quelques jours plus tard quand on refera le boyau qui conduit aux anciennes positions boches. Avec une plaie perforante du poumon, mort sur le coup. Mais les musettes pleines. Pauvre vieux. C'était un bon gars, dévoué, un peu triste. Il n'avait pas le sou. Et quand je lui donnais quelque chose, on voyait ses yeux qui brillaient. Ouvrier boulanger à Plélan-le-Grand, en Ille-et-Vilaine, il avait quitté son emploi en emmenant la femme de son patron. Mais le ménage, dans la misère, n'avait pas marché longtemps, et la dame était revenue à son boulanger, comme dans le film de Pagnol. Quelques semaines après, c'était la guerre… Pourquoi avait-il été touché, et pas moi ? Ça, c'est un mystère. Qu'est-ce qu'il défendait ? Sans doute pas grand-chose. Il avait toute sa fortune sur lui, un mouchoir, un vieux porte-monnaie avec quelques pièces, de l'amadou, de la mèche à briquet et quelques photos. Pauvre Lefrêche, il aurait dû rester avec moi.

Je demande encore à Dardaine :

— Mais enfin, qu'est-ce qu'ils ont, les Allemands ? Ils bombardent plus que la semaine dernière !

— Ils contre-attaquent, et fort. Ils ont bombardé toute une journée et on s'attend à être encore attaqués aujourd'hui. Nous sommes coupés de tout, on ne reçoit plus de ravitaillement d'aucune sorte, même pas d'eau. On ne peut pas passer. C'est pour ça que vous êtes resté ici !

En effet, après un jour de bombardement, le 15 octobre à dix heures du matin, l'attaque se déclenche. Les balles de mitrailleuses pleuvent dans le boyau Vauban. C'est un véritable tambourinage sur nos abris. Les blessés arrivent, et nous revivons un peu les heures des jours derniers. Soudain, dehors, nous voyons passer un Allemand, la main pleine de sang.

— Les Boches arrivent ! annonce quelqu'un dans la tranchée Dijon.

Alors Parades sort pour lui dire :

— Bougre de couillon, fiche-moi la paix ou je te fous dedans, va-t'en.

Mais, perplexes, nous voyons encore passer une file de six Allemands. Ils sont désarmés et accompagnés d'un caporal qui a toutes les peines à les suivre. C'est tout de même le moment de prendre quelques précautions élémentaires : cacher les armes du poste de secours, déchirer les lettres et mettre le brassard de la Croix-Rouge.

En fin de journée, les Allemands, qui ont pris pied dans la tranchée Dijon, sont à moins de cinquante mètres de nous. Aucune communication avec l'arrière

23 septembre 1915, camp de Châlons. Portrait de groupe des officiers du 2e bataillon du 94e RI, deux jours avant l'offensive du 25 septembre. Louis Maufrais (deuxième sur la droite, après Parades) a écrit les noms sur la photo, suivis de la mention T (tué) ou B (blessé). Au total : huit tués et cinq blessés sur seize officiers à l'issue de la bataille de Champagne. Cette saignée des cadres opérationnels de l'armée révèle l'égalité devant la mort des officiers solidaires de leurs troupes.

n'est plus possible. Nous sommes véritablement des prisonniers.

Enfin, le lendemain, au troisième jour, les nôtres contre-attaquent après avoir reçu des renforts précédés d'une intense préparation d'artillerie, et les Allemands reculent, cédant une partie des tranchées prises. Le lendemain, ils abandonnent toutes les positions qu'ils ont prises, y compris celles de la 8e compagnie, et regagnent leur point de départ.

C'est la fin d'une bataille effroyable, soldée par la reconquête française d'un modeste bout de terrain. Mon régiment, le 94ᵉ, a perdu la moitié de son effectif en blessés et en tués. Notre bataillon a été touché à peu près dans les mêmes proportions, et même davantage que dans d'autres compagnies. Avant l'attaque du 25 septembre, nous avions seize officiers au 2ᵉ bataillon. Il y a six tués et cinq blessés. Une véritable saignée parmi les cadres les plus courageux de notre armée. En haut lieu, on appelle cela la guerre d'usure. « On les grignote », dit le maréchal Joffre. En réalité, je crois que nous avons eu davantage de pertes que les Allemands, qui sont beaucoup mieux protégés.

20 octobre 1915. Nous avons réintégré l'École normale de tir.

Les nuits sont glaciales et, sous la tente, les hommes sont littéralement gelés. Le ravitaillement est médiocre : pas de coopérative pour trouver un surcroît de pinard qui apporterait l'oubli. Aussi est-ce presque avec soulagement que les hommes apprennent qu'ils doivent retourner occuper les troisièmes lignes au pont de Suippes. Au moins, là, ils seront plus au chaud. D'ailleurs, pour l'instant, on ne s'y bat plus.

Je reprends donc, avec Émile de Parades, le poste de secours au pont de Suippes, tout près de la petite rivière. On s'y ennuie. Nous lisons – des livres de médecine, Anatole France, D'Annunzio, et un tome des *Mille et Une Nuits* traduit par Mardrus. Et nous nous livrons à notre sport favori : la chasse au pou de corps ou *pediculus vestimenti*.

Par un bel après-midi, je suis assis à la porte de l'abri, au soleil, torse nu. Mon tricot de corps et ma chemise en main. Je cherche les poux par transparence, comme si j'avais sous les yeux une radiographie. Puis le combat commence… J'en sors les pouces rougis. C'est assez dégoûtant.

Tout à coup, quelqu'un se plante devant moi. C'est le médecin divisionnaire, le commandant Loustalo. Quoique d'active, il n'est pas plus militaire que moi. Un brave Béarnais un peu simplet.

— Comment, me dit-il, vous aussi vous avez des poux ?

— Comme tout le monde, monsieur le médecin principal, comme le colonel.

— Où allez-vous chercher ça ?

— Ben, je ne sais pas, il y en a partout. Peut-être d'un voisin. Nous pensons que c'est surtout dans la paille.

— Dans la paille ? Impossible. J'ai fait des expériences. J'ai pris un tube de verre. J'y ai mis des morceaux de paille coupés, puis quelques poux. J'ai fermé avec un bouchon en laissant un petit trou d'aération. Là, je l'ai glissé dans la poche de mon pantalon, au chaud, pendant une semaine. Et j'ai débouché. Eh bien, vous me croirez si vous voulez, les poux étaient morts !

La campagne de Champagne tire à sa fin. La pluie s'est mise à tomber sans discontinuer. Très rapidement, les boyaux se remplissent d'une eau qui ressemble à du lait de chaux. Comme il pleut par le plafond, des plaques très lourdes nous tombent sur la tête et nous obligent à vivre casqués toute la journée.

À la fin du mois d'octobre, nous recevons l'ordre d'aller relever les troupes qui se trouvent en première ligne. Je retrouve le poste de secours de la tranchée Vauban, mais cette fois-ci, devant moi, j'ai la 8ᵉ compagnie. Ce qui m'arrange parce que, comme on ne se bat pas beaucoup, je pourrai faire popote avec eux.

1915. Poste de secours de bois Vauban. La chasse aux poux. Au premier plan, l'ordonnance de Louis en pleine action. Photo prise par Louis Maufrais.

Un jour, le lieutenant Cathalan a une idée :

— Si vous voulez, on va inviter le voisin pour prendre liaison avec lui. C'est un Russe qui fait partie de cette brigade d'amitié venue de Vladivostok.

Nous sommes tous d'accord, et, le soir même, on voit arriver un grand gars avec son ordonnance non moins grande. À la porte du poste de commandement, l'officier fait signe à l'ordonnance de monter sur le parapet et de rester couché là jusqu'à son retour.

28 novembre 1915, Saint-Hilaire-au-Temple. « Des maisons écrasées à ras de terre, émergeait l'église sans toit ni clocher, où nous
allions parfois déjeuner. Cela nous changeait un peu du décor de la
tranchée. À la fin du repas, l'un de nous montait en chaire pour faire
un sermon. » Photo prise par Louis Maufrais.

— C'est imprudent, faisons-nous remarquer, il y a
tout de même des balles perdues

Il nous fait comprendre que l'homme étant couché,
il ne risque pas grand-chose.

À table, la conversation est assez terne, car nous ne
parlons pas un mot de russe et lui connaît à peu près
une cinquantaine de mots français. En revanche, il
mange comme nous quatre, et boit à lui seul un demi-
litre de gnôle. Après quoi, très congestionné, il nous

annonce qu'on l'attend dans sa compagnie. On voit alors l'ordonnance se placer devant lui, se retourner et se pencher en avant. L'officier lui saute sur le dos à califourchon et rentre ainsi dans ses pénates, porté par son ordonnance. Nous n'en revenons pas.

La guerre continuait sur notre droite, où se battaient toujours les hommes de la division coloniale du général Marchand. Après un court séjour au bois Vauban, on nous fit changer de secteur pour aller dans un certain saillant F, au nord de Souain, à l'endroit où les Allemands avaient récemment contre-attaqué, ce qui nous avait valu des pertes sérieuses[1].

Dans ce saillant F, les tranchées étaient dans un bien triste état. Ce n'était d'ailleurs plus des tranchées, c'était des ruisseaux. Quand il faisait un peu de vent, on y voyait des petites vagues sur lesquelles flottaient des bouts de bois. Ça mettait un peu d'animation, mais on ne pouvait s'y risquer sans avoir de l'eau jusqu'à mi-jambe. Ce jour-là, je pris une photo – l'infirmier embourbé jusqu'à mi-jambe, c'est Bitsch. On nous

---

1. Le 15 octobre, sur le saillant F, à la suite d'un tir continu des Allemands, l'artillerie française effectue un tir de représailles. Les boyaux de communication sont bouchés, les fils téléphoniques cassés, les abris des mitrailleurs bouleversés ; les sapes et abris obstrués, les niches, contenant de nombreux soldats, écroulées. Aucun des hommes de liaison n'est revenu. Le saillant F est isolé. Après un violent tir de barrage, l'ordre est donné au commandant Darthos de s'installer sur la tranchée Dijon et de tenir le secteur depuis le boyau 21, avec les deux compagnies restantes du 2ᵉ bataillon avec lesquelles il occupe le secteur dans Domrémy-Dunkerque. Pertes : 14 officiers disparus, 778 hommes tués, blessés ou disparus. *Extraits des journaux de marches et d'opérations du 94ᵉ RI.*

15 octobre 1915, au nord de Souain, dans la tranchée du saillant F
– ou plutôt du ruisseau : l'infirmier Bitsch devant l'objectif de Louis
Maufrais, embourbé jusqu'à mi-jambe.

avait donné des espèces de semelles de bois sur lesquelles était clouée de la toile huilée qui nous remontait
jusqu'au-dessus du genou. Ces choses-là duraient à peu
près la journée. Pas davantage. En fait, elles ne ser-
vaient absolument à rien.

Pour raconter cette période de la guerre comme le
garçon de vingt-cinq ans que j'étais l'a vécue, rien de
mieux que de reproduire une des lettres que j'écrivais
à mes parents deux fois par semaine, que ma mère avait

numérotées et classées. Celle-ci date du 11 octobre
1915.

*Mes chers parents. Sans doute, n'avez-vous pas lu
mes lettres du 26 septembre et du 2 octobre, parce que
dans les moments comme ceux que nous vivons, en
général, le courrier est complètement stoppé pour
éviter la correspondance indiscrète, mais vous la
recevrez.*

*Je vous racontais donc le début de notre offensive de
Champagne. Devant nous, nous avons une compagnie
décimée, les autres ont avancé de 400 mètres. Mais
depuis, les Allemands ont contre-attaqué violemment
pour reprendre le terrain perdu, après un bombardement de très gros calibre qui a duré six heures. On
voyait autour de nous les abris s'aplatir sur ceux qui
étaient dessous. Nous, heureusement, nous n'avons pas
eu trop de casse. Mais pendant trois jours, nous avons
été enfermés dans un véritable rideau de projectiles.
Impossible de communiquer avec les nôtres. Nous
étions quasiment prisonniers. Plus d'eau, plus de ravitaillement, plus de pansements, aucune évacuation de
blessés possible. Le 2e jour, les Allemands ont encore
avancé, et, à moins de 50 mètres du poste de secours,
on s'est battus toute la journée à coups de grenade, de
fusil, voire à la baïonnette. J'ai même bien cru que
nous étions faits prisonniers. Surtout quand nous avons
vu défiler des Boches devant notre porte. Mais c'était
en réalité des prisonniers.*

*Notre tranchée était prise en enfilade par une
mitrailleuse allemande, si bien qu'on ne pouvait pas
sortir du pas de la porte du poste de secours. J'ai pris
toutes mes dispositions pour m'en aller. J'avais mis
mon brassard et j'avais déchiré vos lettres. Enfin, ils
n'ont pas pu tenir devant notre artillerie, et le troisième*

jour au soir, ils ont reculé et sont retournés dans leur tranchée de départ où ils sont certainement plus à l'abri. Ne vous en faites pas trop, l'orage est passé. Aujourd'hui, l'ennemi numéro un, ce n'est plus les Allemands, c'est la pluie et la boue. Et là, nous sommes servis. On nous a pourtant fait changer d'abri parce que le nôtre menaçait sérieusement de s'écrouler. Le nouveau n'est d'ailleurs pas entièrement terminé. J'ai une place de choix. Avec E. de Parades, nous couchons dans le fond, dans la craie. Pour dormir, j'emploie mon truc habituel. J'ai un tas de petites pierres sous ma tête, je bascule mon casque en arrière, et je l'enfonce dans ce tas afin qu'il soit bien calé.

J'enfile le sac de couchage en moleskine que vous m'avez envoyé. Malheureusement, si je suis protégé à l'extérieur des gouttes d'eau blanche qui tombent des tranchées, à l'intérieur, je suis également dans l'humidité parce que je couche tout habillé et toute ma transpiration se condense à l'intérieur du sac. Donc, eau à tous les étages. Il n'y a plus de rats pour l'instant, par contre on voit, par-ci par-là, des petites grenouilles. Le pire est à l'entrée. Il y a une véritable flaque d'eau qui avance au moins d'un mètre dans le poste de secours. Il pleut sans arrêt des gouttes d'eau venant du plafond, et même des petits filets d'eau. On dirait qu'un appareil à douche a été installé là. On nous a bien distribué des braseros avec du charbon. Mais tout est absolument mouillé, et on ne peut les faire prendre. Et c'est fort heureux, car nous risquerions d'être asphyxiés. Au-dehors, ce n'est pas mieux. La tranchée est noyée sous 25 cm d'eau sur une longueur de 50 m. J'ai pris une photo de Bitsch, marchant dans la tranchée avec de l'eau à mi-jambe. Hier, Hurel est venu me chercher pour aller voir le commandant. Et nous voilà partis. Pendant quelques mètres, j'ai voulu éviter l'eau et marcher en m'agrippant des pieds sur les parois de la tranchée. Mais au bout de quelques mètres, cette acrobatie était tellement difficile que j'ai dû me résoudre finalement à me jeter à l'eau en quelque sorte.

Quant à Hurel, il a eu moins de chance, il a buté, et il est tombé à plat ventre dans le jus. Sa belle barbe blonde était toute blanche. Nous étions vraiment rigolos. Mais cela n'était pas drôle parce que l'eau est glacée. Si bien que nous vivons trempés. Impossible de nous sécher ou de nous décrotter. Nous ne nous sommes pas lavés depuis 15 jours. Enfin, nous avons pu recevoir un peu d'eau en quantité plus intéressante. Nous nous en servons uniquement pour la boisson. Sauf que, de temps en temps, nous en imbibons un tampon de coton pour nous laver le bout des doigts, un peu sur la figure et autour de la bouche. Enfin, voilà le tableau.

Deux jours plus tard, sans doute parce que tout danger avait été écarté au saillant F, on nous donna l'ordre de déménager et de retourner au pont de Suippes. Malgré la nuit, nous marchions d'un bon pas. D'abord, cela nous réchauffait un peu, et surtout le pont de Suippes signifiait pour nous la relève.

J'ai vécu alors une anecdote qui illustre ce que notre corps médical avait de pittoresque.

Chaque relève demandait bien une demi-heure par compagnie. Il était quatre heures du matin. Ce qui signifiait que notre tour viendrait à six heures, après que les occupants du poste de secours nous auraient laissé la place. Deux heures au moins à attendre dans la nuit noire, sous une petite pluie fine, froide comme de la glace, qui avait gonflé nos capotes. Les pieds dans l'eau, nous avons réussi à trouver un abri auprès des cuisines roulantes, tous feux éteints bien entendu. Ça sentait le graillon et le vieux marc de café. On entendait des filets d'eau tomber dans les flaques. Mais également des bruits de rats qui se battaient. Nous n'avions rien pour nous asseoir. J'étais là, avec Parades et les infirmiers. Nous dormions debout.

6 h 15, toujours rien. Les cuistots, qui venaient d'arriver, allumèrent le percolateur pour faire le jus pour les poilus. Ils nous offrirent gentiment à chacun un quart de jus chaud, ce qui nous a remontés un peu, mais n'amenaient pas ceux que nous attendions.

L'horizon commençait à s'éclairer, crasseux, lorsqu'on vit apparaître un gars. C'était Lechat, le miroitier du Faubourg, notre ancien cuistot d'Argonne, muté au 3e bataillon. Je m'étonnai :

— Tiens, mais qu'est-ce que vous faites donc, vous avez trois quarts d'heure de retard !

— Ah, ne m'en parlez pas ! Nous avons touché un nouveau médecin de bataillon. Il est complètement cinglé. Figurez-vous : il trouve que les infirmiers ne connaissent pas assez leur métier, qu'ils ne savent pas assez de médecine… Alors il fait des cours ! Et on se relaye de temps en temps.

On aperçut bientôt dans le lointain un groupe d'ombres, une demi-douzaine d'hommes dont le premier homme parlait, le reste traînant à sa suite.

— Drôles de pèlerins ! s'exclama Émile de Parades.

Lorsqu'ils furent plus près, on put entendre ce que disait le gars de tête :

— Il y a trois formes de péritonites tuberculeuses : la forme ascitique, la forme ulcéro-caséeuse, et la forme fibro-adhésive…

Un immense éclat de rire partit de notre groupe. Nous ne regrettions pas d'avoir mariné toute la nuit sous l'eau !

209

Novembre arrivait, les hommes étaient fatigués et beaucoup étaient malades par suite de refroidissements dus à l'humidité. Moi-même, je n'y échappai pas ; j'eus une angine avec une forte fièvre, si bien qu'on décida de m'évacuer. Me voilà emmené en ambulance médicale vers le sud du camp de Chalons, au-delà de Mourmelon-le-Grand. J'y restai huit jours. On ne me fit pas grand-chose, mais au bout de ce temps-là, me sentant beaucoup mieux, je demandai à m'en aller. Comme je n'avais pas droit à une permission après une si petite indisposition, je rejoignis mes tranchées, mais j'étais claqué.

À quelques jours de là, nous avons quitté le secteur du pont de Suippes et, malheureusement, au lieu de prendre la route de Mourmelon, nous avons pris cette route maudite qui passe par Saint-Hilaire et la ferme des Wacques. En passant par le bois Sabot, situé à quelques mètres au-dessus du niveau des tranchées, nous avons trouvé un cimetière allemand dont les tombes étaient ma foi très bien entretenues.

Enfin nous avons échoué au trou Bricot. Ça ressemblait à une cité lacustre. On ne se battait presque plus. Un coup de fusil par-ci, une rafale de mitrailleuse par-là. Les Allemands étaient loin devant.

La vraie guerre se livrait contre les rats, qui se jetaient sur notre maigre pitance, et quelquefois l'emportaient. Une offensive fut décidée. Des hommes montaient à l'assaut à coups de gourdin, d'autres avec des cannes fusils, d'autres encore avec des chiens ratiers. Il y en avait qui avaient peur, et n'en approchaient pas, tandis que d'autres pouvaient tuer jusqu'à dix rats par jour. Mais il en revenait chaque nuit autant.

Décembre 1915, le trou Bricot, position allemande conquise, est devenu une véritable « cité lacustre » où les hommes se déplacent en barque. Louis Maufrais est au premier plan.

Nous, pour jouir du spectacle, surtout quand il y avait de la lune, nous montions jusqu'au bois Sabot, qui dominait ce pays lacustre. Le sol apparaissait blanc comme un os dénudé, troué comme une écumoire. Dans les trous, immenses, l'eau avait fait fondre la craie. Les boyaux inondés zigzaguaient partout – on disait que des hommes s'y étaient noyés. J'imaginais la lune et ses cratères remplis d'eau. De temps en temps, on voyait un rat traverser à la nage.

L'endroit était sinistre.

1er décembre 1915. Je lance à la popote :

— Voilà Noël et le réveillon qui approche, il faudrait bien faire quelque chose.

— J'y ai déjà pensé, me répond Laguens. Je ne vous en ai pas parlé, mais j'ai mis une annonce dans *La Vie*

1915. Louis Maufrais a photographié Marcel Bitsch plongé dans *La Vie parisienne*. Les combattants saisissent toutes les occasions de lire la presse, qui fait le lien avec la vie à l'arrière, mais ils sont souvent ulcérés, Louis Maufrais le souligne à plusieurs reprises, par le décalage qui existe entre les communiqués de guerre et la réalité du front.

parisienne pour tâcher d'avoir une marraine. Nous allons avoir pas mal de réponses, j'espère, et je vous en ferai tirer une au sort.

Peu après, j'ouvre mon enveloppe. Venue de Saint-Jean-Pied-de-Port, elle est rédigée dans un style presque commercial.

« Monsieur, j'ai lu votre annonce dans La Vie pari-*sienne, et si vous le voulez bien, je me propose de vous envoyer un petit colis pour Noël, et de faire en sorte que votre séjour en tranchée soit moins pénible pour vous. Si cela vous agrée, voici mon adresse. Mademoi-selle X, pharmacienne à Saint-Jean-Pied-de-Port. »*

Nous sommes d'accord pour penser que ma pharmacienne n'a plus vingt ans, mais qu'importe. Je lui demande de m'envoyer une boîte de confit, et aussi un peu de jambon de Bayonne pour faire plaisir à Laguens, qui est de ce pays-là. Les autres en font autant, si bien que, quelques jours avant le réveillon, nous sommes à la tête d'au moins sept plats.

Nous préparons la salle du banquet. Nous disposons une toile de tente sur une table formée de caisses, et une autre sur le mur. Des bougies sont plantées dans des goulots de bouteille et deux autres fixées sur des petites planchettes, dans la muraille. Sur la toile de tente du mur, nous accrochons des images, de l'enfant Jésus je crois bien. Comme l'eau goutte toujours du plafond, on y pend des boîtes de conserve vides pour la recueillir.

Le 24 décembre à sept heures du soir, nous prenons place.

Au menu : soupe à l'oignon, omelette au jambon de Bayonne, confit d'oie, boudin pommes frites, et enfin choucroute garnie avec pommes de terre, camembert, deux bûches et des petits-fours. Tout doit disparaître...

Plus tard, complètement repus, nous nous écroulons de sommeil. Mais je suis bientôt réveillé par Parades.

— Mon vieux, me dit-il, le commandant te demande. Immédiatement. Il t'invite à la messe de minuit et au réveillon qui va suivre.

Catastrophe ! Je me lève tout abruti, et, une fois debout, je me rends compte que j'ai la tête comme du plomb – mon repas a du mal à passer. Je me demande même si je vais le garder. Je n'ai plus qu'à prier le dieu des Armées de veiller sur moi.

Au PC du commandant, je reconnais l'officiant chargé de dire la messe, un brave brancardier du bataillon, et qui, en temps de paix, était vicaire à Pont-à-Mousson. L'office terminé, tout le monde se réunit chez le commandant. Au menu : choucroute garnie, camembert, café et gnôle.

Eh bien, je n'ai pas été malade !

Le jour de l'An est un jour comme les autres, rempli de cafard. Nous n'avons même pas le courage de nous souhaiter une bonne année – autant ne pas tenter le sort. Nous nous contentons de vider une bouteille de champagne que Laguens et Raulic ont rapportée d'une journée de ravitaillement à Épernay.

Le 2 janvier, ô miracle, nous apprenons que nous sommes relevés, et que les permissions sont rétablies. C'est le seul remède capable de nous remettre d'aplomb.

Nous voilà en route vers Mourmelon-le-Petit. Mes infirmiers et moi, nous suivons la dernière compagnie en longeant un bois lorsque, tout d'un coup, nous entendons d'extraordinaires voix d'hommes, un chant d'une polyphonie admirable.

— Mon vieux, dis-je à Bitsch, des basses pareilles, cela ne peut être que des Russes.

En effet. On aperçoit bientôt une colonne d'hommes très grands – le plus petit doit mesurer un mètre quatre-vingts. Ils ont des casquettes plates, de très grandes capotes qui leur battent les bottes fendues haut derrière. Ils portent sur leurs épaules des outils de travail : des pelles, des pioches, des harpons et des scies. Instinctivement, nous les saluons. Eux ne bronchent pas, marchant d'un pas calme, sans même tourner la tête. Sauf le dernier, le chef du détachement, qui nous rend notre salut. C'est magnifique.

Après la guerre, j'essaierais de revivre mon émotion en allant écouter des chorales russes, vainement. Plus tard, je raconterais l'histoire à une cousine, une Russe blanche de la bonne société, commentant :

— Pour moi, ce devait être des hymnes religieuses.

— Pensez-vous, répliquera-t-elle, des cochonneries, oui !

Le 15 février, je pris le rapide de Togny-aux-Bœufs pour aller en permission à Dol-de-Bretagne. La bataille de Champagne était terminée. Dans cette hécatombe, le 94ᵉ avait payé un lourd tribut. Du début de la guerre au 31 décembre 1915, mon régiment, dont l'effectif était de cinq mille hommes, avait été renouvelé environ quatorze fois. Il avait été de tous les points chauds, au cœur de la bataille de la Marne au marais de Saint-Gond, dans les Flandres, en Argonne, dans le bois de la Gruerie, jusqu'à sa participation aux attaques de Champagne.

La bataille de Verdun

Les offensives françaises en Artois et en Champagne ont été de lourds échecs. Le front n'a pas été percé. Au 31 décembre 1915, l'armée française a perdu deux millions d'hommes dont six cent mille tués[1]. Le renouvellement des effectifs se pose, et l'artillerie lourde reste très inférieure à la force de frappe allemande.

Pour en finir, le généralissime Joffre opte pour la guerre de mouvement et prépare une offensive sur la Somme, en liaison avec les Britanniques. Malgré les avertissements de ses services de renseignements, il ne croit pas à une attaque sur Verdun ; aussi les canons des forts de Verdun sont-ils retirés en prévision de son offensive dans la Somme. Dans cette même perspective, le système de défense, dont les forts de Douaumont et de Vaux, est réduit.

Or le général allemand von Falkenhayn a bien choisi d'attaquer Verdun, saillant vulnérable des lignes françaises dans les lignes adverses. L'armée allemande construit des hôpitaux et des caves souterraines tout

---

1. Chiffres donnés par Pierre Miquel, *Les Poilus,* Plon, collection « Terre humaine », Paris, 2000, p. 257.

près du front, camoufle 1 250 pièces de tout calibre sur un front très réduit, et rassemble cent cinquante mille hommes dans des abris enterrés. L'objectif est de démontrer la suprématie de l'industrie allemande afin de décourager l'ennemi.

L'attaque a lieu le 21 février 1916 sur la rive droite de la Meuse, commandée par le kronprinz. Les forces françaises, avec 280 pièces pour trente mille hommes, sont écrasées sous une pluie d'acier. Les défenses sont broyées. Le fort de Douaumont défendu par quelques territoriaux est enlevé le 25 février. Mais les survivants français se battent avec acharnement et freinent l'avancée allemande.

Le 25 février, Joffre décide d'envoyer la 2e armée, et le général Pétain en devient le commandant en chef. Il réorganise la défense sur les deux rives de la

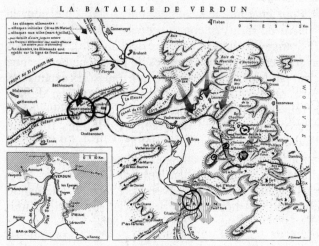

Sur cette carte, les lieux désormais mythiques où Louis Maufrais a séjourné avec son bataillon sont entourés de sa main.

Meuse. Il réarme les forts et, afin de ne pas épuiser les troupes, systématise leur rotation rapide (la logistique est assurée par la Voie sacrée où vont circuler trois mille camions). Il a récupéré l'artillerie lourde et commence à se servir de l'aviation pour repérer les mouvements. Les Français résistent. Le 7 mars, les Allemands lancent une formidable offensive sur la rive droite à partir de Douaumont. C'est un massacre.

Louis Maufrais monte à Verdun le 10 mars avec le 94e RI. Enterré dans la redoute des Quatre-Cheminées, appelée l'ouvrage de Froideterre n° 2, et dans la redoute de Thiaumont, face à Douaumont, cibles des obus allemands, il raconte l'apocalypse. Il sera relevé le 27 mars, à bout de forces.

Début avril, l'artillerie et les effectifs français ont été considérablement renforcés, l'ennemi est contenu. Joffre remplace Pétain par Nivelle, jugé plus offensif. Les Allemands, pour contrer les canons français, étendent les combats à la rive gauche de la Meuse. Pendant l'attaque allemande, Louis se trouve au village de Cumières le 8 avril, avec son bataillon, le 94e, qui subit de lourdes pertes. Et le 7 mai, il partira pour le Mort-Homme, l'enfer absolu pour les deux camps. Cette guerre de matériel menée essentiellement par l'artillerie lourde jette les soldats dans une fournaise implacable, rendant illusoire toute manœuvre d'infanterie.

À partir du mois de juin, l'armée allemande prélève à Verdun des effectifs pour parer aux offensives alliées sur la Somme, ainsi qu'aux avancées des Russes sur le front oriental. Le 24 octobre, les Français reprendront Douaumont, et le 2 novembre le fort de Vaux. À la mi-décembre les troupes allemandes sont revenues sur leurs positions de départ.

La bataille de Verdun est terminée. Exclusivement franco-allemande, circonscrite à quelques kilomètres carrés, elle aura mis hors de combat 280 000 Allemands et 315 000 Français[1].

M. V.

---

1. Chiffres cités dans l'*Inventaire de la Grande Guerre. Op. cit.*

Des jours entiers dans la nuit

Verdun. Mars 1916 - avril 1916

Rive droite de la Meuse : La côte de Froideterre, le ravin de la Dame et la redoute de Thiaumont.

Le 18 février 1916, j'arrivai à Dol pour ma deuxième permission.

Joie de retrouver les parents. Plaisir d'être propre, sans poux. Pouvoir se déshabiller. Se coucher dans des draps sous un édredon, bien au chaud. Sentir mes jambes. Faire la grasse matinée. Se mettre à table avec les autres autour des bons petits plats mijotés par ma mère.

Toute cette douceur, pour si peu de temps…

Le 21 février, la nouvelle tombait : les Allemands avaient attaqué le long du front de Verdun. Ce fut un coup de tonnerre. Sur le terrain, mais aussi dans le cœur de tous les Français, car Verdun était notre principale plate-forme de défense, parmi les premières d'Europe. Ce fut d'autant plus un coup de tonnerre pour moi que mon corps d'armée, depuis peu de temps, était affecté à l'armée de Verdun, ce que mes parents ignoraient totalement. Nous n'avions pas senti venir cette offensive allemande. Autour de Verdun, les tranchées étaient tranquilles, occupées par des territoriaux. On venait de démonter et d'enlever toutes les grosses pièces des forts pour les fixer en position de tir sur les péniches – notre avenir était dans l'offensive, disait-on, selon la meilleure tradition napoléonienne.

Ce serait une lutte à mort, j'en étais sûr. Les Allemands devaient obligatoirement obtenir la victoire, car le kronprinz lui-même commandait l'armée de Verdun. Un échec atteindrait le prestige de la dynastie. On ne lui marchanderait ni les hommes, ni les munitions, ni le matériel.

Chaque soir, ma mère lisait le journal et répétait :

— Peut-être que cela sera fini lorsque tu arriveras là-bas.

Et je lui répondais avec philosophie :

— Un jour passé ici est un jour de moins là-bas, maman, c'est tout ce que l'on peut dire.

Lorsque le jour du départ arriva, nous avions le cœur gros.

7 mars 1916. Je retrouve le 2e bataillon à Vanault-les-Dames. Parades, Laguens et Raulic sont là, euphoriques.

— On t'attendait avec impatience, annoncent-ils. Demain, on fait un match de foot contre les mitrailleurs.

Ce match, nous le jouons avec une frénésie inouïe, mais pas pour les motifs qu'on croit. Chacun se dit : « Si au moins je pouvais me casser une patte ! » Mais personne ne se casse rien, et nos seules blessures sont des courbatures qui nous obligent à rester allongés pendant une journée.

On m'assure que nous sommes ici en réserve de corps d'armée pour au moins une dizaine de jours.

Hélas ! dès le surlendemain matin à six heures, coup de clairon :

— Nous partons dans une heure.

Après avoir marché dans la boue sous une pluie fine, nous nous arrêtons à Villotte, un village sinistre où nous allons cantonner. Tous les petits pays de cette région ont été dévastés. Nous couchons dans des éboulis, et la popote se fait dans les ruines de l'église. Les hommes sont couchés dans des restes de hangars découverts, à quelques mètres de ces tas de fumier légendaires de Lorraine dont, naguère, le volume indiquait la richesse du propriétaire.

10 mars. À dix heures, nous partons pour notre dernière étape avant Verdun. Un vent glacial se mélange à une neige poudreuse qui couvre déjà le sol sur plusieurs centimètres. On ne tient pas debout, les hommes glissent.

Nous croisons l'échelon d'un groupe d'artillerie qui nous apprend que la moitié des servants ont été blessés et la moitié des pièces démolies. Cela ne nous remonte pas beaucoup le moral. Le canon tonne sans arrêt. Devant nous, arrive un long convoi de réfugiés en chariots. C'est toujours le même harnachement : un ou deux chevaux dans les brancards, les vaches attachées derrière, le chien entre les roues. Dans la charrette, des coffres et, au-dessus des coffres, des sacs, de l'avoine, des bottes de foin, du matériel de cuisine… et puis les vieux, les gosses, et une bâche recouvrant un peu le tout. Lugubre. Ces malheureux viennent de Forges. Ils nous racontent que les Allemands ont attaqué la ville et que maintenant ils l'occupent. Forges se trouve en face de nous, dans le creux des champs, au-dessus desquels plane une saucisse allemande.

À onze heures trente, halte. Il paraît que nous allons trop vite ! Il faut nous arrêter. Alors on casse la croûte, et la roulante nous apporte un jus brûlant qui ne parvient pas à nous réchauffer. Le meilleur remède, c'est la bataille de boules de neige que nous faisons après avoir mangé. Ce jour-là, j'ai pris une photo où l'on voit cette longue file du 2e bataillon, assise sur le talus, qui fait tout à fait « campagne de Russie ».

Nous descendons ensuite dans une vallée où nous rencontrons beaucoup d'infirmiers, des baraques. Ce sont les ambulances de Vadelaincourt, bientôt bombardées par les Allemands. Nous remontons sur une hauteur d'où l'on aperçoit sur notre droite, sur la route de Bar à Verdun, une file de camions. On a l'impression qu'ils ont été remontés, comme des jouets mécaniques, tellement ils roulent à vitesse et distance régulières. C'est extraordinaire à voir.

La nuit vient de tomber. On voit les lumières fantastiques du front, la danse des fusées éclairantes, montantes et descendantes, et les départs de grosses pièces dans un grand halo rouge.

Après Nixéville, nous entrons dans Verdun. Les façades sont éclairées par une lueur lunaire venue du front. La plupart des maisons sont éventrées. Des devantures et des boutiques ont été ouvertes, et tout leur contenu étalé dans la rue. Des boîtes de conserve sont dans le caniveau et sur les trottoirs. Nous jouons, si on peut dire, à donner des coups de pied dedans pour faire du bruit – on nous a prévenus charitablement qu'il est interdit d'en ramasser sous peine d'être accusés de pillage, et donc passibles du conseil de guerre. Nous passons par la rue principale, devant l'hôtel de ville. Des bidons et des musettes sont accrochés aux grands vases du hall d'entrée, et des

Mars 1916. La montée à Verdun. Halte entre Ippécourt et Regret.
Debout, de face, Émile de Parades ; assis à gauche, Raulic et
Laguens, de la 8ᵉ compagnie. Ce sera l'unique photo prise par Louis
Maufrais avant l'entrée dans l'enfer de Verdun.

soldats dorment sur les marches recouvertes d'un
beau tapis rouge.

Un peu plus loin, on nous dit que nous sommes
arrivés. Les compagnies s'en vont dans leur cantonnement et les officiers sont conduits jusqu'à une grande
bâtisse : l'hôpital Sainte-Catherine. Au dernier étage,
nous arrivons dans une grande salle où nous trouvons
des lits. Nous nous couchons sans manger, mais le
sommeil ne vient pas… Il s'ensuit une homérique
bataille de polochons. Au bout d'un quart d'heure, il y
a par endroits quatre centimètres d'épaisseur de
plumes. À six heures du matin, les officiers partis pour
reconnaître les emplacements de leurs compagnies rentrent et regardent, un peu étonnés de tout ce désordre.
Le lendemain, l'un d'eux commente :

— Les gars, vous avez bien fait de vous amuser un
peu, car la nuit qui nous attend ne sera pas drôle.

11 mars. À huit heures du matin, en descendant pour prendre le jus, nous parcourons l'hôpital Sainte-Catherine où règne un désordre indescriptible de matériel, vêtements, tables renversées… Tout indique un départ précipité, dans la panique. Deux jours plus tôt, les civils de Verdun ont dû fuir un bombardement terrible.

En tant que chef de popote, je suis invité à aller à la citadelle faire mon plein de provisions. Après une heure et demie de queue, je reviens avec quatre boules de pain et dix boîtes de sardines. À onze heures, repas. Sieste jusqu'à seize heures. Départ à dix-sept heures.

Le bataillon par demi-sections passe devant la Meuse, la porte Chaussée et monte la côte de Belleville. On me dit :

— Quand vous serez arrivé au fort, vous prendrez la ligne des forts, et vous vous chargerez de la voiture médicale. Vous la laisserez à la caserne Marceau, et vous prendrez le matériel. D'ailleurs, il n'y a pas à vous tromper, vous passez devant.

En montant la côte, je m'aperçois rapidement qu'au moins le tiers des hommes que nous croisons zigzague. Ils ont dû pas mal boire… Arrivent trois territoriaux chargés de seaux dont un seau hygiénique. Tous hilares et congestionnés.

— Qu'est-ce que vous avez là-dedans, les gars ? leur demande-t-on.

— Du cidre. Vous nous croirez si vous voulez, mais, depuis qu'on est ici, on n'a jamais si bien vécu !

Arrivés à la caserne Marceau, on décharge la voiture médicale, et nous faisons notre plein de pansements. Mes hommes reviennent chargés comme des bourricots. Moi, j'ai trois musettes, les bidons, des couvertures, des toiles de tente, et je prends encore un petit ballot de pansements.

Nous repartons à pied. Derrière Souville, la route est complètement coupée par des trous d'obus, si grands qu'ils se rejoignent, formant un énorme cratère. Les arbres deviennent rares, épluchés, et les taillis disparaissent. À la chapelle Sainte-Fine, nous distinguons à droite la route qui mène à Vaux grâce aux fusées éclairantes.

Arrivés à la hauteur d'une maison à moitié démolie, nous respirons l'odeur écœurante d'un cheval crevé.

Un écriteau marqué d'une flèche indique Fleury. La moitié du village est effondrée. À la porte d'une maison, un agent de liaison nous attend pour nous guider. Nous apercevons de la lumière à travers les raies du plancher. On nous explique : dans les caves subsistantes, on a mis deux sections du 3e bataillon du 94e. Ils sont là en réserve, nous disent-ils, enchantés de leur planque. Hélas ! trois ou quatre jours plus tard, un seul obus va en tuer la moitié.

Après avoir fait une bonne pause, nous dressons notre plan de campagne pour l'étape qui nous attend, la dernière, mais la plus dure. Nous sommes une douzaine : Bitsch et les infirmiers, quelques retardataires et des chasseurs du 94e. Nous décidons d'avancer par petits groupes, et dans l'ombre. Les arbres se sont faits rares, cassés par le milieu, et le taillis a à peu près disparu. Après Fleury, c'est pis : il n'y en a plus du tout. Le bois de la Caillette, autrefois planté d'arbres magnifiques, ressemble maintenant à une grande plage de craie trouée, toute blanche sous la lumière des fusées qui montent. Cette grande plage est dominée par la masse aplatie du fort de Douaumont prolongée sur sa gauche par celle de Froideterre, qui va en s'inclinant doucement. À l'abri de la crête se trouve enterrée la redoute des Quatre-Cheminées, encore appelée « ouvrage de Froideterre n° 2 ». C'est là que nous devons aller.

Nous nous élançons pour parcourir le kilomètre et demi qu'il reste encore à faire. À notre droite, j'aperçois à travers les trous d'obus comme des éléments de tranchées occupés par des Noirs portant des chéchias. Mais l'agent de liaison rectifie :

— Ce n'est pas ce que vous croyez. Ils ont peut-être des chéchias sur la tête, mais s'ils sont noirs, c'est parce qu'ils sont morts. Ils sont là depuis plusieurs jours. Regardez vous-même, vous verrez qu'ils ne bougent pas.

En effet. On en a des frissons, mais ce n'est pas le moment de mollir. Nous savons que nous n'arriverons pas à bon port sans avoir été salués par quelques rafales de 77. Il en tombe à chaque instant, pour empêcher le ravitaillement. Et chaque fois, la même scène se répète…

Une fusée s'élève, nous nous plaquons n'importe où, autant que possible au fond d'un trou, comme pour disparaître dans le sol. La fusée est au plus haut, et je vois mon ombre se dessiner, précise, contrastée. Elle descend, l'ombre s'allonge et se fond peu à peu dans la nuit. Levant la tête, je crois voir un de ces pauvres morts à trente mètres de moi, sa chéchia sur la tête. Des sifflements… c'est une rafale de 77.

Une fois le calme revenu, nous nous élançons par petits paquets dans le noir, jusqu'à la fusée nouvelle. Enfin, le fort se trouve derrière nous, et nous piquons directement sur les Quatre-Cheminées. Maintenant, nous sommes à l'abri de la côte de Froideterre. Après avoir repéré un raidillon, nous arrivons à l'entrée de l'abri. On ouvre une porte blindée, nous y voilà.

Nous sommes dans le noir. Encore éblouis par les fusées, nous ne voyons rien. Tandis que nos yeux s'accoutument apparaît une grande salle voûtée en béton. On n'en distingue pas bien la limite. On dirait une station de métro, mais plus haute et moins longue. Des plafonds descendent trois lampes à pétrole avec réflecteurs qui donnent une lumière blafarde. Une odeur détestable nous monte au nez.

Nous apercevons devant nous un escalier d'une trentaine de marches. Sur chacune d'elles, dorment deux ou trois gars, de sorte que la descente est toute une histoire, ponctuée des injures de ceux que nous dérangeons. C'est une masse d'hommes collés les uns contre les autres, chasseurs et fantassins. Enfin, en bas, nous réussissons à nous asseoir. Nous essayons de calmer notre faim, mais nous n'avons presque plus de pain, et plus d'eau. Nous en demandons autour de nous. Personne n'en a.

Heureusement, une demi-heure plus tard, vers une heure du matin, des hommes se lèvent pour partir en corvée, laissant un peu de place. Nous pouvons enfin allonger les jambes, et, après avoir grignoté quelques vieilles boules de pain, nous mangeons et nous nous endormons, crevés de fatigue.

Le lendemain matin à l'aube, je trouve un autre escalier, sur le côté. Il monte vers un boyau bien défilé. Il n'y fait pas chaud, mais on ne se bat pas trop, à cette heure-là. Cela me fait du bien de prendre l'air. Un peu plus loin, je vois un petit boyau qui se branche sur celui-ci. Je le prends et, au bout de quelques mètres, je suis tout étonné de croiser ce brave Laugé, médecin du 1er bataillon, arrivé l'avant-veille. Il m'informe :

— Ici, c'est le boyau des feuillées. On l'appelle l'impasse Delestre.

— Qu'est-ce que ça veut dire ?

— Eh bien, Delestre, c'est notre nouveau colonel. Saintenac est parti, et ce gars est venu de la coloniale pour remettre un peu d'ordre et donner un coup de pression à nos vertus militaires. Avant de monter, il a commencé par passer à la tondeuse le crâne d'un certain nombre de soldats qui avaient les cheveux trop longs. Avec un type comme ça, ça va barder, nous tenons le bon bout.

— Et pourquoi l'impasse Delestre ?

— Parce que Delestre a un ventre comme une barrique, et qu'il est incapable de passer par là.

Laugé m'informe également que nous avons un nouveau médecin chef.

— Il s'appelle Chênelot et arrive du Maroc. Il n'a pas l'air mal. Je ne l'ai pas encore vu, mais j'ai lu ses notes.

Nous nous avançons plus loin dans le boyau, et il me montre le panorama :

— Tu vois, nous sommes sur la côte de Froideterre. À notre droite, quarante mètres au-dessus de nous, c'est Douaumont. Mais, de là-bas, les Allemands ne nous voient pas. De l'autre côté, sur la gauche, c'est Froide- terre qui continue. Il y a un grand creux, à cinquante mètres au-dessous de nous. C'est le ravin de la Dame, que les journalistes ont surnommé le ravin de la mort. Et puis tu vois, de l'autre côté, cela remonte en pente beaucoup plus douce. C'est le bois Pavé ou tout du moins ce qu'il en reste, parce qu'il est assez amoché. Eh bien, c'est là-dedans que sont nos deux bataillons. À droite, on voit un ravin dénommé la Couleuvre, qui vient se jeter dans le ravin de la Dame. Et, ensuite, le terrain monte en pente vers le haut de Douaumont. Donc tu peux constater que, de Douaumont, point culminant, les Allemands observent tout ce qui se passe dans les ravins et sur les crêtes. Il en résulte qu'ils contrôlent tout le trafic et qu'ils dominent le champ de bataille de Verdun. C'est pourquoi, de jour, tu ne vois pas un chat dehors. Tout se passe la nuit, y compris l'évacuation des blessés. Mais il n'en arrive pas beaucoup.

— Qu'est-ce qu'il y a comme médecin, en bas ?

— Il n'y en a pas ; les tranchées sont à peine faites. Je ne sais pas comment cela va s'arranger. Ici nous sommes à 320 mètres d'altitude, et Douaumont est à 360 mètres. Il s'interrompt et me fait signe de marcher. Les obus commencent à arriver, il est temps de rentrer.

Je ne verrai plus Laugé de longtemps, après cela. Le lendemain matin, à peu près à l'endroit où nous avons bavardé, un gros obus tombé pas très loin va lui crever les deux tympans. Une double otite le fera évacuer dans la zone de l'intérieur. C'est à cause de cet accident, qui laissait une place vacante, que, quelques semaines plus tard, je serai nommé médecin du 1er bataillon.

Le lendemain matin, par une petite note écrite au crayon, le nouveau médecin chef me demande d'aller installer un poste de secours avancé avec un infirmier et un agent de liaison dans un abri presque terminé situé dans le ravin de la Couleuvre. Nous nous apprêtons donc à partir à la tombée de la nuit. J'emmène avec moi un infirmier et un brancardier.

Dévaler en pleine nuit la pente très raide de la côte de Froideterre jusque dans le ravin de la Dame est un exploit risqué, dans lequel beaucoup ont laissé des plumes, voire la vie. Tous les passages débouchent sur une piste unique. On s'y bouscule. Les chaussures se couvrent de cette boue de Verdun, si collante que des soldats y perdent leurs semelles entières. Si on sort de la piste, on se trouve dans la terre meuble d'un trou d'obus, qui vient aussitôt s'agglutiner à la boue, si bien qu'on a une motte de terre sous chaque pied et qu'on ne tient plus debout.

Il tombe à peu près une rafale d'obus toutes les cinq minutes, et il est très rare que la descente de la pente puisse se faire dans ce laps de temps. Aussi, tous les matins, trouve-t-on sur cette piste des blessés et souvent des morts.

Ce soir-là, nous quittons nos camarades, et nous nous élançons dans le noir à tombeau ouvert. Mis à part une bonne bûche au départ, nous arrivons en bas de la côte sans accroc. Nous faisons une première pause là où les obus ne peuvent pas nous atteindre. Puis nous nous précipitons pour traverser ce ravin de la Dame et arriver en face, dans le ravin de la Couleuvre.

Deuxième pause. Nous ne pouvons plus être vus de Douaumont, alors, nous explorons tranquillement le ravin de la Couleuvre. La pluie ne tombe pas, mais il y a un petit vent glacé. Avec ma lampe électrique, je cherche partout le fameux poste de secours « presque terminé », mais il n'y a rien du tout. Il ne reste plus qu'à nous coller les uns contre les autres, roulés dans nos couvertures. À l'aube, nous plions bagage et nous pénétrons dans les tranchées toutes proches, où nous retrouvons des gens du bataillon. Je tombe sur mon brave ami Entrevan, qui commande la 7e compagnie. Il commence par nous réconforter avec un quart de jus bien chaud arrosé de gnôle.

— Qu'est-ce que tu viens foutre là ? s'étonne-t-il. On n'a pas besoin de toi.

Il m'explique qu'ils ont des blessés et même des tués par bombardement, mais qu'ils les font glisser sur une pente par des petits chemins assez bien abrités, en direction de la route de Bras[1].

Je le quitte pour m'enquérir du nouveau chef de bataillon, un certain Sauget. Lorsque je parviens à le trouver, il me dit :

— Mais je n'ai rien demandé, moi ! Nous évacuons nos blessés, je ne sais pas où, ni comment, mais ça va comme ça peut. Moi aussi, je suis allé dans le ravin de la Couleuvre et je n'y ai absolument rien vu pour vous. Et, dans les tranchées, je ne peux pas vous prendre. Il n'y a aucun endroit suffisamment abrité. Les tranchées sont à peine de la taille d'un homme.

Je lui demande de téléphoner au médecin chef Chênelot, qui me dit :

— Dans ces conditions, retournez vous installer sur l'autre face du ravin de la Dame, près de l'endroit où aboutissent les pistes venant d'en haut.

Il fait à peine jour – c'est l'heure de l'accalmie. Nous repartons donc en vitesse, coudes au corps, un par un, pour rejoindre la face opposée du ravin. C'est tout juste prudent, parce qu'il tombe de la neige, ou plutôt une espèce de petit grésil blanc, et que nous sommes littéralement gelés.

Arrivés à destination, nous dénichons une espèce d'excavation où on peut s'asseoir tous les trois, mais nous avons le cul dans la neige et les jambes dehors. Heureusement que nous avons encore un peu de jus et de l'alcool solidifié pour nous réchauffer. Nous avons la chance d'être dans l'angle mort de tous les projectiles venant de Douaumont. C'est déjà bien. Trois

---

1. L'imprécision de la phrase de Louis Maufrais reflète l'absence d'organisation des secours à Verdun. En l'absence de poste de secours, les blessés devaient se débrouiller seuls.

mètres plus loin, nous pouvions être tirés comme des lapins. Et dire que lorsque les Allemands ont pris ce fort de Douaumont, ils n'y ont trouvé que quelques territoriaux jouant aux cartes. Ils n'ont eu, en somme, qu'à mettre en batterie les 75 que nous y avions installés ainsi que les nids de mitrailleuses. Maintenant, ils font la police. Tout ce qu'ils voient, ils tirent dessus.

Je fais un compte rendu de la situation sur un bout de papier, et j'envoie mon brancardier jusqu'à la redoute des Quatre-Cheminées pour qu'il fasse envoyer ou télégraphier mon message le plus tôt possible au médecin chef.

Nous resterons deux jours sur cette position inconfortable. Nous ne pouvons même pas nous protéger d'une toile de tente, que les Allemands repéreraient aussitôt. Nous voyons passer en tout à peine une demi-douzaine de blessés légers, surtout touchés aux pieds et aux jambes. Ils ne veulent pas rester dans notre trou ; ils préfèrent s'en aller n'importe où, le coin est trop mauvais. Rien à leur répondre. Je crois que, jamais de ma vie, je n'ai eu aussi froid que ces deux jours-là. On ne pouvait même pas remuer pour se réchauffer.

Enfin, au bout de ces quarante-huit heures, je reçois par une liaison l'ordre de remonter aux Quatre-Cheminées la nuit suivante. De là, je devrai me rendre à la redoute de Thiaumont, un poste de secours avancé qui se trouve à deux cents mètres de nous en direction du fort de Douaumont.

Nous passerons une partie de la journée dans la redoute des Quatre-Cheminées à nous réchauffer – impossible d'en sortir : les Allemands font un barrage terrible et continu entre notre abri et l'ouvrage en question. Tout le coin reçoit une grêle de gros obus pendant la journée entière. Enfin, vers onze heures du soir, nous pouvons partir.

Parcourir deux cents mètres dans un endroit boule-versé de la sorte n'est pas une mince affaire. Surtout que le harcèlement par le 77 continue.

On nous a bien expliqué le chemin à suivre et donné les principaux repères. J'ai aussi ma boussole. Mais, une fois dans l'obscurité, je n'y vois rien. Il faut se plaquer au sol et attendre la première fusée éclairante. Qui ne tarde pas. On voit alors devant nous se lever une véritable mer de terre, avec d'énormes vagues. Des trous qui se superposent, de cinq mètres de diamètre sur quatre de profondeur environ, et qu'il faut contourner autant que possible.

C'est ce que nous commençons à faire, mais, presque aussitôt, une deuxième fusée arrive et nous devons nous aplatir dans un de ces trous, dont les bords font écran. Dégringoler et remonter, avec des chaussures pleines de terre, et tout ce qui nous pend autour du cou : bidon, musettes, sans oublier nos couvertures. C'est du sport ! Nous mettons un quart d'heure pour faire vingt-cinq mètres. Et cette petite neige en poudre qui tombe toujours ! Nous sommes de nouveau gelés.

Enfin, nous apercevons la façade de la redoute de Thiaumont. Elle est tournée vers le sud, face à la ville de Verdun, à l'abri de la crête de Froideterre. On ne la voit pas, en réalité, mais ses contours se détachent en ombre chinoise quand une fusée monte. Et, comme elles montent sur un rythme incessant, il nous arrive de rester plaqués au sol au même endroit pendant dix minutes.

Au bout d'une demi-heure, nous touchons au but. À présent, il faut chercher la porte à plat ventre, en tâtonnant. Quand un son métallique résonne sous mes mains, je sais que j'y suis, et je constate par la même occasion qu'un gros éclat d'obus s'est enfoncé dedans. Je cogne en criant : « Hurel, 94ᵉ ! »

Après un moment qui nous semble interminable, la porte s'entrouvre et nous entrons. Il y a là non seulement Hurel, mais aussi Bitsch, Émile de Parades et une trentaine d'hommes armés, des chasseurs et quelques fantassins. Dans des brancards, par terre, quelques blessés. Un mort gît derrière la porte, au milieu des barriques et du matériel. Enfin, il fait tout de même plus chaud. Je préviens Parades :

— Ne me demande rien, je vais me coucher et dormir. Je te raconterai demain.

— Dors si tu peux. La nuit dernière, nous n'avons guère pu. Nous avons été arrosés toute la nuit. Et voilà deux jours que ça dure. Hier, le ravitaillement n'a pas pu arriver.

Plus tard, il commente le récit que je lui fais de notre périple :

— Alors, mon pauvre vieux, c'est toi qui as été désigné pour aller explorer les fameux postes de secours avancés qui n'existent pas ! Mon Dieu, quelle pagaille ! On va encore nous en rendre responsables, bien entendu. C'est tout de même décourageant, pour nous et surtout pour les blessés de voir qu'on ne leur ménage pas un lieu pour les abriter un peu pendant qu'on les soigne.

Mis à part quelques bougies et la lueur d'une lampe acétylène, il n'y a pas de lumière, dans l'abri. Ni aucune ouverture, sauf un petit tuyau d'aération. Je n'arrive pas à savoir s'il est huit heures du matin ou huit heures du soir.

— Tiens, me dit Parades, on va entrouvrir la porte et tu vas passer ta tête rapidement. Tu vas voir quelque chose d'épatant.

Mars 1916. Dans la redoute qui fait caisse de résonance, Marcel Bitsch compose et chante à Louis Maufrais « Le son du canon ». Extrait du journal de guerre de Marcel Bitsch.

Je fais ce qu'il me dit. Je vois alors la façade de la redoute absolument lisse et, en contrebas, des trous comme ceux que nous avons traversés pour venir. On me dit qu'au-dessus nous sommes protégés par une couche de béton de quarante centimètres recouverte d'un tas de terre d'un mètre d'épaisseur. Et que cette redoute est plaquée sur le versant sud de la côte de Froideterre.

Devant moi, il y a tout le champ de bataille de Verdun. Un panorama formidable. Il n'existe pas de mot qui convienne mieux. Je vois le grand plateau de Verdun. Un peu plus loin, c'est Vaux. Devant nous : Souville et le fort Saint-Michel. À nos pieds, le petit pays de Fleury. On aperçoit plus loin le carrefour de la chapelle Sainte-Fine. À notre gauche, la terre est absolument nue et, au fond vers la droite près de Verdun, il reste encore un peu de verdure.

Du côté des ruines de Fleury, étrange vision, nous apercevons une vache solitaire qui essaie de brouter quelques brins d'herbe. Nous la reverrons les trois jours suivants, à peu près à la même heure, lançant des ruades quand un obus tombe. Et puis elle disparaîtra. Ça devait se terminer ainsi.

Le lendemain, nous passons une journée presque normale. Mais, le soir, l'intensité des bombardements m'empêche de trouver le sommeil. Bitsch, qui ne dort pas non plus, transcrit en notes de musique le bruit des obus qui ébranlent la redoute, et me chante leur musique[1].

18 mars. Je vais vivre la journée la plus dure de mon séjour dans cette redoute de Thiaumont. Dès cinq heures trente du matin, les obus commencent à tomber partout. Il y a du petit, du gros. Il paraît même qu'il y

1. Extrait du journal de Marcel Bitsch : « 14 mars 1916. Abricaverne de Douaumont. Me lève à 4 heures du matin. Vais dehors. Obus allemands qui arrivent en sifflant de tous côtés… fusillade et bruit des mitrailleuses, puis tir de barrage des 75 qui se dessine, s'affirme, s'exaspère en un roulement continu. Le son me parvient, net, sec et brutal par la cheminée d'air. L'abri, voûté, forme caisse de résonance, et je chante à Maufrais, éveillé, à mes côtés, la mélodie nettement accusée : Le "son" du canon – en *sol* mineur 2/4 rapide. Pédale continue à la basse. Notes piquées, brutales, trombone bref, doublé d'un instrument à percussion. Des accents dans les courts silences, roulements de caisse claire, plus lointains des éclatements. »

a du 250. Nous ne sommes pas, je crois, spécialement visés. C'est la même chose dans tout le coin : un véritable déluge. Dans la redoute, la porte branle sur ses gonds et résonne. De temps en temps, le souffle des obus éteint les chandelles. Nous avons la tête en feu. Tout vibre, et nous aussi. Ce n'est pas le moment de mettre le nez dehors. D'après le bruit, on dirait bien que c'est la même chose de Vaux jusqu'ici. À un moment, quelqu'un entrouvre la porte et croit entendre des mitrailleuses.

— Ça y est, c'est l'attaque. Depuis le temps qu'ils la préparent, ils vont venir ici…

Lentement, et à regret, nous faisons nos préparatifs. Je mets mon brassard, déchire des lettres, m'équipe. Je crois même que je me suis débarbouillé. Pourquoi ? Je n'en sais rien. Je ne l'avais pas fait depuis huit jours. Se laver, c'était un grand luxe.

Une chose nous ennuie, c'est d'avoir avec nous encore une vingtaine, voire une trentaine d'hommes armés de fusils. On n'a pas le droit, dans un poste de secours, d'avoir des soldats en armes, nos adversaires le savent fort bien. Alors nous convenons avec le chef du petit détachement que, si les Allemands arrivent, ses hommes jetteront leurs armes dans les trous alentour.

Puis il nous semble que le bombardement ralentit. Vers midi, l'attaque est réduite au petit calibre. L'après-midi commence d'une façon à peu près tranquille. Nous n'en pouvons plus. Nous avons à peine de quoi manger. Le sommeil commence à nous prendre quand, soudain, on entend un coup d'une très grosse pièce. Le son est très lointain, mais très net. Les gars ne s'y trompent pas :

— Ça, c'est pour nous ! s'écrient-ils.

Quelques instants plus tard, nous sommes assaillis par un bruit monstrueux qui s'amplifie à toute vitesse, comme un train fonçant en plein sur nous. Instinctivement, nous rentrons la tête dans les épaules et nous nous bouchons les oreilles.

Le choc est effroyable. Ceux qui, comme moi, sont assis sont soulevés de leurs sièges, et ceux qui sont debout dégringolent. En même temps, je ressens un coup violent dans l'estomac et dans la tête. Tout s'éteint, on est dans le noir. Tout ce qui est accroché au mur tombe à terre dans un fracas de fer-blanc. Puis la porte résonne comme un coup de gong et, par-dessous, s'engouffre un nuage de poussière et de gaz brûlé qui nous cuit la gorge et les narines.

Personne ne souffle mot. On entend une pluie de gros blocs de terre tomber sur l'abri, puis, au bout d'une bonne minute le grand bruit s'apaise. Je n'ai qu'une idée : trouver ma lampe électrique. Les autres rallument et tout le monde se met à inspecter le plafond. Nous voyons une grande fissure – non, ce n'est rien. La redoute a tenu le coup ! C'était vraiment de la bonne fabrication d'avant-guerre.

Nous reprenons nos esprits quand, tout d'un coup, boum ! Ça recommence. Il est 15 h 05. Et le même phénomène se reproduit. Heureusement, le coup est un peu plus long, et va éclater plus loin. Mais nous sentons que la mort plane sur nous, qu'elle nous frôle, à quelques centimètres près. Même chose, on rallume, on regarde le plafond, rien. À 16 h 10, troisième coup. Un bruit encore plus fort que les deux autres. Nous avons la nette impression que, cette fois, l'obus a abordé la redoute par l'angle tourné du côté de Douaumont. La redoute semble avoir fléchi un peu sous le coup. Mais il y a tellement de poussière, à l'intérieur, qu'on ne peut même plus voir le plafond. On peut à peine respirer.

Les attaques se répètent ainsi toutes les cinq minutes. Tantôt, à droite, tantôt à gauche. Nous sommes encadrés. Je me dis : « Et si ça tombe au centre ? »

On entend au-dessus de nous le vol d'un avion d'observation allemand. Mais, de l'avis de tous, celui qui doit régler le coup, c'est un observateur posté dans la saucisse qu'on a aperçue dans l'échancrure, au-dessus de Vaux, au loin. Enfin, nous pouvons rallumer. Le plafond est intact. Nous sommes tous assommés, abrutis, la tête en bouillie ; et, surtout, la gorge en feu.

On n'entend plus l'avion. Tout doucement, nous ouvrons la porte, d'abord pour voir si elle fonctionne toujours. Puis nous passons la tête. On constate que, du côté de Douaumont, la redoute est comme déchaussée. Il y a au pied des fondations un trou de deux ou trois mètres de profondeur, et tout autour de nous de nouveaux trous qui forment une espèce de cratère. De l'autre côté, il n'y a qu'une différence de niveau d'environ cinquante centimètres. Ce qui nous permet de sortir encore facilement de l'abri et de gagner le côté opposé, en angle mort, que les Allemands ne voient pas. Deux volontaires demandent à monter sur le haut de l'abri pour l'inspecter. Ce qui est accordé. Nous envoyons deux autres volontaires donner de nos nouvelles à la redoute des Quatre-Cheminées. Vingt minutes plus tard, les deux grimpeurs reviennent.

— Pas un obus n'est tombé sur nous, disent-ils.

Nous restons silencieux. Tous, nous prenons alors conscience que, si un seul de tous ces obus avait fait mouche, nous étions tous morts. À l'extérieur, le matériel et les corps de quatre hommes qui se trouvaient là, ont été volatilisés. On n'en trouve même pas trace. Ce qu'il y a de curieux, à présent, c'est qu'à nos pieds, en direction de Vaux, on ne voit plus rien. On a l'impression d'être sur un balcon, suspendu au-dessus de douves. Heureusement que l'accès du fort du côté droit est resté intact.

Plus tard, nous apprendrons que cet immense bombardement était destiné à empêcher des renforts d'arriver dans la région où nous sommes, de Froideterre et de Fleury.

Au cours de cet après-midi-là, nous soignons quarante-cinq blessés de notre secteur. Il y a aussi huit morts. À onze heures du soir, les nerfs brisés, la tête en bouillie, nous nous endormons comme des souches jusqu'au lendemain matin sans même avoir pris vraiment de nourriture, en raison du manque de ravitaillement.

Le 19 mars est une journée normale, si on oublie le passage incessant des obus au-dessus de nos têtes. Notre seule distraction est d'entrouvrir la porte et de passer la tête pour sortir ne serait-ce qu'un instant de la nuit dans laquelle nous sommes plongés dans l'abri. Ce qui nous frappe, c'est le terrain défoncé de trous au point qu'un nouvel obus ne peut plus tomber que dans un trou déjà fait. Les derniers troncs d'arbres ont disparu. Devant nous, Vaux est empanaché de poussière et de fumée toute la journée. Le temps se met à la pluie ; tous les trous deviennent rapidement des mares. Un véritable cloaque nous isole des environs. On ne peut plus accéder à notre redoute que par la petite rampe que nous avons aménagée.

Nous apprenons avec soulagement par un agent de liaison que nous serons relevés le 25 mars. D'ici là, notre vie va être dure. Secoués au moins deux fois chaque minute par des explosions d'obus, nous sommes dans une obscurité et des vibrations perpétuelles. Et quasiment privés de ravitaillement.

Non pas qu'on ne nous en destine pas. Il faut avoir vu ces pauvres cuistots chargés comme des mulets de boules de pain, de bouthéons, grimper de trou en trou, escaladant, dégringolant, à chaque instant pour éviter les rafales. La nuit, ils se perdent, ou sont pris dans des tirs de barrage.

Finalement, lorsque quelques-uns d'entre eux arrivent à la redoute, ils sont transformés en blocs de boue. Les boules de pain sont couvertes de terre. Il faut découper plus d'un centimètre au couteau pour arriver au pain propre. Les biftecks, placés dans le compartiment supérieur des bouthéons, sont froids et salis de boue. L'accompagnement – du riz, du riz au chocolat ou des nouilles – est glacé également. Or nous n'avons pas assez d'alcool solidifié pour réchauffer tout ça. Certains jours, sur dix cuistots, il n'y en a pas cinq qui arrivent à destination. Certains sont blessés, mais beaucoup d'autres sont tués. Ils ont un métier épouvantable. Tant qu'il y a eu des sardines et du saucisson, on a tenu le coup. Mais tout est épuisé. Ce sont le singe et la boule de pain qui sauvent la situation.

Mais ce qui manque le plus, c'est l'eau. À un tel point que des hommes descendent au petit jour ramasser de l'eau avec leur gamelle dans les trous d'obus, au risque d'y tomber et de s'y noyer. Je filtre l'eau avec un entonnoir et du coton. Mais le coton absorbant trop d'eau, il arrive qu'on finisse par presser cette boule de coton de façon à en récupérer un peu. Cela fait, je verse deux gouttes d'eau de Javel par litre. Et voilà notre breuvage ! Sans compter que, quelquefois, une âme charitable nous avertit :

— Dites donc, n'allez pas dans cette mare-là, parce que les gars pissent dedans !

Inévitablement, dans les jours qui ont suivi, en raison du froid et de la nourriture sale, nous avons une épidémie de gastro-entérite. Avec des douleurs de coliques épouvantables jusqu'au sang. Alors on voit les hommes aller poser culotte n'importe où sous les bombardements.

Je n'y échappe pas. Non seulement j'ai de la diarrhée comme tout le monde, mais aussi des douleurs épouvantables. Il me reste heureusement quelques pilules d'opium qui me calment un peu. J'ai aussi de la fièvre, et plus du tout d'appétit. Comme les autres, je vais dans le fond des trous. Et là, je me mets à rêver à ce vieux siège en bois si confortable, à cette chasse d'eau au bruit de cascade sympathique.

Enfin, le 25 mars arrive, jour béni de la relève. Au petit matin, nous dévalons la piste, portés comme par des ailes. Mais, au bout d'un kilomètre, je n'en peux plus parce que j'ai de la fièvre. Je ne me suis pas remis de mon entérite. J'ai des frissons, des crampes. Je ne peux plus me traîner. À Blercourt, nous nous hissons dans les camions. On ne se reconnaît plus, tellement nous sommes sales et crottés, depuis les sourcils jusqu'aux pieds, de cette même boue gluante. Et maigres, la peau sur les os. Dans notre jargon, on dit : « Tu me parais bien mince. »

Couchés à plat sur le plancher, tassés les uns contre les autres, nous nous endormons presque aussitôt.

On nous débarque au nord de Bar-le-Duc, dans un délicieux petit village nommé Rupt-aux-Nonains, du moins qui nous paraît délicieux malgré le vent glacial et la neige. Dans la chambre que je partage avec Parades, nous avons chacun notre lit, et des édredons. Nous pouvons enfin enlever nos chaussures et nos culottes, nous laver, mettre du linge propre. Ce que nous n'avons pas fait depuis vingt et un jours exactement. Ah ! déambuler dans une petite rue tranquille, prendre son café dans le silence, voir simplement le jour… Sensations divines. Et je peux enfin écrire à mes parents :

Mes chers parents, après avoir quitté l'enfer, pour combien de temps, hélas, nous n'en savons trop rien, nous voici dans une petite rue de la Meuse, en plein dans la lumière et dans le calme, surtout dans le grand calme. […] J'espère que je vais récupérer rapidement. Les hommes sont à bout de forces. Et dire que le général commandant notre division avait demandé de nous donner seulement cinq jours de repos aux environs de Verdun, de nous faire remonter ensuite. Elle nous coûtera cher sa troisième étoile à celui-là. Il paraît que les hommes réclamaient à nouveau l'honneur de remonter en ligne. Que c'étaient des héros… Bien sûr que c'étaient des héros. Mais, à la fin, ils en ont marre. Quant à moi, je n'ai jamais entendu autant d'obus autour de moi. J'ai certainement frôlé plusieurs fois la mort de très près, mais je n'y pensais pas trop. Je m'en rendais bien compte, mais généralement, quand on s'en rend compte, c'est que le danger est passé. Il faut vous dire aussi que pendant ces vingt et un jours, notre régiment a perdu à peu près huit cents hommes (tués et grands blessés). Cela fait à peu près l'effectif d'un bataillon. Et, malgré tout, nous n'avons pas subi l'attaque allemande. Il n'y a pas eu de combat d'infanterie. Ça s'est passé uniquement par bombardement. En arrivant ici, j'ai bien reçu votre petit colis. Je vous en remercie, etc.

C'est sur ces mots que se terminent mes lettres, le plus souvent.

Mes camarades ont changé, eux aussi. Cathalan, Laguens et Raulic. Ils ont l'air de sortir d'un cauchemar. Raulic surtout. Ce philosophe jovial est devenu taciturne, amer, proche du désespoir. Il me confie qu'il se sent physiquement et moralement incapable d'affronter la même épreuve dans dix jours à peine. Je le comprends – moi aussi, passé les premiers moments de repos, je suis hanté par les images de ces vingt et un jours d'enfer, j'ai sans cesse devant les yeux ce décor de trous et de boue, au pied de la redoute. Raulic me confie qu'il veut se faire évacuer sur l'arrière. Je lui dis :

— Il ne suffit pas de le demander, tu le sais bien.

— Ne te tracasse pas, me répond-il, tu vas voir…

Le lendemain midi, il me raconte :

— Cette nuit, je suis descendu vers l'Ornain. J'ai enlevé mon caleçon et ma capote, et je me suis allongé dans la rivière absolument glacée pendant un quart d'heure. J'en suis sorti, claquant des dents et titubant. Puis je suis rentré tout frissonnant dans mon lit pour attendre la pneumonie.

— Et maintenant ?

— Eh bien, mon vieux, je l'attends toujours. J'ai même pas été foutu d'attraper un rhume !

Deux jours après notre séjour à Rupt-aux-Nonains, nous gagnons la petite ville de Fains, à côté de Bar. Je reçois alors une note de service me disant que, pour la relève prochaine, je ferai provisoirement fonction de médecin du 1er bataillon, parce que le médecin titulaire n'est pas encore rentré. Ça m'ennuie un peu de quitter les camarades, mais, enfin, j'ai l'espoir de les retrouver bientôt. Je dis au revoir à Parades, à Bitsch, à Serane et aux autres… tous mes compagnons de la première heure. Et je prends contact avec la nouvelle équipe.

Mon infirmier s'appelle Fouet, un gars très sérieux, de gauche, au demeurant très bon patriote. Le caporal brancardier Cousin, coiffeur à Montmartre. Enfin le brancardier Francis Vannier, un gars de la Mayenne, tête de cochon, mais bon gars.

Au bout de quatorze jours de repos, le 8 avril au matin, nous remontons dans les camions.

Au café de l'Absurde

Cumières. Avril 1916

8 avril 1916 au soir. Quand nous atteignons Cumières, il fait déjà nuit depuis longtemps. Mais, un peu plus tôt, j'ai eu le temps de reconnaître les bois Bourrus, forêt de haute futaie qui descend en pente douce, en face du Mort-Homme.

L'endroit a été aménagé par notre armée en un véritable parc d'artillerie composé surtout de grosses pièces. Admirablement camouflées, celles-ci sont enterrées, invisibles, lorsqu'elles ne tirent plus. Cette position formidable permet de battre tous les terrains situés au nord, la cote 304 et le Mort-Homme, mais aussi tous ceux de la rive droite de la Meuse, qu'elle prend de flanc. Tous les ravins du côté ouest de Froideterre et de Douaumont sont sous le coup des canons des bois Bourrus.

À Cumières, le commandant Sauget me dit :

— Un homme de liaison va vous emmener au poste de secours central, qui se trouve à la gare de Cumières. Moi, je reste ici, au PC de Cumières.

Ce nouveau commandant est un homme grand de taille, mais bas de plafond. Il manque de sang-froid, d'esprit de décision et aussi de franchise. Où est donc ce cher commandant Boulet-Desbareau ?

Il fait nuit noire, mais, grâce aux fusées éclairantes qui s'élèvent au-dessus du Mort-Homme et du bois des Corbeaux, on voit très bien. D'un côté, une masse arrondie, constituée par les abris de la barre de Cumières. Et, de l'autre, une forme rectangulaire, ressemblant à une maison sectionnée à la hauteur du premier étage. C'est tout ce qui reste du café de la gare, et c'est le poste de secours ! On le voit comme le nez au milieu du visage parce qu'il se trouve juste au milieu d'un terrain plat qui réunit Cumières au bord de la Meuse, toute proche. Je me dis qu'il faut être fou pour avoir désigné cet endroit comme poste de secours, parce que, dans la journée, aucun blessé ne pourra y aller…

Nous y entrons par le côté, le long d'une espèce de petit escalier, jusqu'à un trou qu'on a fait dans les fondations. En remontant un autre escalier, nous soulevons une trappe, et nous nous retrouvons dans la salle du bistrot éclairée par deux lampes acétylène et des bougies. On distingue au premier plan un billard. Un peu plus loin, une section d'infanterie, quelques infirmiers, Émile de Parades et Colson[1].

— Nous sommes très bien, là, me dit Colson, ironique. Rien à craindre… Pour nous protéger la tête, nous avons du plâtre et le plancher de l'ancien premier étage. Un petit 77, et nous sommes tous bousillés ! Mais les Boches ne tirent pas sur nous. Peut-être qu'ils pensent que personne ne serait assez bête pour établir un poste de secours à cet endroit-là ! D'ailleurs, je n'ai pas vu passer dix blessés en tout. Les autres ont dû

1. Comme Louis Maufrais est médecin du 1er bataillon et Émile de Parades est celui du 2e bataillon, les deux hommes vont souvent se croiser pendant les relèves.

s'égailler je ne sais où, parce que le canon tonne jour et nuit, et on entend d'ici le bruit des fusils-mitrailleurs.

Sur le mur du café de la gare sont affichés des publicités pour la bière, le tarif des consommations, les lois contre l'ivresse, une table de café… On croit rêver.

Après trois jours passés à attendre l'obus qui nous enverra tous de l'autre côté, nous sommes relevés. Et je m'en vais trouver le commandant Sauget, pour une nouvelle affectation. Celle-ci n'est pas meilleure que la précédente ; je me retrouve dans une cave voûtée, dont le plafond laisse passer l'eau goutte à goutte. On nous explique qu'une pompe aux trois quarts démolie se trouve au-dessus de nos têtes. Cette cave fait partie du prétendu château de Cumières qui, en réalité, est une fromagerie.

Il y a là une paillasse qui sent le moisi à en tomber à la renverse. On se met en devoir de la balancer dans une anfractuosité de mur. Nous sommes en fait dans une enfilade de cinq caves. Dans la première il y a les vivres, dans la deuxième des caisses de pétards, des bandes de mitrailleuses et des caisses de cartouches. Puis la liaison du commandant, avec, à sa tête, l'adjudant-major. Adjudant-chef dans l'active et maître d'armes, celui-ci juge bon de se mettre en pantalon blanc. Ce qui ne porte pas à conséquence puisqu'il ne sort guère – il n'aime pas ça. À tel point qu'il a disposé à sa porte quelques douilles de gros obus pour pisser dedans, ce qui lui évite tout déplacement. La cave suivante est celle du commandant et de son ordonnance. Enfin, au-delà, une dernière cave abrite une demi-section d'hommes.

13 avril. Après une nuit calme, la matinée débute avec un bombardement allemand effroyable. Surtout de gros obus, au moins des 210, qui font un bruit formi-

dable, prolongé par celui de l'écroulement des murs et des maisons. On a l'impression que tout ce qui est en superstructure au-dessus de nous est tombé. Tout d'un coup, le bombardement est remplacé par le tac-tac-tac des mitrailleuses. J'entends crier :

— V'là les Boches !

Les blessés arrivent. En moins d'un quart d'heure, on m'en amène dix, dont trois sont déjà morts. Parmi eux, j'aperçois quelques Allemands et, du coup, je mets mon brassard et mon casque. Au bout d'une demi-heure, j'ai du sang jusqu'au coude et jusqu'aux genoux. Il y a par terre de véritables flaques. Je suis dépassé. Quand j'ai pansé un blessé, deux autres sont déjà arrivés.

En fin de matinée, le bombardement reprend, et l'on voit à nouveau les Allemands descendre en colonnes par huit. Tout recommence. Le commandant fait donner l'alerte et mettre les caves en état de défense. Il sort, son revolver à la main, et menace de jeunes bleus qui veulent faire demi-tour. Ah mais, c'est qu'on devient nerveux[1] !

Cette seconde attaque, cependant, ne semble pas avoir plus de succès que la première. Enfin, à la tombée du jour, tout est à peu près terminé.

---

1. Extrait du *Journal de marches et d'opérations* du 94ᵉ pour le 10 avril 1916 à Cumières « […] L'attaque fut particulièrement violente […], la plus violente manifestation du point de jonction avec le bataillon Sauget jusqu'au boyau du Verger, les tranchées étaient bouleversées, le réseau détruit […] à 22 heures, les Allemands occupent la tranchée depuis le boyau du Verger jusqu'au chemin de Cumières. Lutte à la grenade pour reprendre les éléments de tranchées dans lesquels l'ennemi avait réussi à prendre pied. On manque d'éléments mais on peut évaluer dans le 1ᵉʳ bataillon la perte de cent hommes et un officier tué. » Cote 26 N 670. 94ᵉ RI. Service historique de l'armée de terre, Vincennes.

Le lendemain, nous en avons confirmation : les Allemands descendus du bois des Corbeaux et du flanc est du Mort-Homme ont essayé de prendre Cumières, mais toutes leurs attaques ont été repoussées. Moi, je n'avais rien vu. Ma seule ouverture sur l'extérieur était un petit soupirail de dix centimètres de haut sur vingt-cinq de large.

Le bombardement reprend, et un obus vient éclater devant une des caves, mettant le feu à la réserve de cartouches. Il faut déménager, mais on nous prévient :

— Il paraît que les Allemands se sont regroupés à cent cinquante mètres.

Immédiatement, l'adjudant prend une fusée blanche pour demander le renfort de l'artillerie. Mais cet animal la dirige mal, et la fusée va mettre le feu dans des charpentes, au-dessus de nous ! Flammes, fumée, ce qui nous vaut une nouvelle avalanche d'obus allemands. Finalement, l'adjudant a un geste magnifique : il grimpe sur un mur, se fait passer ses pots pleins de pisse et les vide sur le foyer de l'incendie.

Les trois jours suivants sont calmes. Relativement : des obus incendiaires ont mis le feu dans une baraque de l'autre côté de la rue, où l'on a abrité trois caisses de cinq cents pétards. Ils font en explosant un bruit et des dégâts considérables. Il nous faut évacuer toutes les caves en vitesse pour n'y revenir que le soir. Enfin, la prise de Cumières ayant échoué, les Allemands portent leur effort ailleurs. Nous entendons dire que des éléments de la 42e division sont déjà partis, entre autres le 16e bataillon de chasseurs. J'apprends que le vœu de Raulic a été exaucé : il a été blessé. Depuis, on est sans nouvelles de lui[1].

1. Blessé à Cumières le 11 avril 1916, Raulic sera tué près de la tranchée de Salomé dans un bombardement de nuit le 28 août 1917.

La nuit suivante, nous sommes relevés. Après avoir traversé la rivière de la Claire, nous gagnons rapidement les bois Bourrus, d'où les grosses pièces françaises n'arrêtent pas de tirer. Tout d'un coup, l'une d'elles part à quelques mètres de nous, et l'on voit l'énorme tube émerger entre les arbres, crachant une flamme formidable sur une longueur de un mètre cinquante. Sous la poussée du souffle, les feuilles et les branches arrachées s'envolent en brûlant tout autour de nous. Nous en serons quittes pour rester sourds jusqu'au lendemain midi.

19 avril, village de Fains, près de Bar-le-Duc. Quand j'arrive au poste de secours, un homme s'approche de moi et me tend la main :

— Médecin capitaine Chênelot, votre médecin chef.

Je sais que Chenelôt est de l'active et huguenot. Il a fait sa carrière dans le bled sud-marocain et sud-oranais, me confie-t-il. Pour lui, la belle vie, c'est d'être à dos de chameau, en caravane, pieds nus sur le cou de la bête. Son teint basané, ses moustaches tombantes et ses propos fatalistes émaillés d'*inch Allah* le feraient facilement prendre pour un Arabe. Étrange phénomène de mimétisme.

Chênelot a été l'un des médecins les plus dévoués et discrets que j'ai connus. Une anecdote, entre autres : un jour où j'avais été désigné pour une mission dangereuse, plutôt que de me faire parvenir l'ordre, il a exécuté la mission à ma place. Sans me le dire. Je l'ai su par d'autres, quelques années plus tard. Après la guerre, il sera nommé inspecteur des services de santé des troupes d'Afrique du Nord.

Le docteur Chênelot est venu spécialement, me dit-il, pour m'annoncer que j'étais nommé médecin du 1er bataillon, médecin aide-major de 2e classe, et officier[1] ! Ce qui m'intéresse, je dois le dire, c'est la solde, en particulier l'indemnité d'équipement et de harnachement, qui est d'un montant de cinq cents francs destinés à l'achat d'une selle – je me débrouillerai pour en trouver sans avoir à l'acheter.

Je présente mon personnel au médecin chef, et nous nous quittons car il doit rejoindre le colonel pour visiter les autres bataillons.

Je vois alors arriver un inconnu qui m'annonce :

— Monsieur le major, je suis l'ordonnance de votre cheval. Je viens vous demander s'il faut vous le seller pour demain matin.

Interloqué, j'hésite et je lui réponds :

— Eh bien oui, si vous voulez, après la visite.

Il me demande alors s'il y a longtemps que je n'ai pas monté.

— Allons ! lui dis-je, l'air de penser : « Comment ose-t-il ? »

Le lendemain matin, à la visite, je vois arriver un civil.

— Je suis forestier pas loin d'ici, m'explique-t-il, est-ce que vous ne pourriez pas voir ma femme, qui a une hémorragie ?

C'est l'occasion de mettre à l'épreuve mes dons cachés de cavalier. Je lui promets de passer le voir quand la visite sera finie.

Mon ordonnance arrive à l'heure dite, tenant la bête par la bride, une jument baie, gentille.

— Il paraît qu'elle a couru, dans le temps, m'annonce-t-il, aimable.

En connaisseur, je lui tâte les paturons, les boulets.

---

1. Louis Maufrais est en effet nommé médecin-major 2e classe à titre définitif, mais il n'a pas encore reçu la notification écrite.

— Eh oui, dit-il, évidemment, elle n'est pas toute jeune. Mais, enfin, elle est assez douce. Elle s'appelle Mirette.

Dans les trousses de la selle, je mets des pansements, un bock avec une canule, et de quoi faire une piqûre. Et nous partons au pas. Au bout d'un moment, je prends un chemin forestier. Et voilà que la bête se met au trot. C'est une expérience ! Secoué dans tous les sens, je perds un étrier. Puis l'autre. Sentant les étriers lui taper dans le ventre, la jument prend le galop, oui, je dis bien le galop. Et je vois arriver sur moi les branches basses des arbres, je cramponne mes genoux et je me cache la tête derrière l'encolure. Ça excite Mirette encore plus. La voilà partie à fond de train et je n'en mène pas large. J'ai beau tirer sur la bride, rien n'y fait. Enfin, dans une clairière, je vois mon forestier barrer la route à l'animal en criant « ho, ho ». Je suis sauvé.

Ainsi se termine ma première leçon d'équitation, et ma rencontre avec Mirette. Au fond, je ne montais pas si mal, puisque ni elle ni les autres ne m'ont jamais débarqué[1].

Ma petite chambre au bout du village me plaisait beaucoup. À quelques mètres de ma fenêtre, je me trouvais sur la mousse d'un sous-bois délicieux où poussait du muguet. La nuit, j'entendais le rossignol. Le printemps ne chantait pas, il gueulait ! Je me rendais souvent au café Boer, également boulangerie, permanence et annexe du poste de commandement et un peu

1. Il est à noter que deux médecins de bataillon, Wirt et Boderosse, se sont blessés en tombant de cheval. L'équitation semble ne pas avoir été le fort du corps médical…

aussi poste de secours. C'était le centre vital du pays. On y signait même les états et on y remettait les feuilles d'appel.

Je fis bientôt la connaissance des figures locales : la grosse patronne, la mère Boer, ses deux filles, la Marie et la Suzanne, la tante Collet qui était la bouchère ; la Marcelle, une gosse de huit ans. Je constatai que les Meusiennes avaient des gros membres et une grande gueule, mais qu'elles étaient bonnes filles. Sur tout ce petit monde régnait le capitaine Remy, un ancien du régiment mais récemment revenu, capitaine adjoint du commandant Sauget. Un garçon assez avantageux, qui ne se prenait pas pour le premier venu. En fait, les agréments de Fains furent vite épuisés. D'autant que l'asile des fous du département, installé à la sortie de Fains, donnait une allure un peu particulière à l'endroit.

Un après-midi, un camarade du bataillon me dit :

— Tiens, si tu veux, on va aller faire un tour à Bar.

Il connaissait bien la ville pour y avoir fait son service militaire.

Les rues étaient remplies de simples soldats vêtus comme des officiers, et de beaucoup d'officiers. L'atmosphère me paraissait très congestionnée, et cela ne me plaisait pas. Il commença par m'emmener voir une petite place sur laquelle s'élevait la statue d'un bonhomme tenant en main une roue de bicyclette. Sur le piédestal, on pouvait lire : « À l'inventeur de la pédale. »

Un peu plus loin, mon guide me lança :

— Tiens, je vais te montrer la maison la plus célèbre de Bar.

Et il me fit prendre des petites rues très raides, montant vers la ville haute. À l'entrée de l'une d'elles, il me montra une maison qui, forte d'un étage de plus que les autres, dominait le quartier.

— Tu vois, nous sommes en plein pays de Courteline.

— Justement je pensais aux *Gaietés de l'escadron*, depuis cinq minutes…

En approchant, je constatai que les volets étaient fermés. La porte d'entrée, cintrée, avec de grosses têtes de clous en fer forgé, était agrémentée d'un marteau et d'un judas grillagé. Devant s'étirait une queue d'au moins vingt mètres de pauvres types debout sous une pluie fine. On entendait des grognements de temps en temps :

— Qu'est-ce qu'ils foutent, là-dedans, ils peuvent pas s'dépêcher un peu, voyons !

À un moment, la porte s'entrouvrit, et une petite tête de femme ébouriffée et grisonnante leur cria :

— Un peu de patience, mes p'tits amis, votre tour va venir, et elle referma la porte.

Les grognements reprirent.

— Si c'est pas malheureux de faire poireauter des gars comme nous dehors, sous la flotte. Ils pourraient bien nous faire rentrer au sec tout de même.

— Voilà une heure que je suis là, dit l'un.

— Moi, dit un autre, hier, j'ai attendu trois quarts d'heure et j'en ai eu marre. J'ai tout plaqué.

C'est alors que trois ou quatre gosses surgirent de nulle part et clamèrent :

— Dites donc, y en a qui sont passés par-derrière. Voulez-vous qu'on vous montre ?

Ça me faisait du mal de voir ces pauvres types chercher l'oubli de la sorte, en se disant que, d'ici deux ou trois semaines, ils risquaient fort de ne plus être de ce monde. « Amour, amour, quand tu nous tiens », dit le poète.

Cela faisait déjà dix jours que nous étions à Fains, et il était très rare que les temps de repos dépassent le quinzième jour. Aussi les derniers jours furent très ternes. Le roulement de canon qui nous réveillait par bouffées nous disait suffisamment ce qui nous attendait : le Mort-Homme.

Comme un volcan

Mort-Homme. Mai 1916

Dans les journaux, on ne parlait plus du tout de la rive droite de la Meuse. C'était le Mort-Homme, et toujours le Mort-Homme qui faisait l'actualité.

Ce nom désignait une colline tronquée dont le sommet n'avait pas un kilomètre de large pour une altitude de 295 mètres. Elle se détachait des autres collines situées à l'ouest, en particulier de la cote 304, et dominait à pic la vallée de la Meuse. C'était un magnifique promontoire, plongeant sur toutes les positions de la rive droite, tant allemandes que françaises, au-delà de la côte du Poivre jusqu'au sud de Froideterre, y compris le fort de Douaumont. Ce qui expliquait les combats acharnés dont il était l'objet. Nous l'avions déjà perdu, repris, et reperdu.

En réalité, le sommet du Mort-Homme était double. Il y avait sur l'avant la cote 295 et, en retrait, une barre arrondie de 265 mètres que nous possédions toujours, et que les Allemands voulaient nous prendre coûte que coûte. Et à l'est du Mort-Homme, sur le côté droit, il y avait le bois des Corbeaux, qui dominait de plus de quatre-vingts mètres le petit pays de Chattancourt qu'on apercevait au fond de la vallée.

8 mai, six heures du matin. Les camions se rangent dans la grande rue de Fains. On nous dit :

— Vous embarquerez à sept heures.

À sept heures trente passées, toujours rien. Des camarades en profitent pour se précipiter dans les boutiques, dépenser jusqu'à leur dernier sou en disant que ça porte bonheur. Les uns reviennent avec des

1916, Verdun. Des territoriaux indochinois, ici photographiés par Louis Maufrais, entretiennent la Voie sacrée reliant Bar à Verdun : « Ils lançaient une pelletée de gravillons sous les roues de chaque camion. À cette époque où les routes n'étaient pas goudronnées, le terrain s'usait vite avec des convois pareils, roulant nuit et jour. » Entre le 6 et le 7 mars 1916, 190 000 hommes et 23 000 tonnes de munitions seront acheminés vers le front.

bonbons, les autres avec du pain blanc. Finalement à huit heures, la colonne s'ébranle, et nous prenons la route que j'avais vue depuis une hauteur, le jour de ma première arrivée à Verdun[1]. Nous traversons des villages, Érize-la-Brûlée, Érize-la-Grande, des plateaux dont les combes dégagées nous permettent de voir les convois montant vers Verdun. Tous ces camions séparés les uns des autres d'environ vingt mètres montent à vitesse régulière comme mus par un mécanisme d'horlogerie. Ils montent de la viande fraîche et croisent de temps en temps les convois qui descendent la viande abîmée.

De part et d'autre de la route, des territoriaux, des Indochinois lancent une pelletée de gravillons sous les roues de chaque camion. Dans ce temps-là, non goudronnées, les routes s'usaient vite, avec de pareils convois roulant nuit et jour.

À Souilly, nous passons devant le PC du général Pétain. Il est d'usage, parmi les poilus, de pousser quelques cris en passant par là. Cette fois, ce sera des cris de veaux. À Nixeville, on nous débarque. L'attente pour le Mort-Homme commence… Nous l'entendons toute la journée gronder comme un volcan. Et, mon Dieu, j'en ai un peu peur. J'ai appris la veille que Fargeau, un médecin que je connaissais très bien, médecin au 162e a été tué dans son poste de secours sur le Mort-Homme par un obus à retardement.

17 mai, veillée d'armes. Nous avons un cafard encore plus noir que d'habitude. Je laisse de côté le livre que je suis en train de lire : *Les Vrilles de la vigne*, de Colette. Quoique délicieusement écrit, il n'est pas en harmonie avec les pensées qui m'assaillent. Je pars

---

1. C'est ce qu'on appellera la Voie sacrée.

m'asseoir dans le bois. La nuit n'était pas encore tout à fait tombée ; il restait à l'horizon une traînée lumineuse. J'entends dans les arbres des ramiers se battre et chanter, le chant du rossignol et, au nord, le grondement continu du canon. Il fait bon, l'air est doux et reposant. J'écoute les gros obus partir chez les Allemands. C'est une soirée mélancolique, remplie de souvenirs.

18 mai. On nous prévient que nous partirons en fin d'après-midi. Le matin, au cours de ma visite, j'envoie à l'infirmerie une dizaine d'hommes – tous bien contents. Peu après, je vois arriver un nouveau. Grand, voûté, le teint blême, les yeux à fleur de tête, le sourire inexpressif. Le médecin auxiliaire Mougeolle. Il est de Nancy, de bonne famille, très bien élevé. Il m'annonce qu'il n'a encore jamais été dans la troupe. Je compatis :

— Je suis désolé qu'on vous ait mis ici, pour vos débuts. Vous allez passer de mauvaises journées, probablement. Enfin, comptez sur nous, nous ferons de notre mieux pour vous aider à surmonter ça.

Il me répond qu'il sait ce qui l'attend, et qu'il a du sang-froid – une affirmation accompagnée d'une drôle de mimique, comme un sourire élargi. C'est Mougeolle. La moue de M. Geolle, comme dit ce brave Grosbuis.

Seize heures. On s'équipe, on se harnache, on se bourre de ballots. J'en suis couvert, mais je ne suis pas à plaindre à côté des camarades qui ont les poches et les cartouchières remplies de cartouches. Ce qui est pénible, c'est la chaleur épouvantable, qui tourne à l'orage. Et, bientôt, il tombe des cordes ! Nous sommes transpercés jusqu'aux os. Je sens des filets d'eau me descendre dans le dos jusque dans mes caleçons et mes souliers. Notre capote alourdit encore notre chargement. Il ne manquait plus que ça ! Enfin, l'orage cesse à la sortie des bois Bourrus. Arrivés à notre lieu de rendez-vous, nous marquons une pause – il ne fait pas encore assez nuit pour grimper.

Une demi-heure plus tard, nous commençons l'ascension, conduits par un agent de liaison. Je dis bien ascension, car il y a soixante-quinze mètres de dénivelé. À mi-chemin, pause de dix minutes, et nous remettons ça. Enfin, nous apercevons une petite tache noire un peu plus nette que les autres – l'entrée du poste de secours. Elle est précédée d'un petit boyau si peu creusé qu'il faut se mettre à quatre pattes pour être à l'abri. Sur le seuil, je vois Hurel et cinq hommes derrière lui, accroupis, les musettes sur les genoux, prêts à partir.

— Je t'attendais, me crie-t-il. Tu sais ici, c'est simple : ou c'est du 150 ou c'est du 210. Aujourd'hui, ils ont aussi envoyé quelques *minen* pour faire des réglages. Cet endroit est très mal placé. Nous sommes coupés des tranchées. Il est sur la gauche et sur l'arrière. Or la plupart des blessés se dirigent vers la droite et ne passent pas chez nous.

— C'est ça, le poste ?

— De gros rondins calés avec des sacs de terre. Il y a un commencement de sable, dans le fond, un mètre cinquante tout compris. Un 77 pourrait l'ébouler. Là-dessus, mon vieux copain, je te souhaite bonne chance. Un de ces jours, tu me raconteras la suite.

Et ils détalent tous comme des lapins, tête en avant. À nous six, nous encombrons le poste à tel point qu'on ne peut même pas se retourner. Je conseille à ceux qui le désirent, de casser la croûte et de dormir. C'est la première chose à faire. Mais dès le petit jour, il faudra réagir.

Chacun a sa mission. Moi, je vais repérer les environs et tâcher d'aménager deux ou trois nids pour y loger les blessés. Un autre part se mettre en liaison avec le poste de commandement, qui doit être, m'a-t-on dit, à peut-être quarante ou cinquante mètres d'ici sur la droite. Il faut à tout prix être de retour avant dix-huit heures.

Deux hommes reviennent du PC avec une vingtaine de sacs de terre, ce qui nous permet d'aménager un trou plus profond que les autres, adossé à un début de sape d'un mètre de hauteur. Juste de quoi se protéger des projectiles arrivant par la tangente. Pour ceux qui tombent verticalement, évidemment, ça ne sert à rien. Je repère en contrebas un abri qui pourra nous être utile. Cela nous en fait trois au total. Après nos travaux d'aménagement, nous décidons d'essayer de dormir.

Une explosion formidable nous réveille. Le poste de secours sursaute. Nous avons reçu un coup dans les reins qui nous meurtrit de partout. Immédiatement, des blocs de terre tombent tout autour de nous. Il est dix-huit heures, et l'orage commence. Les Boches sont méthodiques et ponctuels. Au début, la cadence est rapide, à peu près quatre coups à la minute. Mais, dès dix-neuf heures, ça a plus que doublé. Il faut compter une explosion toutes les cinq à dix secondes. Ça tombe surtout sur la 1re compagnie, qui est devant nous, mais aussi sur la 2e.

On commence à voir arriver, courant ou rampant, des quantités de blessés légers qui geignent et qui crient. On ne sait pas où les mettre. Ils sont furieux de ne pas être abrités. Je leur conseille de descendre s'ils peuvent marcher. Quant aux autres, ils restent avec nous. Peu après arrivent les blessés graves.

En moins d'une demi-heure, nous en avons une dizaine autour de nous. J'ai un pauvre gars avec une fracture du crâne et perte de substance : dans le coma. Un autre a un bras arraché, resté dans sa capote. Il est moribond. Le troisième est lui aussi mourant. On ne le fait même pas entrer dans l'abri. Dix minutes plus tard, il a passé.

On ne sait plus où les mettre, ces malheureux. Nos trois abris sont rapidement remplis, et la pente est très raide. Il faut caler les corps avec des pierres pour qu'ils ne roulent pas. C'est abominable. Et tout cela au milieu de la poussière et de la fumée. On ne s'entend pas. Nous courons de l'un à l'autre, courbés en deux, presque au ras du sol.

Vingt et une heures. Explosion suivie d'un *minen* qu'on entend à peine, et qui vient éclater entre notre poste de secours et notre premier abri. Il fait voler en l'air Payel, un de nos brancardiers, qui retombe et reste à terre, complètement sonné. Résultat, nous sommes coupés de notre premier nid de blessés. Une demi-heure après, un obus énorme explose derrière nous et envoie des blocs de terre contre notre porte. Un infirmier est plaqué contre la paroi, avec trois côtes enfoncées. Notre abri est presque entièrement bouché. On peut à peine y pénétrer. Si cela continue, nous allons être enfouis avant peu. On travaille donc à dégager l'entrée. À partir de onze heures, le gros du pilonnage se déplace vers la droite.

Le lendemain est plus calme. Les blessés qui arrivent face à nous nous disent que, dans la 1re compagnie, l'effectif a fondu de moitié. Le pilonnage a causé l'éboulement des tranchées sur une bonne longueur, et une douzaine d'hommes sont enfouis sous deux mètres de terre. Le lieutenant Judas et le lieutenant Fabre ont été tués, ainsi que deux sous-officiers. C'est la même proportion à peu près partout. Enfin, le tir de pilonnage s'arrête complètement. Les Allemands n'ont toujours pas attaqué ; ce sera donc probablement pour le lendemain.

Nous n'avons rien pris depuis le matin, mais nous n'avons pas très faim. Nous buvons surtout, car nous avons la gorge en feu, et les yeux qui nous brûlent à cause de la fumée, de la poussière et des gaz de déflagration. Malheureusement, nous n'avons presque plus d'eau. Nous en avons beaucoup donné aux blessés. Je fais passer par Vannier un petit papier au commandant pour lui demander s'il est possible qu'une corvée nous apporte de l'eau et des sacs de terre pour consolider notre porte, qui penche de côté et menace à chaque instant de tomber sur nous.

Dans la soirée, je vais voir le commandant moi-même. Je lui fais remarquer que la voie la plus pratique et la plus sûre pour évacuer les blessés est de les descendre vers la droite, alors que je me trouve à l'extrême gauche, à l'endroit le plus excentré. Et je lui demande s'il est possible d'aménager rapidement un poste de secours à peu près à son niveau. Le commandant me répond :

— J'ai reçu l'ordre d'être dans ce poste de commandement, et je m'y trouve bien, moi. Eh bien, vous, vous avez reçu l'ordre de vous trouver dans le poste qui est un peu plus loin, et vous n'avez qu'à y rester. Quand les hommes sauront que vous êtes là, ils y viendront.

Je lui réponds :

— Bien, mon commandant.

Et je le quitte.

Je décide donc d'aménager avec les sacs de terre qu'on va m'apporter le dernier poste de blessés, que j'ai repéré en contrebas. Tout le monde se met au travail, et la nuit venue, eh bien mon Dieu, ce n'est pas brillant, mais enfin, ça a l'air de quelque chose. Il nous faut maintenant descendre les blessés, et ce n'est pas une petite affaire, d'autant moins que les nuits sont très courtes, en cette saison.

Nos brancardiers, quoique esquintés, trouvent la force de faire deux fois le trajet, pour monter les blessés et redescendre en chercher d'autres. Quant aux brancardiers bénévoles qui, avec des toiles de tente et un bâton, sont chargés de redescendre les blessés une fois diagnostiqués et pansés, ils oublient souvent de remonter. Ça arrivait fréquemment, dans ces circonstances.

À six heures du matin, les infirmiers ont fait chacun une patrouille aux environs des anciens postes de secours et ont ainsi pu ramener quelques blessés légers égarés que nous faisons vite filer vers le bas avant l'heure fatidique. Qui ne tarde pas : à huit heures, j'ai l'impression qu'il est déjà tombé dans nos parages au moins six *minen*.

Est-ce que leur portée s'est allongée ? C'est la question qui nous agite. Nous tombons d'accord : la zone où nous étions hier, dans l'ancien poste, est en plein dessous. Autrement dit, si nous y étions restés, nous serions à cette heure rayés de la liste des vivants.

Nous sommes tous sourds. J'ai mis du coton dans mes oreilles, mais ça ne sert pas à grand-chose. Nous sommes blancs de poussière, tristes pierrots. Et surtout, nous sommes morts de soif. Nous avons liquidé notre reste de jus dès le début de la matinée. Il nous reste de la gnôle et un peu d'eau, qu'on nous a donnée en quantité ridicule. Nous nous passons le bidon à tour de rôle, ne prenant qu'une lampée chacun.

Je me rends compte que Mougeolle, placé en face de moi, sort à chaque instant une petite gourde d'eau-de-vie qu'il a dans sa poche. Je le préviens : il faut y aller doucement, parce qu'il aura besoin bientôt de toute sa présence d'esprit. Il ne réagit pas, sans doute bien décidé à vider sa réserve.

Tout à coup, un gros bloc de terre tombe sur la tôle ondulée que nous avons ramenée du poste, hier. Ce bruit de cymbale lève Mougeolle sur ses pieds, hagard. Il se met à hurler : il en a plein le dos, il veut foutre le camp, etc. Nous nous précipitons et nous le renversons à terre ; il faut se mettre à cheval sur lui pour réussir à le maintenir et le ficeler à des montants de brancards pour pouvoir lui faire une piqûre de morphine – c'est tout ce que j'ai. Une demi-heure après, il est profondément endormi.

Vers onze heures, le bombardement prend une cadence extraordinaire. On n'arrive pas à distinguer ni compter les coups. Au moins vingt fois par minute, il tombe un projectile dans un rayon de cent mètres autour de nous. Ça martèle la tête, et tout notre système nerveux en est ébranlé. Je vois mes gars peu à peu perdre connaissance. Devant moi, Vannier me regarde avec des yeux ronds sans me voir. À côté de lui, un infirmier dort déjà, et j'ai contre moi la tête de Cousin, qui pèse lourd. Je suis certain qu'il dort aussi. Et moi, ça commence à me prendre. Je secoue mon voisin :

— Dis donc, on dirait que les Boches allongent leurs tirs, et il me semble par moments entendre des balles.

Mais il ne réagit plus. Pourtant, c'est vrai. Non seulement les Allemands allongent leurs tirs, mais un tapis d'obus passe au-dessus de notre tête, sans doute venu des bois Bourrus, pour aller se déverser sur les tranchées allemandes. Cela veut dire que l'attaque a commencé, les Allemands sont sortis des tranchées.

Il y a de quoi devenir complètement fou. Ce n'est pas que nous gesticulons, au contraire. Nous avons les nerfs cassés, comme des pantins. Cela fait six heures consécutives que nous sommes soumis aux chocs, aux gaz de combat et aux vibrations continues. Tous, nous avons tourné de l'œil.

Le sommet du Mort-Homme qui n'a pas un kilomètre de large, je l'apprendrais par la suite, a reçu trois projectiles par seconde pendant au moins une heure et demie. Le plus extraordinaire, c'est qu'il s'est trouvé des mitrailleurs français survivants pour barrer la route aux Allemands, surtout arrêtés, il faut bien le dire, par l'artillerie française.

Enfin au bout d'un moment dont je ne peux pas évaluer la durée, je refais surface. La conscience me revient. Je veux ouvrir les yeux mais mes paupières sont tellement remplies de sable et de poussière que je mets un moment rien qu'à les soulever. Je me trouve couvert de cinq à dix centimètres de poussière par endroits. Tous mes camarades sont comme moi, sous la poussière. Leurs silhouettes sont floues, à peine visibles.

Je remarque que le soleil est déjà bas. Et, surtout, il règne un silence extraordinaire. Je me demande si je rêve. Je regarde ma montre : il est six heures du soir. Je réveille Cousin :

— Dis donc, il est six heures du soir !

— Non de non, dit Cousin.

Alors, il se met debout, et je réveille le reste de la troupe.

Cousin et moi, jetons un œil par-dessus notre petit parapet. On n'y voit goutte. On remarque un gars, par-ci, par-là, sans arme. Alors, nous sortons le haut du corps, à plat ventre. Comme les autres, dehors, sont debout, finalement, nous nous redressons. Alors nous voyons quelque chose d'extraordinaire. D'abord, à vingt centimètres du bord de notre petit abri, nous voyons un *minen* intact. Il n'a pas explosé. Cela tient du miracle. Plus loin, il y a au moins une douzaine de trous de *minen*, tous à peu près de trente mètres de large sur notre nord.

Alors nous nous avançons. Nous trouvons des gars qui cherchent on ne sait quoi, l'air hagard. Il y en a qui titubent. Un peu plus loin, qu'est-ce que je vois ? Des Allemands. Je dis à Cousin :

— Ça y est, mon vieux, nous sommes prisonniers.

— Oh, me répond-il, ce n'est pas possible, les Allemands n'ont pas d'armes.

Eh bien oui. Aucun d'eux n'est équipé, pas plus les Allemands que les Français. Les hommes se croisent, ils ne se parlent pas. Tous, ils sont brisés. Plus bons à rien. Dégoûtés de tout. De la guerre en particulier. Les Allemands comme les Français, ils sont à chercher quelque chose, des blessés, des morts, ou rien.

Ce qui s'est passé, c'est que, finalement, les Allemands ont pris la crête du Mort-Homme, mais ils n'ont pas pu en partir. Lorsqu'ils ont essayé de descendre en direction de Chattancourt, notre artillerie les a cloués sur place.

Je me dirige vers le PC du commandant Sauget, mais, arrivé là-bas, je ne trouve personne. Ils sont partis. Tout le monde a déménagé. Ils auraient tout de même pu nous faire signe, ces salauds-là. Je remonte vers les tranchées. Tout est bouleversé. Les quelques hommes qui sont restés sont muets, hébétés.

— Il paraît que nous sommes relevés, dit l'un.

— Ils peuvent toujours nous relever, dit l'autre, il n'y a presque plus personne.

Un peu plus loin, j'aperçois deux hommes, dont un officier de mon bataillon.

— Mais qu'est-ce que vous faites par là ? me demande-t-il. Nous sommes tous relevés. Je suis juste revenu avec un camarade du 150e, qui nous relève, pour lui montrer les positions.

On déficelle Mougeolle, on le secoue, on lui donne des claques. Enfin, il revient un peu à lui et, tout en titubant, il s'équipe. Il commence à faire nuit lorsque nous faisons nos préparatifs pour descendre le Mort-Homme.

Rossignol chante

En Lorraine. Mai 1916 - septembre 1916

Une fois harnachés, nous quittons notre trou pour descendre la pente en direction de Chattancourt. La nuit commence. Nous sommes à bout de forces. Cassés, courbaturés de la tête aux pieds, les jambes en coton, la tête en plomb, les yeux et la gorge en feu. Ils sont cinq devant à traîner Mougeolle, et moi je suis derrière, avec Cousin.

Il n'y a pas de chemin, que de grands trous, qu'il faut contourner tout en croisant de petites colonnes du 150e qui montent aux tranchées pour nous relever. On ne se voit pas, on se bouscule. En longeant le bord d'un de ces trous, je perds pied et je dégringole. Je ne vais pas jusqu'au fond parce que je suis arrêté dans ma chute par une de ces grandes tiges épaisses de fer, spiralées comme un tire-bouchon, qui servent à amarrer le fil de fer barbelé. J'essaie de remonter, mais je ne peux pas. La terre fuit sous mes pas, et je suis accroché par cette tige de fer encore tout entortillée de fil de fer barbelé. J'ai l'impression d'être harponné. Enfin, Cousin et deux autres viennent à mon aide, et on me hisse. Me voilà revenu à la surface. Malheureusement, ma capote est en lambeaux, et j'ai une main qui saigne pas mal.

Grâce aux fusées éclairantes, nous commençons à apercevoir les ruines du village.

Au point de rassemblement du 1er bataillon, une des premières personnes que je rencontre est le commandant Sauget. Le contact est sec. Ce n'est pas à lui de me prévenir quand il part, affirme-t-il. Puisque j'ai un agent de liaison, c'est à lui de garder le lien. Certes, mon poste de secours était assez mal placé, mais il n'y est pour rien, c'est au service de santé qu'il faut que je m'adresse…, etc.

Plus tard, pendant que nous mastiquons en silence une boîte de singe et un quart de boule de pain, nous écoutons autour de nous les échos de la bataille, pas toujours concordants, mais suffisants pour se faire une idée. Après trois jours d'un pilonnage insensé, semble-t-il, les Allemands sont passés à l'attaque à midi aujourd'hui. Ils sortaient par petites colonnes lorsqu'ils ont été arrêtés par quelques mitrailleuses françaises qui, par miracle, tiraient encore. Les Allemands, surpris, se sont cachés dans les trous, et leur préparation d'artillerie a recommencé entre la tranchée et nous qui étions distants d'une cinquantaine de mètres, pas davantage. Au bout d'une demi-heure, les Allemands ont passé sans difficulté la première ligne, mais quand ils ont voulu descendre sur le versant sud, donc en notre direction, ils ont été littéralement écrasés par un barrage de tir provenant de nos 75 et de nos 105. Si bien qu'ils ont reflué. Finalement, en fin d'après-midi, ils ne conservaient plus que la crête.

De notre côté, les pertes ont été très sévères, surtout dans la 1re compagnie. Les deux lieutenants Jamot et Judas ont été tués et une douzaine de soldats ont été enfouis d'un seul coup dans l'éboulement de la tranchée, sous une couche de terre de un à deux mètres. Il en reste le tiers, pas plus. Quant aux autres compagnies, elles ont perdu la moitié de leurs effectifs déjà assez maigrelets quand nous étions montés. Je réfléchissais aux événements de la journée. En somme ce qui s'était passé sur le Mort-Homme, c'était un match nul. Les Allemands avaient fait un trou à l'emporte-pièce dans notre système de tranchée, et enfoui les nôtres sous deux mètres de terre. Ils avaient pris la tranchée sans tirer beaucoup, mais avaient été cloués sur place par nos pièces venant des bois Bourrus. Mes réflexions étaient amères. Partout, dans le ravin de la Dame, dans le ravin de la Couleuvre, et dans l'ouvrage de Thiaumont, mon poste de secours avait été placé dans des endroits dont l'accès était impossible de jour, et même de nuit. Et, parmi les cadres de l'armée, il n'était venu à l'idée de personne d'essayer de trouver un moyen pour m'y amener les blessés !

À peine arrivés à Chattancourt, nous devons repartir. Direction Fains. En pleine nuit, notre petite troupe, un peu réconfortée par un petit somme, reprend la piste, y compris Mougeolle[1], encadrée par les hommes des compagnies qui montent vers les bois Bourrus. Quelques kilomètres plus loin, soudain, à vingt mètres sur notre gauche, nous voyons monter entre les arbres un énorme aileron, un tube de canon qui se détache sur le ciel qui commence à rosir. Le coup part, qui nous rend sourds une partie de la matinée. En même temps, un immense jet de flammes sort de la bouche et les flammèches tombent de tous les côtés. On entend encore des remous dans l'air, quand, soudain, un rossignol se met à chanter...

Le lendemain, à Fains, après ma visite médicale, je vois arriver le médecin chef Chênelot.

---

1. Mougeolle ne restera pas longtemps au 94e. Psychologiquement fragile, il se fera muter dans une ambulance.

— Je viens vous confirmer, me dit-il, votre nomination officielle comme officier sous-lieutenant, chef du service médical du 1er bataillon. Il m'annonce que je prendrai mon service le lendemain, à la place du docteur Laugé, définitivement évacué dans la zone de l'intérieur.

J'en profite pour régler avec Chênelot un problème qui commence à me peser. Il m'est parvenu aux oreilles certains bruits sur un supposé mauvais fonctionnement du service de santé au régiment. En particulier, le colonel m'a reproché, paraît-il, de ne pas avoir fait relever les morts de la 1re compagnie enfouis dans la tranchée. J'explique au commandant que notre poste de secours était ridiculement exposé et placé dans un endroit où les blessés ne venaient pas. Coupé de tout, je ne pouvais pas relever ces morts puisque j'ignorais jusqu'à leur existence. De toute façon, il aurait fallu que j'aie dix hommes armés de pelles et de pioches pour remuer une masse de terre pareille en travaillant pendant toute une journée. Sérieusement intoxiqués nous-mêmes, n'ayant reçu aucun ravitaillement depuis trois jours, les nerfs brisés, nous étions incapables de rien. Dans ces circonstances, nous n'étions pas mieux logés que les autres hommes.

Le commandant Chênelot me rassure :

— Ne vous en faites pas. Moi, je sais ce que c'est. J'ai à mon actif quinze ans de vie de médecin de troupe, alors… Le colonel n'aime pas beaucoup le service de santé, je le sais. On peut dire que la campagne de Verdun est terminée, eh bien, sachez qu'elle n'a donné lieu à aucune citation d'un quelconque membre du service médical.

Juin 1916. Une prise d'armes à Bénamesnil, en Lorraine (on voit le drapeau du 94ᵉ RI). Les prises d'armes donnaient généralement lieu à des citations individuelles. Louis Maufrais fut cité trois fois à l'ordre du régiment, une fois à l'ordre de la division et une fois à l'ordre de la brigade. Photo prise par Louis Maufrais.

Je fais alors remarquer au commandant que le fonctionnement du service de santé en ligne ne sera jamais bon tant que la position des postes de secours sera fixée sur le papier par des officiers d'état-major qui ne connaissent pas le terrain. Il faudrait, au moins, qu'ils demandent l'avis de ceux qui sont chargés d'en assurer le service.

Deux jours plus tard, le 7 juin, nous quittions enfin la région de Verdun pour Blénod-lès-Toul, petit pays entouré de vignobles, qui produisait un vin gris, pierre à fusil, dont nous n'avons pas abusé. On célébra un service pour le repos des hommes restés en ligne.

C'est là que je reçus du vaguemestre[1], avec joie, une lettre de mon ami Raulic. Le jour de l'attaque de Cumières, une balle lui avait traversé l'avant-bras – fracture. Il était hospitalisé à Nevers.

J'ai à mon chevet, m'écrivait-il, *des infirmières tellement charmantes qu'elles m'en donnent de la température. Il n'y a pas de jour sans qu'elles m'amènent une de leurs amies pour que, la énième fois, je raconte comment je défendis Cumières à la tête de ma section. Qu'est-ce que tu veux, mon vieux toubib, je ne pouvais tout de même pas leur dire que j'avais reçu ma balle en sortant des chiottes !*

Je n'ai jamais revu Raulic[2].

Après Blénod, terminus à Belleville sur les bords de la Moselle. Nous sommes désormais en réserve de l'armée de Lorraine. Ma bataille de Verdun était terminée. Revenu indemne de l'enfer, j'étais de ceux qui pouvaient se qualifier de veinards.

Trois mois allaient passer, plus paisibles. À Belleville où baigne la Moselle, je retrouve les délices oubliées de la vie d'avant. Mais, dès la fin juillet, nous reprenons la route à travers la Lorraine, jusqu'à Bénaménil. Je resterai un bon mois dans ce cantonnement, en alternance avec une semaine de tranchée. Des secteurs aux abris bien enterrés, situés à un kilomètre des lignes allemandes, où nous occupons notre temps à

1. Militaire chargé de la distribution du courrier aux armées. Son arrivée est essentielle pour le moral des combattants qui attendent les lettres et les colis, constituant leur lien avec l'arrière.
2. Le lieutenant Raulic sera tué dans la tranchée de Salomé pendant un bombardement de nuit le 28 août 1917 à Verdun.

Manœuvres du 94e RI au camp de Lorey, en Lorraine, pour préparer la bataille de la Somme. Photo prise par Louis Maufrais.

chasser les rats, les poux, les souris et les puces. Rien ne nous aura manqué. De retour au cantonnement, pas de répit : le commandant a institué le bridge obligatoire. À peine le temps de prendre notre jus après le déjeuner, que le cuisinier a déjà étendu une couverture de cheval sur la table. Et c'est parti pour taper le carton jusqu'à dix heures du soir. Heureusement qu'on a établi un roulement de partenaires, pour que le commandant nous foute la paix pendant un moment. Le 2 septembre : ordre de descendre vers le sud, jusqu'au camp militaire de Lorey, où mon bataillon va effectuer des manœuvres avec deux bataillons de chasseurs en prévision de la bataille de la Somme.

La bataille de la Somme

Parallèlement à la bataille de Verdun, les forces françaises et britanniques engagèrent la bataille de la Somme (du 1er juillet au 18 novembre 1916) pour tenter de percer les lignes fortifiées allemandes, sur un front de quarante-cinq kilomètres, en Picardie.

Au sud de la Somme, où les lignes allemandes sont moins bien protégées, la zone de bataille se joue sur les grands plateaux de Santerre. En juillet 1916, l'armée française, sous le commandement du général Fayolle, perce les positions allemandes vers le sud-est, mais la vallée marécageuse de la Somme rend difficile l'exploitation du succès. Fayolle tente une nouvelle attaque en septembre. Les Français sont au contact de deux positions parallèles de défense allemande. La première position de défense comprend Frégicourt, la ferme Le Priez, les bois Marrières. La deuxième position, deux kilomètres en arrière, le long de la route nationale, s'appuie sur Rancourt, Bouchavesnes, vers le canal du Nord.

Le 15 septembre 1916, les Alliés ont fait tomber Combles, sur le front allemand. L'armée du général Fayolle a conquis deux positions de défense alle-

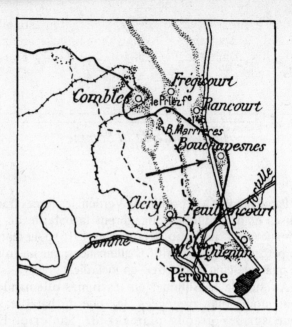

mandes, à la ferme Le Priez, et, un peu plus au sud, à Bouchavesnes. Le 94e RI, qui vient d'arriver, a pour mission de prendre Rancourt et le bois Saint-Pierre-Waast, occupés par les Allemands. C'est dans une sape allemande de la ferme Le Priez, transformée en poste de secours, que Louis Maufrais soignera les premiers blessés lors de l'attaque générale du 25 septembre. Les blessures effroyables qu'il découvre sont la conséquence du déploiement massif de l'artillerie lourde. À la fin de 1916, les Français s'épuiseront devant les positions ennemies du bois Saint-Pierre-Wast, sans parvenir à les prendre. Dans cette lutte terriblement meurtrière, le 94e RI perdra une grande partie de ses effectifs. En novembre, les intempéries de l'automne mettront fin à la bataille de la Somme. On estime à 750 000 le nombre des hommes mis hors de combat dans les armées alliées et 500 000 dans l'armée allemande[1].

M. V.

___

1. Chiffres cités dans *L'Inventaire de la Grande Guerre*. Encyclopædia Universalis, 2007.

La ferme de la soif

Somme. Septembre 1916

Par une belle journée de septembre, le régiment embarque pour la Somme. Dans le train traversant au ralenti la gare de Troyes, les hommes sont debout sur les marchepieds, d'autres sur les toits, tous gesticulent et gueulent à tue-tête. Après deux jours de chemin de fer, nous arrivons dans une gare de triage. Tout le monde descend. En contrebas du remblai où nous sommes débarqués passe un boulevard pas mal encombré. Immédiatement nous sommes repérés. On apporte aux gars des litres de vin, des oranges, des cigarettes, tout ce que les civils peuvent encore acheter, car, nous expliquent-ils, ils sont rationnés. Certains hommes chargent ceux qui se proposent de téléphoner à leur famille qui se trouve à Paris. Les réponses reviennent rapidement – les femmes, surtout, qui demandent à leurs maris si elles peuvent venir les rejoindre un moment. C'est alors que nous apprenons que nous sommes… à Pantin !

Au bout de deux heures, le train repart direction Amiens ; et nous nous arrêtons à Abancourt, en Normandie. Herbe épaisse, petit-suisse, crème fraîche, promenade à cheval… Le programme qui s'annonce est tranquille.

— Ne vous en faites pas, nous assure-t-on. Vous êtes en réserve d'armée, vous en avez au moins pour quinze jours.

Certains soldats reçoivent même l'autorisation de faire venir leur femme..

Mais, cinq jours plus tard, nous sommes réveillés par un coup de clairon. Tout le monde debout, départ en camion dans une heure. Je ferme ma cantine en vitesse, je prépare mes musettes de tranchée, je prends un quart de jus et en route.

Le découragement nous prend. Devant nous, ce n'est que d'immenses champs de boue délayée par la pluie et les pas des chevaux. À cent mètres, une rangée interminable de pièces d'artillerie anglaises servies par des gars torses nus sous la pluie, qui enfournent inlassablement avec des gestes mécaniques les obus dans les culasses.

Où vont ces coups tirés sans arrêt ? Personne ne le sait.

Retrouvailles avec les amis après la permission et avant de partir pour le front. Maufrais au premier plan, la main dans la poche.

Nous sommes à Maricourt. Nous découvrons un immense parc où les munitions et le « matériel humain » sont rangés dans des baraques Adrian[1]. C'est là que nous passons la nuit. Le lendemain matin : grand soleil. Le moral est meilleur. Mais nous ne touchons ni vin, ni eau, ni aucun ravitaillement pendant deux jours. Les citernes ont été démolies dès le premier jour de bombardement. Ce manque de liquides sera particulièrement pénible pendant la campagne de la Somme.

Départ pour les tranchées. Le but est la position de la ferme Le Priez, constamment citée dans les communiqués officiels. Après Maurepas détruit, nous entrons dans des boyaux mal entretenus. Il faut s'effacer pour laisser passer les colonnes qui descendent et des bourricots d'Afrique du Nord qui montent des pots de lait utilisés pour acheminer l'eau potable.

Au cours d'un embouteillage, un de mes brancardiers a la curiosité d'ouvrir un des bidons amarrés sur le dos d'un bourricot : vide. Un autre : vide. Sur les quatre pots, il n'en reste plus qu'un de plein. Ce système de ravitaillement est le fruit des cogitations d'un grand officier de l'intendance qui, visiblement, n'avait pas prévu de protéger les récipients.

En fin d'après-midi, nous arrivons à la ferme Le Priez. C'est une ancienne position allemande située à droite du gros bourg de Combles. De l'autre côté, nous avons Rancourt. En face c'est le bois de Saint-Pierre-

1. « Baraque Adrian », du nom du sous-lieutenant Adrian, adjoint au directeur d'intendance au ministère de la Guerre, qui l'a conçue. Apparue dès le début de l'année 1915, cette baraque en bois, longue de trente mètres et démontable, sert de lieu de campement pour les soldats ou les blessés.

Waast. Rancourt, Combles et le bois de Saint-Pierre-Waast ont été investis par les Allemands pour assurer leur défense. Au milieu, un terrain plat traversé par la route nationale de Bapaume à Arras, qui divise le champ de bataille en deux parties.

Je sais que les nôtres doivent attaquer le 25 septembre, avec pour mission de traverser la route pour prendre Rancourt et occuper une partie du terrain qui nous sépare du bois.

Le poste de secours se compose de deux entrées de sape allemande, qui descendent à huit mètres de profondeur par deux escaliers, avec un petit palier en contrebas.

Nous sommes à peine installés que les mouches, rassemblées au chaud au fond de notre abri, nous fondent dessus. Nous en avons plein le front et autour des paupières. C'est intolérable. Nous sommes obligés d'improviser de petites moustiquaires avec de la gaze et de nous mettre de la vaseline sur le bord des paupières. Il en est

25 septembre 1916. Le paysage bouleversé de Bouchavesnes, pris en photo par Louis Maufrais.

ainsi toute la nuit. Ces mouches, avec la soif, ont été l'une des principales plaies de ce front de la Somme.

À six heures du matin, bombardement. On se précipite dans la tranchée. Cela nous rappelle Verdun, sauf que le rapport de forces est inversé, parce que, cette fois, ce sont les Allemands qui dégustent. Chacun son tour. Entre nous et le bois, il n'y a presque pas de trous. Sur notre droite, le 3e bataillon du régiment est massé aux abords mêmes de Rancourt. Pas de ravitaillement, pas de courrier, mais peu de pertes.

22 septembre, jour de deuil pour l'équipe médicale. En revenant de la tranchée, dans l'après-midi, à quelques mètres de la sortie de notre poste de secours, nous voyons à terre un corps d'homme. Absolument nu, déshabillé par le souffle d'un obus, il a les deux cuisses sectionnées – c'est plutôt un tronc qu'un homme. Et n.ous reconnaissons notre brancardier, qui nous avait quittés quelques instants auparavant. Alsacien, il avait déserté l'armée allemande pour venir s'engager du côté français ; on ne l'utilisait pas comme combattant parce que, s'il avait été pris, il aurait été fusillé par les Allemands. Il était donc brancardier, avec le brassard de la Croix-Rouge. Ce spectacle désolant nous confirme dans l'idée qu'il faut installer des pare-éclats dans la tranchée.

Le bombardement va en s'intensifiant jusqu'au 25 septembre. Et ce jour-là, à midi, l'attaque est déclenchée. Nous partons de la ferme Le Priez pour gagner le terrain plat et découvert. Il faut traverser la grand-route, s'approcher du bois Saint-Pierre-Waast. Un bombardement a eu lieu le matin vers dix heures du côté de Rancourt et de Saint-Pierre-Waast. Puis le tir

Ferme le Priez - 25 sept 16. Rancourt Somme

25 septembre 1916, ferme Le Priez, Rancourt, Somme. Louis Maufrais a écrit en légende : « Ce qui reste de notre pauvre brancardier,
déchiqueté par un obus sur le seuil de notre poste de secours, à
l'endroit exact où j'ai pris la photo. »

s'allonge et des nappes de balles lui succèdent. Les
mitrailleuses allemandes tirent.

J'ai reçu la consigne d'aller installer une antenne de
poste de secours dès que les nôtres auront franchi la
grand-route.

Mais bientôt, j'y renonce devant l'afflux soudain de
blessés, assis sur toutes les marches. On ne peut pas se
tourner. Ils demandent à boire, et on a peu à leur
donner. Il faut faire les pansements à genoux, souvent

292

accroupi dans l'escalier. Dans l'escalier voisin, où se trouve le médecin auxiliaire, c'est la même chose.

J'envoie mon agent de liaison Vannier au PC du commandant pour demander quels sont ses ordres.

— Vous n'avez pas à bouger, répond-il, puisque vous avez tant de travail. D'ailleurs, il n'est pas possible de vous installer sur le terrain. Il n'y a aucun abri.

Je pars demander au médecin chef de l'eau et des brancardiers supplémentaires le long d'un boyau encombré de blessés. Les nouvelles sont navrantes.

— Notre attaque a été stoppée par un tir de barrage : impossible de traverser. Nos cadres ont subi des pertes énormes, un tiers de tués, un tiers de blessés. Mon copain Grosbuis, grièvement blessé à la jambe, doit être amputé. Seul, un tiers d'entre eux reste valide. Les pronostics des états-majors ne se sont pas confirmés. Les défenses de Saint-Pierre-Waast et les lignes de mitrailleuses qui les truffaient étaient intactes.

Le commandant est consterné. Je rentre dans l'abri et nous travaillons jusqu'à deux heures du matin. Il faut jeter les pansements pleins de sang, car l'arrivée des mouches attirées par l'odeur rend le séjour épouvantable. Physiquement et moralement, nous sommes effondrés[1].

Le lendemain commence dans le calme, mais les bombardements s'intensifient sur Saint-Pierre-Waast. Le village de Combles a été encerclé par les nôtres, des Allemands ont été faits prisonniers, et nous avons pris Rancourt. Il reste Saint-Pierre. Des contre-attaques commencent. On arrive à franchir la route nationale. La

---

1. Entre le 19 et le 28 septembre : il y a eu parmi les officiers du 94e : 19 tués, 14 blessés, et dans la troupe 1 190 tués et blessés. Chiffres du Service historique de l'armée, Vincennes.

plupart des blessés que je vois appartiennent à des compagnies d'autres régiments. Et toujours pas d'eau ni de ravitaillement. Juste des boules de pain et rien pour les accompagner.

Enfin, le 7 octobre, nous sommes relevés et envoyés à Bray-sur-Somme, où nous retrouvons nos baraques.

Les premiers jours sont moroses. Il tombe un crachin glacial. Nous couchons à cinq dans une baraque Adrian prévue pour cinquante hommes. Je n'arrive pas à récupérer. Les dents me font mal, je souffre de partout. J'ai des rhumatismes aux poignets et aux épaules. Mon commandant erre comme une âme en peine – il a perdu son équipe de bridgeurs. La plupart sont morts ou gravement blessés.

Ce qui est lamentable, surtout, ce sont les repas. Nous ne sommes plus que cinq officiers à table, sept avec les nouveaux. Et dire que nous étions quinze avant l'attaque ! Ces grands vides nous remplissent de tristesse. Les conversations sont pauvres, les silences pesants. On parle surtout de relève. Le commandant nous assure qu'elle est pour bientôt et un des nouveaux arrivés a eu connaissance du numéro de la division que nous devons attendre. Cela nous met un peu de baume au cœur.

Pendant que nous mangeons, un planton arrive en courant.

— Mon commandant, annonce-t-il, le général Debeney est dans le cantonnement et demande à vous voir, avec les officiers.

Nous nous précipitons la bouche pleine pour aller nous aligner sur un rang. Nous voyons alors ce grand général courbé en avant, le front barré, paraissant soucieux. Il va et vient, puis nous dit sans préambule :

— Messieurs, l'attaque du 25 septembre ne nous a pas permis d'atteindre tous les objectifs que nous nous étions fixés. Rancourt et Combles ont été pris, mais la corne du bois Saint-Pierre-Waast a été stoppée. Vous devrez prochainement exécuter une autre attaque. Vous aurez à vous glisser sur Sailly-Saillisel, avec d'autres compagnies, bien entendu, et à prendre le bois Saint-Pierre-Waast par le nord.

Pas un mot de compassion pour les copains tombés sur le front. On peut dire que les chefs sortis de l'école de guerre ne pèchent pas par excès de psychologie. Ce bref discours nous coupe les jambes, et nous retournons jouer tristement des mandibules.

Une semaine plus tard, après avoir reçu quelques renforts, nous remontons en ligne pour Sailly. Les chevilles enflées, j'ai toutes les peines du monde à marcher. Après quelques jours passés dans le poste de secours, mon état s'aggrave brusquement, si bien que je finis par téléphoner au médecin chef, qui décide de m'évacuer.

Amiens. Clinique Perdu. Alité avec un diagnostic de rhumatisme fébrile, je redécouvre la chaleur, une nourriture excellente, un lit confortable. Je prends mon aspirine consciencieusement et, au bout de quinze jours, je demande à rejoindre mon régiment.

J'ai appris par une lettre que la plus forte attaque a eu lieu, qu'il y a eu beaucoup de pertes, que nous sommes dans la boue, et que Royer, le seul autre natif de Dol de mon bataillon, est porté manquant. Grièvement blessé, il a disparu sous la boue[1]. J'ai aussi appris que le régiment va être relevé incessamment et qu'il se dirigera vers le

---

1. Ce que Louis Maufrais ne dit pas, c'est qu'il a perdu aussi ses meilleurs amis : Thiriard, Cathalan, Laguens, tués dans la Somme, après avoir survécu à l'Argonne, à la Champagne, à Verdun. C'est à ce moment-là qu'il décide de quitter l'infanterie.

sud. Ces nouvelles et la perspective prochaine d'une permission m'ont décidé à repartir.

Cependant, dans les deux mois qui suivent, malgré deux permissions, mes problèmes de santé ne sont pas vraiment réglés. Je suis déminéralisé, a diagnostiqué le dentiste militaire de Saint-Malo, et mes rhumatismes guérissent mal. On découvre alors que je suis de ceux qui ont le plus de mois de front de toute l'armée, et on me propose d'être médecin du deuxième groupe du 40ᵉ régiment d'artillerie – j'accepte avec soulagement.

Dans cette matinée grise du 10 mars 1917, tandis qu'une voiture m'emmène vers mon nouveau poste, j'essaie de me détendre, en vain. Les images de la ferme Le Priez m'obsèdent. Les corps entassés dans ce cul-de-sac envahi de gaz toxiques, cadavres et blessés pêle-mêle, le manque d'eau qui nous empêchait même de laver nos mains, l'odeur de sang, d'urine et de merde, les blessés légers qui se faisaient tout petits sur les marches de l'escalier, et qu'on n'aurait pas pu déloger de là même avec un bâton, ces plaques sombres des mouches agglutinées qui tapissaient notre plafond… Je n'oublierai jamais.

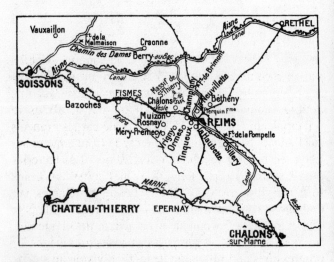

Panorama global des principaux lieux de la bataille de l'Aisne à laquelle Louis Maufrais a participé, dans le 40e RAC. Le tracé du front est celui de 1918.

La bataille de l'Aisne

Après l'échec de la bataille de la Somme, Nivelle, présenté comme le vainqueur de Verdun, est désigné pour reprendre l'offensive. Son plan repose sur une double attaque française et britannique. L'offensive principale du 16 avril 1917 sera dirigée par les Français sur l'Aisne. L'objectif est de percer le front ennemi sur Laon, en prenant le Chemin des Dames. Les batteries du 40ᵉ régiment d'artillerie 75 auquel appartient Louis Maufrais se trouvent à l'est du Chemin des Dames, sur un plateau face à leurs objectifs, à la hauteur de la cote 108 et du mont Sapigneul, et en arrière de Juvincourt. Il a pour mission d'accompagner par ses pilonnages les progressions de l'infanterie de la 40ᵉ division au sud de la cote 108, en direction de Sapigneul. Cette dernière, sous le feu des mitrailleuses ennemies, malgré d'énormes pertes, bouscula les deux premières lignes allemandes. Mais une contre-attaque tua presque tous ses officiers, et elle revint sur ses tranchées de départ. À Berry-au-Bac, les premiers chars français percèrent trois positions allemandes mais l'infanterie ne put les suivre, et ils furent en partie détruits. Les pertes considérables subies pendant cette offensive seront en grande partie à l'origine des mutineries qui commencent en mai 1917.

Interrompue le 29 avril, l'offensive reprit de façon sporadique avant d'être arrêtée définitivement le 15 mai. L'échec est si cuisant qu'une commission d'enquête sera nommée, et Nivelle se verra muté en décembre au Maroc. Après la bataille de l'Aisne, Louis Maufrais quittera les monts de Champagne pour le front de Verdun, où il retrouvera le 94e RI au nord du fort de Douaumont.

M. V.

Tremblement de terre sous la cote 108

De Berry-au-Bac à Verdun.
Mars 1917 - avril 1918

Il était d'usage, dans les rapports de l'armée, de désigner les régiments par un nom rappelant leurs actions d'éclat. Ainsi, le 94ᵉ s'appelait la Garde, et le 40ᵉ régiment d'artillerie, que je rejoignais, la Croix-sur-Meuse, parce que, en 1914, dans ce petit pays, il avait à lui seul arrêté toute la poussée allemande. Comme tous les régiments d'artillerie similaires, le 40ᵉ comprenait trois groupes qui à leur tour comportaient quatre batteries de quatre pièces de 75 chacune.

À mon arrivée, mon premier soin fut de me présenter au chef d'escadron Lazard, qui commandait le deuxième groupe. D'un abord très rébarbatif, c'était un original, mais bon patriote et ignorant le danger. Il avait malheureusement un gros défaut, c'était d'enquiquiner tout le monde, inférieurs et supérieurs sans distinction, depuis ses plus proches collaborateurs jusqu'à son médecin et son vétérinaire. À tel point que, bien que sortant de Polytechnique, il commença et termina la guerre avec ses quatre galons.

Mars 1917, Châlons-le-Vergeur. Louis Maufrais, médecin du 40ᵉ régiment d'artillerie de campagne 75 et sa jument Postal, dite « Brise-Jet ».

Étant de son état-major, je faisais popote avec lui. Il avait deux adjoints, Muller, de Mostaganem, et Marin, un Lorrain. Des garçons extrêmement gentils. D'autre part, il y avait Leclère, son officier orienteur, un gars sorti du rang, ancien adjudant, qui se ferait tuer bêtement le jour de l'attaque du 25 septembre, au nord de Douaumont, par un obus perdu, à vingt mètres de nous. Il fut remplacé par Barinet, un tout jeune. Sans oublier Jean Dailly, le vétérinaire, tout juste installé à Revigny en 1914. Un excellent garçon, avec lequel j'ai

302

eu instantanément des affinités. Pour clore le générique, nommons ma jument : Postal – du moins était-ce le nom qu'elle portait sur la liste, car, entre nous, elle était Brise-Jet, pour des raisons que j'explique plus loin. Superbe alezane, elle était affligée de deux défauts (il fallait bien qu'elle en eût pour qu'on me l'ait donnée). D'abord, elle est ombrageuse. Il lui arrive de faire sans crier gare des écarts extraordinaires vers la droite. Elle peut voir passer dix-neuf camions de suite sans bouger, puis, au vingtième, sauter si loin qu'elle se retrouve dans le champ, tantôt sur ses pattes, tantôt sur le flanc. Mais elle ne m'a jamais désarçonné. Elle a un autre gros défaut. Venue du Canada, elle a eu pendant la traversée un petit accident qui lui a cassé les os de la queue. Si bien que sa queue ne peut se relever complètement, et que, lorsqu'elle pisse, le jet va se perdre dans les crins et tombe comme d'un arrosoir. De face, on ne voit pas grand-chose, mais de derrière, le spectacle est affligeant. Moi, cela m'est égal, je tourne le dos.

Huit jours après mon arrivée, nous recevons l'ordre de prendre nos positions de combat en vue de la grande attaque du 16 avril. Déployée sur tout le front de Champagne, celle-ci commencera aux avancées de Lens, tournera autour de Reims pour aller presque jusqu'à l'Argonne.

Ce n'est pas le général Pétain qui commande. Il a été nommé généralissime des armées françaises, mais, en réalité, c'est un peu une voie de garage. On lui reproche de temporiser, de reculer devant l'offensive – l'offensive, la vocation française. Lui est trop économe du sang de son infanterie, dit-on. Il estime que notre artillerie ne surclasse pas suffisamment l'artillerie allemande pour entamer cette attaque.

Notre nouveau commandant est le général Nivelle. Très connu, paraît-il, dans les états-majors, mais pas dans la troupe, où l'on n'a jamais entendu prononcer son nom.

Le deuxième groupe étant au complet, nous partons. C'est quelque chose, la colonne d'un groupe d'artillerie. Cela dépasse les deux kilomètres, je crois bien, en tenant compte des pièces de canon, de leurs caissons, des autres caissons de munitions avec les avant-trains sur lesquels sont assis les servants, sans oublier les voitures de ravitaillement, les voitures de munitions, la voiture pour le vétérinaire, la voiture médicale, la voiture atelier, et celle du maréchal ferrant... cela n'en finit pas.

Partis du sud de Ville-en-Tardenois, nous atteignons un petit pays au nord-ouest de Reims, Châlons-le-Vergeur. L'endroit nous donne l'impression d'être en plein champ. Alors que les chevaux emmènent les pièces sur les positions de batterie, à deux kilomètres de là, moi, j'ai la consigne de rester à Châlons-le-Vergeur avec le vétérinaire et un lieutenant. Je rejoindrai les positions de batterie quelques jours avant l'attaque pour relever les médecins auxiliaires.

La vie n'est pas gaie, à Châlons-le-Vergeur. Cela fait cinq jours qu'il pleut constamment. Nous vivons à trois sous une petite tente : Dailly, le lieutenant Robas et moi, couchés sur des brancards, avec une caisse retournée pour table, et nos cantines pour tables de nuit. On écoute la pluie tomber sur la toile. Je travaille un peu mes examens, Dailly écrit sans cesse à sa jeune femme restée à Revigny, son pays – il a épousé la fille du notaire, dont le frère n'est autre que Pierre Gaxotte, futur académicien.

Le troisième, le lieutenant Robas, a fait toute sa carrière comme sous-officier à Saint-Mihiel. Je vois encore sa figure pointue, ses très larges oreilles et son poil rouquin. Des jambes en manche de veste complétaient la silhouette. Il n'a pas trop à se plaindre parce que la guerre l'a fait officier, ce qui ne se serait jamais produit en temps de paix.

La nuit, paraît-il, les avions peuvent voir la lueur des bougies éclairer nos tentes par l'intérieur. Aussi nous avons ordre de peindre la toile. D'un coup de pinceau, j'improvise un camouflage moderne. Une vraie catastrophe. En resserrant le tissu, la peinture repousse la pluie jusqu'à la lisière où elle s'infiltre, si bien que tout l'intérieur n'est plus que boue. Heureusement, nous obtenons des planches du parc d'artillerie pour faire un semblant de plancher.

Nous nous ennuyons fort. Et la hauteur de nos pensées ne risque pas de crever le plafond.

Notre distraction de choix consiste, pour Dailly et moi, à grimper deux fois par jour sur une petite butte dominant le terrain, d'où l'on aperçoit le panorama de la future offensive. On voit d'abord un large demi-cercle qui s'élève à la limite du Bassin parisien, enserrant la vaste plaine du Nord, au-delà de Lens. Sur ce plateau, on distingue d'ouest en est Craonne, le Craonnais, la vallée de l'Aisne, le plateau d'Oc, où nous sommes. La région de Reims nous est barrée par les hauteurs du fort de Brimont ; elle se continue vers l'ouest par les hauteurs de Sapigneul et la cote 108. En bas, nous avons la vallée de l'Aisne, le canal et Cormicy.

C'est là que va se livrer notre bataille. Autour de ce demi-cercle une ceinture de ballons d'observation. Chaque fois qu'un nouveau corps d'armée arrive, il

Avril 1917, Châlons-le-Vergeur. La tente a été peinte par Louis Maufrais après qu'il a reçu l'ordre de la camoufler pour se protéger des avions ennemis. L'aviation allemande s'étant considérablement renforcée depuis la Somme, l'état-major allemand est informé des mouvements de troupes français devant le Chemin des Dames grâce à l'observation aérienne. Photo prise par Louis Maufrais.

vient avec ses propres ballons, si bien que les Allemands n'ont qu'à les compter pour connaître nos forces – huit au total.

Un jour vers midi survient un avion de chasse allemand qui en grille six d'un coup. Et nous voyons tous les pauvres observateurs tomber dans leur nacelle,

Avril 1917, secteur de Châlons-le-Vergeur. Un ballon d'observation, en argot militaire une saucisse. Cibles vulnérables, ces ballons s'embrasaient très vite, et les aérostiers n'avaient pas toujours le temps de sauter en parachute. Photo prise par Louis Maufrais.

dont certaines flambent comme des torches. Les Allemands, eux, ont trois de ces « saucisses ».

Un jour, vers une heure de l'après-midi, alors que je me rends à la popote avec Dailly, la silhouette torse de Robas apparaît à l'autre bout du champ. Il n'est pas dans son assiette, semble-t-il.

— Heureusement que nous étions sortis, nous explique-t-il. Sans quoi l'un de nous serait bousillé.

Et il nous raconte qu'une heure auparavant, alors qu'un avion allemand était en train de tourner au-dessus de nous, il a été attaqué par nos pièces d'artillerie. Un culot d'obus est tombé, a crevé la toile de notre tente, a touché la selle de cheval, qui se trouvait au milieu, et s'est enfoncé de dix centimètres en terre. Cela jette un froid, et le repas est plutôt silencieux.

Quelques jours plus tard, je reçois l'ordre de monter sur les positions de batterie. Ansard, mon ordonnance, un petit gars du Nord, mineur près de Lens, m'amène ma jument. Arrivé là-bas, je renvoie Ansard avec Brise-Jet, ainsi que les deux médecins auxiliaires.

Le premier, Mougenot, est le meilleur des médecins auxiliaires que j'ai eus, le mieux adapté. Il va me quitter pour aller au 154e d'infanterie où il se fera tuer par une balle quelques mois plus tard. L'autre se nomme Charpentier. À la fin de la guerre, il deviendra chansonnier à Montmartre sous le nom de Goupil. Après avoir eu son heure de gloire, il contractera une tuberculose pulmonaire et finira dans un sanatorium.

Les batteries du 40e sont disposées au bord du plateau, face à leurs objectifs – c'est-à-dire le centre de la bataille, à la hauteur de la cote 108, le mont Sapigneul, en arrière de Juvincourt.

En réalité on ne tire pas beaucoup, car on a intérêt à ne pas démasquer la position des pièces. On ne fait qu'un réglage quotidien, avec le concours d'un officier observateur, qui contrôle le tir des pièces sur les objectifs, ce qui pouvait être fait depuis un avion, une saucisse, ou simplement depuis un arbre, un rocher, le parapet d'une tranchée. Ces officiers sont à fois très crânes et très imprudents, absorbés par leur tâche. Combien de fois, en Argonne, en ai-je vu se faire tirer comme des pigeons par des Allemands qui les repèrent à la jumelle.

Chaque batterie a deux sapes, une pour les hommes, l'autre pour les officiers. Un peu à l'écart, le commandant Lazard en a deux lui aussi, l'une pour lui, ses téléphonistes et sa liaison, l'autre pour les officiers de l'état-major.

— Pour le poste de secours, m'annonce le commandant, j'ai votre affaire. Une vieille chapelle qui se trouve dans un creux de terrain, à deux cents mètres d'ici. Saint-Rigobert. Vous y serez très bien.

Feuillet, mon brigadier infirmier, et moi, partons avec tout notre barda dans la direction donnée. Lorsque nous arrivons de l'autre côté du plateau, nous prenons une descente très rapide, presque une dégringolade, et nous nous retrouvons dans un creux, en face d'une vieille chapelle sans porte, ouverte à tous les vents, quasiment creusée dans la pente. Les murs ruissellent d'humidité et le sol est plein de boue.

Nous ne sommes pas encore arrivés que, tout d'un coup, tombe sur nous toute une rafale d'obus. Au moins du 150. Nous nous plaquons à terre, et par petits bonds, nous atteignons la chapelle, où nous nous précipitons. Au même moment, deux obus viennent exploser sur la descente, en face de la chapelle. Nous avons juste le temps de nous plaquer dans des niches vidées de leurs statues, de part et d'autre de l'autel. D'autres obus tombent. L'un d'eux envoie deux énormes éclats qui viennent se ficher dans le mur, juste au-dessus de l'autel.

Nous n'en menons pas large. Et même de nous voir comme ça, faire les saints dans leurs niches, ça ne nous fait pas rigoler. En fait, nous l'avons saumâtre, d'avoir été envoyés là, alors que les autres sont bien tranquilles au fond de leurs sapes. Et pourquoi le marmitage de cette innocente chapelle ? S'agit-il d'une erreur des Allemands, qui croient tirer sur une batterie ? Ou cette chapelle est-elle un point de repère ? Je commence à me demander si ce n'est pas un coup du commandant. Dans ces conditions… il va voir.

Le lendemain et le surlendemain, je ne bouge pas, et je me fais envoyer ma nourriture par un tampon. Alors, on me fait savoir qu'au poste de commandement il y a des malades, et je réponds que je consulte à mon poste de secours, où j'ai tout mon matériel.

Nous nous rendons bien compte, Feuillet, qui était un gars de l'active, et moi, que le bombardement s'aggrave. Ça pleut de partout. Le quatrième jour, alors que des obus tombent, le commandant envoie un planton me donner l'ordre de revenir de suite soigner un blessé. Parti avec ma musette sur l'épaule, je m'aperçois que le parcours est creusé de trous d'obus de 150, voire de 210, là où, trois jours plus tôt, le terrain était à peu près intact. Je me mets à courir de trou en trou, prêt à plonger en cas d'arrivage.

Enfin, j'aperçois mon commandant debout dans l'entrée du poste de commandement, qui me regarde avec un sourire narquois :

— J'ai bien cru que les Boches allaient me tuer mon toubib, me dit-il simplement.

Ces imbéciles, ils ne se rendent pas compte du capital que représente un jeune médecin. Je n'étais pas d'humeur à rire de la plaisanterie, mais je ne pouvais pas lui donner ma façon de penser.

— Pour que vous me fassiez sortir alors que tout le monde est planqué, lui dis-je, je suppose que l'affaire est grave. Alors, allons vite voir le blessé.

En fait, le blessé en question s'est fait une foulure, pas davantage, en dégringolant dans l'abri.

— Combien de jours de repos lui donnez-vous ? me demande le commandant.

— Mon commandant, cela ne me regarde pas. Ce n'est pas moi qui vais fixer ses jours de repos, parce qu'il ne peut pas être soigné ici. Il a une fracture malléolaire, il faut absolument que je l'évacue.

— Mais vous n'y pensez pas ! Vous m'évacuez mon maréchal des logis téléphoniste. Dans les circonstances où nous sommes, c'est impensable.

— C'est comme ça. Il est blessé. Il va partir.

De toute la journée, le commandant est d'une humeur de chien. Il doit méditer sur le rôle des médecins au front… J'en profite pour lui faire remarquer que, là où je suis, coincé au fond d'un ravin, les pieds dans l'eau, sans possibilité de faire évacuer, je ne peux pas assurer mon service. Et que, s'il ne me donne pas une place dans un de ses abris, je devrai aller prendre mes ordres auprès du médecin divisionnaire. Finalement, il accepte. Le lendemain, je m'installe avec mon brigadier dans le poste des agents de liaison.

Le lendemain et les jours suivants, les tirs d'artillerie deviennent de plus en plus violents, surtout de notre côté. Cela me rappelle les attaques de la Somme, avant la prise de Rancourt. Les Allemands tirent peu mais juste. Un soir, une de nos batteries est prise pour cible. En moins de cinq minutes, avec une trentaine d'obus bien placés, elle disparaît presque entièrement. Pas de blessés véritables, parce que tout le monde s'est précipité à l'intérieur des sapes. Mais des quatre pièces, il n'en reste qu'une. Le lendemain matin, trois nouvelles pièces sont arrivées. Mais ça donne à réfléchir. On nous avait assuré de tous les côtés que nous étions fin prêts pour l'attaque. On a même construit une espèce de parc pour prisonniers entouré de barbelés, à trois kilomètres de nous.

Enfin arrive le 16 avril, jour fixé de l'attaque. Lever à quatre heures du matin. À cinq heures, nous quittons les positions avec tout le matériel pour aller, en principe, nous poster derrière l'infanterie et l'accompagner dans son avance. L'infanterie en question, qui se trouve à

Avril 1917. Pièce de 130,7 de marine sur tracteur camouflée devant Brimont, photographiée par Louis Maufrais.

Berry-au-Bac et à la ferme de Moscou, n'est autre que le 94e.

Je propose à mon commandant :

— Si vous voulez, je trouverai à m'installer dans le poste de secours de mon ancien régiment, à la ferme de Moscou. Je crois que je serai bien placé pour recevoir ceux du groupe qui pourraient être blessés.

Et nous partons en colonne pendant que les pièces se mettent à leur place. Moi, je reste avec la colonne des caissons, juste à la hauteur de l'église de Cormicy. Nous attendons toute la nuit sur le bord de la route, et je roule des cigarettes pour passer le temps. Au-dessus de nos têtes, le bombardement est incessant. Tout d'un coup, le vacarme est éclipsé par l'écho d'un véritable tremblement de terre. C'est une mine qui saute sous la cote 108. Immédiatement une autre, une allemande, lui répond. Enfin, dès qu'il fait jour, vers six heures, on

Cormicy - Position 6e Baté et PS - Offensive du 16 avril 17.

16 avril 1917, dans la partie nord-ouest de Cormicy, le jour de l'offensive. La position de la 6e batterie et le poste de secours. Photo prise par Louis Maufrais.

entend des crépitements de mitrailleuses au loin : l'offensive commence.

Peu à peu, on voit passer de petits blessés qui s'en vont sur la route, en direction du sud, puis des brouettes, des porte-brancards, des ambulances. Un Russe[1], un gars immense, il fait bien deux mètres, large comme un meuble. Un pansement sur la tête, il se tient sous la pluie, contre le portail de l'église de Cormicy, l'œil vague, débraillé, la braguette déboutonnée. J'essaie de lui faire comprendre que nous sommes à sa disposition, s'il a besoin de quelque chose. Il ne répond pas. Enfin, à dix heures, arrive l'ordre de retourner sur

1. Ce Russe est sans doute un soldat de la brigade Lokhvitsky, qui s'est fait massacrer ce même jour à Brimont.

nos positions. Le Russe est toujours là, dans le même état comateux. Enfin, nous retrouvons nos abris.

L'attaque a été ajournée. C'est ce que me dit le commandant, en veine de confidences. La cote 108 et Sapigneul sont encore trop fortement occupés par les Allemands, paraît-il.

Pendant une vingtaine de jours, nous attendons, à Hermonville, puis à Saint-Thierry et Merfy. Ces deux petits pays démolis aux trois quarts sont situés sur la hauteur qui domine Reims à l'ouest, et qui se prolongeait jusqu'aux crêtes, en allant à Berry-au-Bac. Nous nous trouvons dans des tranchées, absolument comme dans l'infanterie à coucher par terre dans des débris de paille. Sauf que nous n'avons pas de vis-à-vis. Devant nous, c'est le vide. Plus exactement la plaine de Reims, au milieu de laquelle s'étend la ville dominée par ses deux tours. Cette malheureuse ville de Reims, empanachée de fumée le jour et couronnée de flammes la nuit. Un spectacle pénible.

Deux batteries sont installées sur la crête, et deux en bas, entre la falaise et les faubourgs sud de Reims, dans les anciens champs d'épandage. Moi, je suis en haut, mon médecin auxiliaire en bas.

Pour passer le temps, je m'amuse à gratter dans la craie de la tranchée des squelettes d'ammonites fossiles, de mollusques en forme de coques. Je trouve singulier d'être perché sur une falaise d'au moins cent mètres de haut à chercher des coquillages. Il y en a partout. Il faut croire qu'il y avait un véritable banc, à cet endroit-là.

Autre passe-temps, la popote, dont je suis devenu le chef, ce qui est tout de même une marque de confiance.

Fin avril 1917. Puisque tout est calme, je décide d'aller visiter Reims, guidé par un officier rémois – une trotte d'au moins quatorze kilomètres aller et retour. Nous abordons la ville par le faubourg de Vesle au sud, où il y a encore quelques civils, terrés dans les caves. Nous nous procurons des légumes frais et quelques conserves, puis nous nous dirigeons vers le centre, attirés vers la cathédrale.

Reims, ville martyre… Ça avait commencé en 1914 au moment de la Marne et, depuis, les Allemands ne lui avaient jamais tourné le dos. Toute la partie nord était en secteur allemand, et, à cet endroit-là, les tranchées couraient dans la ville même. Pour le reste, les bombardements successifs, en particulier celui du moment, avaient rasé les maisons à la hauteur du premier, maximum deuxième étage. Et les déblais entassés au milieu de la rue formaient un remblai qui atteignait à peu près la hauteur du premier étage. On ne pouvait passer que dans des boyaux creusés au ras des maisons. Les Allemands concentraient leurs tirs sur la cathédrale, parce qu'ils savaient qu'en haut des tours il y avait des postes d'observation et que la neutralité n'était pas toujours respectée par nous.

Nous nous dirigeons vers la cathédrale. À peine sommes-nous arrivés sur le parvis qu'un obus énorme, au moins du 210, arrive contre une des tours. Nous nous précipitons dans un trou déjà creusé, où la terre est encore chaude, signe qu'il est récent. Sur le portail, la statue de Jeanne d'Arc est emmitouflée d'énormes tas de sacs de terre. La cathédrale est évidemment fermée, et nous ne restons pas trop longtemps – cela sent trop mauvais.

Nous revenons par la place Royale, la place de l'Hôtel-de-Ville, où nous trouvons un café encore ouvert.

2 mai 1917 à Reims. L'hôtel de ville photographié par Louis Maufrais au lendemain de l'incendie.

— Ce n'est plus tenable, nous explique le patron, je vais m'en aller.

Il veut bien nous vendre trois bouteilles d'apéritif, et je lui demande s'il n'a pas des jeux de cartes même usagés à nous donner.

— Ben, je vais regarder cela, me répond-il. Revenez après-demain, mais pas après parce que je ferme.

Le jour dit, peu désireux de rester trop longtemps dans Reims, je vais droit vers la place de l'Hôtel-de-Ville ; sur mon chemin je croise un homme qui court dans la rue, l'air absorbé, et il me semble reconnaître notre patron de bistrot. En arrivant sur la place, je tombe devant un spectacle tel que les bras m'en tombent : l'hôtel de ville est en feu, pris dans des flammes qui atteignent presque la hauteur de l'immeuble. On voit les gouttières de plomb et toute l'armature fondre et s'en aller baver par plaques sur la façade. Et tout cela brûle dans un silence absolu, rompu seulement par le vague ronflement des flammes et quelques crépitements. Sur la place, ici et là, des civils rassemblés en petits groupes regardent sans dire un mot. Un homme pleure. Un autre me dit :

— Qu'est-ce que vous voulez faire ? Rien. Il y a bien longtemps que les conduites sont crevées. Il n'y a pas de pompiers. Il faut laisser tout brûler.

Nous constatons que le feu a gagné une maison de la place. Mon café est vide, les rideaux sont baissés. Alors nous rentrons aux positions les mains vides.

Peu après la division est relevée, et nous partons pour le camp de Mailly. Juste au moment où ma permission tant attendue arrive enfin ; et, du 22 mai au 3 juin, le bruit des vagues à Saint-Malo m'emmène loin de la guerre. De retour à Mailly, notre distraction préférée est d'observer les manœuvres des « tracteurs à chenille », autrement dit de ce qui deviendra les chars. On les regarde plonger dans le grand fossé et remonter des pentes invraisemblables sous l'œil des politiques, Poincaré, Clemenceau, etc. Encourageant pour l'avenir de la guerre, le spectacle nous comble d'aise.

Juillet 1917. Ordre de prendre la route pour le front de Verdun. Une grande offensive se prépare pour le 25 septembre, dans le but de libérer une partie du terrain au nord de Douaumont. Après un périple en sept étapes, notre convoi arrive sur la route Bar-Verdun. Et, le 15 juillet, nous atteignons le poste Méphisto, au nord du fort de Douaumont, que nous avons derrière nous, un peu au-dessus. À l'autre bout de la crête où nous nous trouvons, il y a la côte de l'Oie et Louvemont. Et, à côté de nous, le ravin d'Hardaumont où le régiment est installé. Il a pour mission de battre toute la région jusqu'au bois de la Vauche.

20 juillet 1917, l'ouvrage de Froideterre, à Verdun, photographié par Louis Maufrais. Avec des camarades, il se promène dans les restes du champ de bataille de 1916, la canne à la main. Ce qu'il voit est une terre morte, lunaire.

En attendant l'attaque prévue pour le 25 septembre, j'ai tout le temps pour me promener dans l'ancien champ de bataille de 1916, de Fleury à Verdun.

De là où je suis, j'aperçois la masse de Douaumont, de Froideterre, les ravins de la Dame, etc. Pas un brin d'herbe, ni une feuille d'arbre. Le paysage est lunaire, défoncé, sinistre. Une terre morte.

Je vais jusqu'en haut de Douaumont, bien qu'il soit très difficile – et interdit – d'y circuler. Il faut faire très attention. Le site est crevé de trous béants faits par nos obus de 400, entrés dans le fort comme avec un emporte-pièce pour n'exploser qu'à l'intérieur. Les casemates sont impraticables, les fossés remplis d'eau. Je poursuis tout de même ma visite. Je tiens à revoir l'ouvrage de Thiaumont, où j'ai vécu pas loin de quinze jours. Je le reconnais à ses blocs de béton, amoncelés les uns sur les autres, dont certains font un ou deux mètres cubes. Entre ces blocs émergent les cadavres d'hommes écrasés, dont le squelette des jambes porte encore des chaussures. Des Allemands et des Français mélangés, me semblait-il. J'aurais pu me trouver parmi eux.

25 septembre, jour de l'attaque. Grand résultat et minimum de casse chez nous. Dans notre groupe, il n'y a que quelques blessés et un tué, ce pauvre lieutenant Leclere. Devant nous, à cinquante mètres, se trouve le poste de secours du 94e. J'y vais dire bonjour à mon ami, le médecin chef Chênelot, et à d'autres anciens camarades. J'apprends que Parades n'est plus là. À la suite d'un retard de quatre jours au retour de permission, il a eu quinze jours d'arrêt de rigueur et a été envoyé dans un régiment de l'armée d'Orient.

Ce même matin, j'ai l'occasion de voir un spectacle extraordinaire. Un tir d'artillerie d'une puissance inouïe est déclenché au petit jour : deux mille pièces à feu tirent en même temps pendant une heure et demie au moins. Un bruit infernal, momentanément couvert par l'explosion d'un dépôt de munitions allemand sur lequel les Boches ont envoyé par accident un de leurs propres obus – une veine. Un panache de fumée noire s'élève, qui se change en une couronne d'une centaine de mètres de diamètre, comme on en fait avec une cigarette ; il va flotter toute la matinée au-dessus du ravin.

Le résultat de l'offensive est sensationnel. Avec un minimum de pertes, l'infanterie réussit à occuper tous ses objectifs. On voit passer des files interminables de prisonniers le long des boyaux. L'air enchanté de leur sort, pas même gardés par les nôtres, ils nous demandent du pain.

Photo prise par Louis Maufrais le 19 juillet 1917, à Faubourg Pavé, près de Verdun. Un aviateur allemand gît dans son appareil devenu un cercueil. Louis Maufrais a fait agrandir le cliché pour l'envoyer à sa sœur sous forme de carte postale. « Ma chère Jeanne, écrit-il, je t'envoie l'agrandissement d'une photo prise par moi en juillet. C'est la photo d'un aviateur boche descendu tout près de Verdun. Tu peux le voir assis encore sur son appareil la tête fendue. Je t'envoie aussi une photo de moi prise ici il y a 8 jours. J'ai reçu la lettre de maman. Nous n'allons pas tarder à partir dans des coins beaucoup plus hospitaliers. Je t'écris à la lueur d'une bougie cachée dans une boîte pour que la lueur ne filtre pas entre les planches. Il y a encore des avions boches au-dessus de nous. Ils vont encore lancer des bombes pendant une bonne heure. Je t'embrasse bien affectueusement. Ton frère, Louis. »

Huit jours plus tard, nous apprenons que nous sommes relevés, et nous repartons au bois des Cinq-Frères. Puis nous gagnons Toul, la rive gauche de la Moselle, pour nous arrêter à Blénod-lès-Toul pendant quelque temps. Nous rejoignons ensuite la lisière sud du Bois-le-Prêtre pour prendre position. Un bois dans lequel on s'était battu furieusement en 1915 et en 1916.

À présent, c'est presque un secteur de repos. Nos batteries sont dans le sud du bois, et les Allemands se trouvent vers le nord.

On ne se bat guère, certes, mais avec un bonhomme comme le commandant Lazard, on a fini par avoir des blessés : tous les matins, il s'en va chatouiller les Allemands, qui ripostent immédiatement en envoyant quelques coups. Il faut le voir partir entre chien et loup avec sa musette sous prétexte de voir les positions de l'infanterie et de rentrer avec une cueillette de douilles, de boutons boches, enfin de tous les objets en cuivre qu'il peut dénicher – il prétend qu'avec une camionnette et le droit de prospecter quelques hectares, on pourrait faire fortune, dans le coin. Mais tout le monde est furieux, et il finit par se faire rappeler à l'ordre.

Un jour que nous faisons popote dans une petite villa en bordure de Pont-à-Mousson qui touchait presque Bois-le-Prêtre, le commandant me dit :

— Écoutez, docteur… Je verse intégralement ma ration de viande à la popote. Vous aussi. À nous tous,

CARTE POSTALE

Correspondance   Adresse

cela fait une certaine quantité de viande. Auriez-vous l'obligeance, à l'occasion, de demander à l'officier de ravitaillement qu'il nous échange nos rations contre des ris de bœuf ? J'aime beaucoup les ris de bœuf.

— Mon commandant, lui dis-je, l'idée est bonne en effet. Il n'y a qu'un ennui, c'est que le bœuf n'a pas de ris !

— Comment ? Le bœuf n'a pas de ris ?

— Mais non, le bœuf n'a pas de ris parce que le ris ou thymus est un organe qui ne se voit que chez l'animal tout jeune. Dès qu'il a atteint l'âge adulte, le ris ou le thymus s'atrophie.

Le 14 janvier 1918, nous nous déplaçons jusqu'à Ville-au-Val, une petite bourgade adossée à la montagne Sainte-Geneviève et dominée par un grand château, ancienne propriété du baron Boursier, comte de l'Empire de l'armée de Napoléon. C'est là que nous nous installons.

Après avoir garé la voiture médicale dans la cour d'honneur, nous entrons dans l'immense bâtisse. On m'a donné une chambre d'environ quinze mètres de long. Au milieu trône un lit d'un mètre quatre-vingts de largeur environ, en chêne plein. Aux quatre coins de la pièce, des faisceaux de lances dorées, de haches et de casques de légionnaires romains. De-ci, de-là, une dizaine de fauteuils Empire, et deux canapés. Je ne suis pas un privilégié : mes camarades en ont autant ; et toutes ces chambres, y compris celle qui est réservée au poste de secours, s'ouvrent sur un vaste couloir appelé la galerie des grands hommes – cela tombe très bien ! C'est si drôle de voir mon brigadier infirmier et mon brigadier brancardier couchés dans des lits à baldaquin !

Au sud, le parc est prolongé par une terrasse d'où la vue s'étend à l'infini. Au premier plan, de vastes prairies en pente douce sur lesquelles on a mis d'un côté les chevaux sains, et de l'autre les chevaux galeux. Au nord, le château s'adosse à la montagne Sainte-Geneviève.

Haute de trois cents mètres d'altitude, cette colline est notre but d'excursion préféré. On est en train d'y placer des positions de batteries et des sapes. Et moi, j'ai reçu l'ordre de désigner l'endroit où installer un poste de secours avec des abris souterrains. Il s'agit de préparer l'offensive prévue en 1918 en direction de Metz. Du sommet de la montagne Sainte-Geneviève, on voit depuis Metz jusqu'à Toul tout le cours de la Moselle.

Notre séjour au château était plutôt terne. Pour se distraire, nous allions à Toul ou à Nancy, car des voitures faisaient presque tous les jours la navette. On y prenait un bain, ou un demi, et on revenait. Au château, je travaillais un peu, à la lueur des bougies. Dailly couvrait des montagnes de papiers pour sa chère femme. D'autres jouaient au bridge. Marin dessinait – il m'a fait l'honneur de me prendre comme modèle. Lunaire jouait du violon et, à heure fixe, nous donnait l'ouverture du *Trouvère*. Enfin, pour varier un peu les plaisirs, je rendais visite aux camarades des batteries. Au début, ces braves gens me recevaient avec une certaine réserve. Ils regardaient avec curiosité ma croix de guerre à quatre étoiles. Ils trouvaient cela bizarre, ils ne comprenaient pas comment un médecin pouvait être si décoré. Mais la glace a vite fondu, et je me suis fait de très bons camarades dans toutes les batteries.

Malgré tout, je m'ennuyais sérieusement et, surtout, j'étais torturé par l'idée du temps qui passait. J'étais en train d'oublier mes connaissances. Faute d'exercices, la médecine me devenait de plus en plus étrangère, et j'avais hâte, sinon de reprendre mon métier, tout au moins de me retremper dans la vie médicale. Aussi, je me suis décidé à me prévaloir d'une circulaire qui accordait aux médecins ayant fait deux ans de front dans les corps combattants le droit d'exercer dans une ambulance.

Je me suis rendu à la direction du service de santé du corps d'armée, et j'ai demandé à Schneider, l'adjoint du médecin général, qu'il me fasse passer dans une ambulance autant que possible du corps d'armée.

— Je crois que je vais avoir une place à vous donner à l'ambulance 1/10[1] d'ici peu, me dit-il.

Sur ces entrefaites, le commandant Lazard partit en permission. Quel départ ! Il fallait le voir avec ses musettes bourrées de boutons boches, auxquels il avait ajouté une boule de pain pour sa chère famille – les civils étaient réduits à la carte de pain ; cela leur ferait un dessert. C'était un brave homme, au fond.

Après un temps qui m'a paru interminable, deux nouvelles attendues nous sont arrivées. D'abord la mutation du commandant Lazard, remplacé par le capitaine Bourgeois, qui commandait la cinquième batterie. Ensuite la mienne. J'étais affecté à l'ambulance 1/10 que je devais rejoindre à Regnéville, au-dessus de Dieulouard.

À l'occasion de mon départ, nous avons organisé à la popote une cérémonie d'adieux assez bien arrosée. Dans l'après-midi, j'ai pris congé de mes collabora-

1. Au numéro de l'ambulance elle-même se trouvait accolé le numéro du corps d'armée auquel elle appartenait.

Juillet 1917. Louis Maufrais a pris en photo son ordonnance Ansard tenant par la bride la jument Postal dite « Brise-Jet ».

teurs de l'infirmerie d'une manière tout aussi cordiale et tout aussi arrosée. Mon ordonnance Ansard n'était pas de la fête. Ce petit gars avait été rappelé à la mine, où il travaillait avant guerre, du côté de Lens. Il nous avait quittés avec un magnifique sourire – pour lui, la guerre était finie. À quelque temps de là, il m'écrirait, me disant qu'il travaillait dur, mais qu'à part cela il était heureux d'être au milieu des siens. Un mois plus tard, un de ses compatriotes m'apprendrait sa mort. Un beau matin, au moment de descendre, il avait été tué sur le carreau de la mine[1] par un obus allemand. Mis à part mon chagrin, l'événement avait de quoi me faire réfléchir sur l'imprévisible destinée humaine.

1. La mine de Hersin-Couligny, près de Lens, se trouvait entre les lignes de front.

Novembre 1917. Lettre de l'ordonnance Ansard. Il vient de quitter le 40ᵉ RAC, rappelé chez lui, dans le Nord, à Hersin Couligny pour travailler à la mine. Il écrit à Louis Maufrais pour lui donner de ses nouvelles. Peu après, il sera tué par un obus sur le carreau de la mine.
Texte de la lettre d'Ansard : « Monsieur le Major, J'ai l'honneur de vous envoyer de mes nouvelles pour vous dire que je suis toujours en très bonne santé et j'espère que ma petite lettre vous trouvera de même à son arrivée. En ce moment, je pense bien souvent à tous… Je vous dirai, Monsieur le Major, je suis bien maigri d'une bonne dizaine de livres. Ici c'est la guerre aussi. Nous recevons des bombes, aussi des obus. Bien le bonjour à tous nos amis, Muller, Leclere [tué le jour de l'offensive du 25 septembre 1917 à Verdun], Robas, Dailly, etc. Recevez de votre ordonnance, Monsieur le Major, une cordiale poignée de main. Votre dévoué serviteur, signé Ansard. »

Le lendemain matin de l'annonce de ma mutation, je partis dans la voiture médicale pour l'ambulance 1/10. Je retraversai la Moselle, Dieulouard, et je montai sur le plateau pour atteindre après quelques kilomètres le pays de Martincourt. Là, je fis alors la connaissance du médecin chef, un grand gars d'une quarantaine d'années. Haut et large, un peu épais, un fils de l'Ariège.

— Je vous attendais, me dit-il, mais vous n'allez pas rester ici, pour le moment. J'ai reçu l'ordre du service de santé du corps d'armée de vous envoyer sitôt arrivé au service médical d'un bataillon du 332ᵉ d'infanterie pendant quinze jours. Ensuite, vous reviendrez avec nous.

Je commençais à me dire que jamais je n'arriverais à me libérer de l'infanterie...

Photo prise par Louis Maufrais après l'attaque française du 25 septembre 1917 à Verdun. « Ce matin-là, écrit-il, se déclencha un tir d'artillerie formidable, deux mille pièces tirèrent en même temps, dont le bruit fut couvert par l'explosion d'un dépôt de munitions ennemi que les Allemands avaient fait sauter par erreur. Le résultat de l'offensive fut sensationnel, et on vit passer une demi-heure plus tard, le long des boyaux, des files interminables de prisonniers allemands. »

Le soir même, je montai en ligne avec le 4ᵉ bataillon du 332ᵉ. Après un trajet au milieu d'un bled désolant – des bois, toujours des bois, pas une maison et pas âme qui vive, nous voilà installés. Il y avait peu de travail, parce que, à ce moment-là, on ne se battait guère. Néanmoins une nuit, le cantonnement fut bombardé copieusement et les abris démolis ; par miracle, il n'y eut que quelques blessés légers.

Au bout de quinze jours, comme convenu, je retournai à Martincourt, mais arrivé là : plus d'ambulance ! Elle était partie plus au sud, à Fléville, où je partis la retrouver. Entre-temps, j'avais été avisé qu'au 40ᵉ j'avais été l'objet d'une cinquième citation[1]. Ainsi prit fin ma campagne 1914-1918 dans les armes combattantes.

1. Texte de la citation : « À l'ordre du régiment n° 750 du 28 avril 1918, 40ᵉ régiment RAC. Aussi brave que consciencieux, s'est distingué notamment dans l'Aisne et à Verdun, où malgré les violents bombardements, les harcèlements continus, il visitait quotidiennement ses batteries donnant ses soins aux blessés et intoxiqués. Très belle conduite le 26 août 1917. Keller. »

Un peu de gaieté, voyons !

Ambulance 1/10. Avril 1918 - novembre 1918

Opérer dans le grand hôpital de Dury à Amiens, ou monter une baraque chirurgicale dans la ville de Ham constamment bombardée, mon expérience de la médecine de guerre à travers les missions itinérantes de l'ambulance 1/10.

Appartenant initialement au 2e corps d'armée de Rennes, cette ambulance était devenue en 1918 l'ambulance chirurgicale automobile[1] de la 42e division. À sa tête, le médecin chef capitaine Pinat. Grand, large,

---

1. Unité médico-chirurgicale, qui existe au niveau du corps d'armée. Les ambulances chirurgicales automobiles, dès novembre 1914, sont équipées d'une salle d'opération mobile à deux tables avec matériel de stérilisation et de couchage nécessitant trois camions. Son personnel comprenait deux chirurgiens et vingt-cinq infirmiers. Cependant, elle ne pouvait fonctionner qu'en s'accolant à une formation plus lourde. Des perfectionnements furent apportés en février 1915. Un premier camion contenait la chaudière, un grand autoclave horizontal, un petit autoclave vertical, deux bouilloires, un radiateur et le linge. Un deuxième camion contenait les appareils de radiographie, les parois d'une baraque opératoire de soixante-dix mètres carrés, le matériel médical et la pharmacie. Le troisième camion transportait le groupe électrogène.

basané, il avait fait toute sa carrière de médecin de l'active dans le Sud tunisien. Il démentait le syllogisme que je sortais de temps en temps à la popote :

— Dans l'armée, plus un officier a de galons, plus il est calé en médecine. Plus il a été dans le Sahara, et plus il a de galons. Donc plus il a été dans le Sahara, et plus il est calé.

On ne pouvait lui en vouloir, à ce pauvre homme. Il en aurait été de même pour chacun d'entre nous, si nous avions fait toute notre carrière dans le bled. Au fond, il était assez débonnaire, et pas méchant.

L'élément opérationnel de l'ambulance était l'équipe chirurgicale. Elle comprenait le chirurgien Fait, ancien interne de l'hôpital Saint-Joseph, chirurgien à Nice, consciencieux et très dévoué.

Son assistant, aide-chirurgien : Louis Maufrais.

Et pourquoi pas ? J'avais derrière moi trois années d'exercice d'externat dans divers hôpitaux en chirurgie.

Les autres étaient : La Poulbe, radiologue qui, en temps de paix, exerçait dans la banlieue de Bordeaux. Une bonne tête de vieux faune, mais pas très calé. Vilas, anesthésiste, pharmacien et fils de pharmaciens, installé à Montcuq, dans le Lot, fabricant de pilules et de pommades antihémorroïdaires. Canac, de l'active, attaché médical. Beaudonnais, pharmacien à Évian-les-Bains, bon gars affligé d'une figure ingrate, aggravée encore par des lorgnons à chaîne, accrochés derrière l'oreille. Enfin, notre officier gestionnaire Vidal Ernestou, de Mazamet.

Vilas et Vidal formaient un vrai tandem de comiques. Le premier, la figure soucieuse, le front barré, pâle. Le second, le teint fleuri, le sourire, une petite moustache frisée en était l'antithèse. Avec leur

Mars 1918. Louis Maufrais, au centre, la main dans la poche, méde-cin lieutenant, chirurgien à l'ambulance divisionnaire 1/10 de la 42ᵉ division.

accent bien de chez eux et leurs disputes homériques, ils faisaient la joie de nos repas – nous en avions grand besoin…

Nous avions pour nous aider une foule confuse d'infirmiers, brancardiers, cuistots, ordonnances, conduc-teurs de chevaux, vaguemestre… sans oublier, parmi les ordonnances, Pégase, un vieux chasseur alpin, territorial savoyard. Un type extraordinaire avec son large béret cassé en avant et un petit bouc de rouquin. Il n'avait qu'un défaut : il était soûl tous les soirs.

30 avril 1918. En route pour la Somme. La colonne a certes moins d'allure que le deuxième groupe du 40ᵉ d'artillerie avec ses canons attelés roulant derrière les trompettes, mais tout de même.

En tête, le médecin chef Pinat, montant sa jument d'armes, Banane.

Derrière Banane, le véhicule transportant le personnel médical. Un genre de break avec trois portières de chaque côté, tiré par deux chevaux, avec un marchepied à l'arrière, pour monter dedans. Il contient huit personnes. Par les vitres, on aperçoit des bustes, les uns surmontés de calots, d'autres de képis – le médecin chef, lui, porte un casque. On dirait une voiture de bonnes sœurs, les cornettes en moins ! Derrière, un camion bâché pour le personnel et un certain nombre de fourgons contenant le matériel. Qui n'est pas mince, parce que, en plus du matériel médical, pharmaceutique et chirurgical, les systèmes de chauffage, d'éclairage, etc., il y a tout un tas de grands panneaux de bois destinés au montage d'une salle d'opération.

Pour le moment, à raison de dix kilomètres par jour, notre convoi ne fait que tourner autour de Toul. Tous les soirs, nous dormons dans des petits villages dont la moitié des maisons est abandonnée. Au bout de six jours, nous nous arrêtons à Maron, près de Nancy, où l'on nous embarque dans un train. J'ai l'impression très nette que toutes ces petites marches ont eu pour seul but de nous faire attendre le train, parce que nous étions en avance.

Je refais le trajet suivi deux ans auparavant : après Toul, Sézanne, Noisy-le-Sec, nous contournons Paris par le nord, et j'aperçois au loin l'hôpital Claude-Bernard, puis Pantin et La Plaine-Saint-Denis. Et là, toujours le même accueil : baisers, fleurs et cigarettes. Au bout de deux heures, nous repartons vers le nord.

Terminus à Gournay-en-Bray, où nos voitures reprennent la route jusqu'à Bois-Aubert. Un pays de cocagne, avec des pommiers, du beurre, des petits-suisses, de la viande… tout à gogo.

Là, nous sommes convoqués par le général Deville, toujours chef de la 42ᵉ division, qui nous informe des dernières nouvelles militaires. Il y a quelques jours, les Anglais ont failli être rejetés à la mer par les Allemands. Mais la brèche a été à peu près colmatée avec l'aide des Français, et il s'agit maintenant d'attaquer les deux côtés de la poche pour la réduire et la faire disparaître. Les communications entre Paris et Lille sont très compromises.

Cinq jours après la visite de Deville, nous recevons l'ordre de rejoindre immédiatement Amiens, plus précisément l'asile d'aliénés de Dury, qui en est distant de deux kilomètres environ.

C'est une immense propriété entourée de murs élevés, au milieu de laquelle se trouve une seconde enceinte. L'établissement a été vidé de ses pensionnaires et transformé en grand hôpital chirurgical. Notre ambulance est envoyée ici pour fusionner avec d'autres équipes chirurgicales. Il y a cinq équipes en tout. Cela donne des facilités pour la stérilisation, le blanchissage et surtout pour l'hospitalisation.

On nous fait visiter les locaux qui nous sont attribués. Il y a deux salles d'opération, qui peuvent fonctionner en même temps.

Dans cet hôpital, les blessés arrivent directement du front qui se trouve au nord d'Amiens, où nous attaquons en liaison avec les Anglais. À leur entrée, ils passent d'abord par le centre de triage. Les blessés légers et les blessés moyens repartent par train sanitaire. Et les blessés ne pouvant pas être évacués pour des raisons diverses (chocs, anémie ou gravité de leur état) nous restent.

Arrivés à seize heures, nous prendrons notre service à dix-huit heures, nous dit-on. Les horaires fonctionnent selon le système des trois huit : huit heures d'opération ou de garde chirurgicale, huit heures de sommeil, et huit heures réparties dans la journée pour faire les pansements, prendre les repas et un peu de repos.

J'éprouve un peu d'appréhension à me remettre à la chirurgie, que je n'ai plus pratiquée depuis longtemps, surtout, je n'ai aucune idée de la chirurgie de guerre.

Quand nous sommes à pied d'œuvre, les brancards s'alignent déjà dans le vestibule d'attente.

Notre premier opéré est une fracture de la jambe – déchiquetée par une balle. Le pied est encore bien chaud. Nous enlevons toutes les esquilles d'os, nous nettoyons le foyer de la fracture, nous lavons avec des antiseptiques et faisons un plâtre avec une large fenêtre, pour les soins journaliers. Ce travail me rajeunit de cinq ans. Je n'ai pas perdu la main…

Suivent deux blessés qui présentent des plaies pénétrantes par éclats d'obus. Après une radio, on essaie de les extraire autant que possible – ce sont des éclats superficiels, parce que des éclats profonds tuent les hommes sur place. On commence à nettoyer le trajet de la plaie ; et je me rends compte qu'un éclat d'obus, même petit, entraîne avec lui tout un paquet de débris vestimentaires, une véritable bourre constituée de bouts de capote imbibés de toutes les cochonneries possibles. Il faut enlever tous ces déchets un à un et ouvrir le trajet de l'éclat sur une certaine longueur de façon à pouvoir désinfecter complètement. Ces plaies pénétrantes ou en séton étaient de loin les plus communes et les moins désagréables à traiter.

Tout de même, le constat est dur : je dois admettre que ce geste accompli pendant trois ans, badigeonner l'entrée de la blessure de teinture d'iode, ne sert pas à grand-chose. C'est un rite qui rassure tout le monde, mais sans effet. J'ai dépensé en tout au moins un hectolitre de teinture d'iode, depuis que je suis au front – en vain.

Enfin, je termine la séance par l'amputation de deux orteils mis en bouillie par une balle. À deux heures du matin, nous allons nous coucher. Je suis esquinté. Mais enfin, nous avons un lit avec des draps.

Le lendemain, nous reprenons le travail à la même heure. Cette fois, nous avons la déveine de commencer par un blessé extrêmement grave. Un « ventre ». Le malheureux a reçu plusieurs petits éclats dans l'abdomen, qui ont touché l'intestin. Il fallait donc ouvrir et dévider, littéralement, car les fragments traversent plusieurs épaisseurs de l'intestin grêle. On en prend chacun un bout, et on fait des reprises, à l'aiguille et au crin. Quand c'est fini d'un côté de la paroi, on recommence en face. Nous bouchons sept ou huit trous chacun.

Bien des fois par la suite, nous pratiquerons la même opération. Elle est décourageante. Ces pauvres gars portent la mort sur la figure. On se dit qu'il vaudrait mieux les laisser tranquilles. La mortalité, parmi eux, est de quatre-vingts pour cent. Ceux qui résistent le mieux sont les Nord-Africains, je ne sais pas bien pourquoi. Nous en avons opéré un qui, ayant sept ou huit perforations dans le ventre, avait encore aggravé son état en avalant un litre d'eau de savon. Nous lui avons fait subir le même traitement qu'aux autres, et il a parfaitement guéri.

À cette époque-là, il n'y avait quasiment rien pour déchoquer les malades. On pouvait les réchauffer avec des rampes de lampes électriques, c'était tout.

Un progrès, tout de même : nous avons commencé à faire des transfusions avec l'appareil de Jeanbrau[1], qui

1. Le professeur Émile Jeanbrau réalisa la première transfusion sanguine le 16 octobre 1914 sur un soldat agonisant et en état de choc, grâce au don du sang d'un autre blessé.

restait d'un maniement assez difficile. Malheureusement, le sang manquait. La connaissance des groupes sanguins en était à ses débuts ; on ne connaissait pas les groupes Rhésus. On prenait cent cinquante grammes de sang à des volontaires de l'ambulance, pas plus, pour ne pas les claquer trop. Ce n'était pas assez. Par ailleurs, on ne connaissait ni les sulfamides ni les antibiotiques. Le plasma injectable non plus n'était pas inventé.

Vers le quatrième jour, nous devons prendre en charge les blessés d'une offensive. Nous opérons pendant trente-six heures d'affilée, avec un petit arrêt d'un quart d'heure toutes les deux heures environ, pour manger ou boire du café pour tenir le coup. Petit à petit, le nombre des blessés diminue, mais nous sommes absolument épuisés.

Des infirmières nous aident. Il y en a de deux sortes : les infirmières militaires sont des femmes d'expérience, de vingt-cinq à trente-cinq ans, simples et dévouées, affectées au service de nuit. Dans la journée, nous sommes assistés par de très jeunes infirmières de la Croix-Rouge. Il y en a environ une quinzaine dans l'établissement. Mais, dès dix-huit heures, elles rentrent dans leur enclos sous la surveillance d'une espèce de dragon, la femme d'un général de cavalerie. Une chamelle comme il y en a peu.

Vingt jours durant, nous vivons à ce rythme. Jusqu'à la fin de mai. Nous n'en pouvons plus, physiquement et aussi moralement, car le taux de perte est énorme. Souvent, on nous laisse des malades moribonds qui n'ont simplement pas la force d'aller plus loin.

Un jour, il nous est arrivé un pauvre gars qui était resté deux jours entre les lignes avec une jambe broyée dont un bout était déjà en partie mortifié. Il était livide, et son pouls très faible. Après l'avoir réchauffé et lui avoir fait une transfusion, il a semblé reprendre un peu vie. Nous en avons profité pour lui faire une amputation rapide et économique, mais il est mort alors que nous terminions, sur la table d'opération.

Pendant ce temps, nous entendions dans le couloir des gémissements continus. Un blessé au ventre, nous a-t-on informés. Puis le bruit a cessé, et nous avons su que c'était fini pour lui. Des morts, il y en avait dans tous les coins, et cela ne nous remontait pas le moral.

Une fois sortis de la salle d'opération, nous allons travailler dans les baraquements où se trouvent les opérés pour faire des pansements méticuleux, essayer de déchoquer et de remonter les malades. Souvent, nous constatons que les opérés de la veille n'ont pas passé la nuit.

Dans ces conditions, nous avons hâte d'aller à la popote prendre un peu de réconfort. Pour se rendre compte de notre état d'esprit, il faut lire l'admirable *Vie des martyrs* de Georges Duhamel, prix Goncourt en 1918. Et encore, Duhamel ne décrit que les ambulances de deuxième ligne, dont les blessés étaient pour beaucoup sur le chemin de la guérison.

Parfois, le soir, nous allons faire un petit tour sur la route en direction d'Amiens. Mais faire un tour dans la ville n'a aucun intérêt. Amiens a été complètement évacuée ; il ne reste que quelques habitants employés aux services indispensables, qui vivent dans les caves. Notamment des gendarmes placés sous les ordres d'un commandant d'armes, chargés de faire régner l'ordre. Non seulement on a fermé les volets des maisons, mais on les a cloués. Plus encore que le canon, on entend des tirs au fusil. En raison des pillages abondants, les brigades de gendarmerie arpentent la ville avec la consigne de tirer sur tout soldat traînant dans les rues.

Après trois semaines de séjour à l'hôpital de Dury, nous apprenons que nous sommes relevés et remis à la disposition de la 42ᵉ division, qui se trouve au repos dans les parages.

Nous repartons, toujours dans le même ordre. En tête, notre jument Banane et le médecin chef, suivis de deux cyclistes, derrière le chariot d'Esculape portant ses disciples, enfin suivent les voitures et fourgons traditionnels.

Nous n'allons pas bien loin. Nous nous arrêtons à trois kilomètres de là, au bord d'une route derrière laquelle s'amorce une charmante vallée, dans l'asile scolaire de Dury. Le bâtiment est banal, meublé de quelques tables, de bancs, de couchettes et de quelques matelas. Notre unique préoccupation est de dormir et de manger. Nous avons travaillé pendant les trois dernières semaines de quinze à dix-huit heures par jour. Nos infirmiers sont à peu près dans le même état.

C'est là que nous apprenons les derniers événements, par les journaux et différentes sources. Les Allemands ayant fait la paix avec les Russes, ils sont libérés de leur front est. Ils ont donc ramené toutes leurs troupes vers nous pour faire une percée. La première tentative a eu lieu au nord d'Amiens, il y a environ un mois. Maintenant, ils cherchent un point faible pour tenter de couper nos communications avec le Nord et avec l'Angleterre.

Nous ne tardons pas à nous apercevoir qu'en effet le climat n'est pas à la détente. On entend beaucoup le canon après la tombée de la nuit. Et nous avons la surprise de recevoir deux obus, un sur le potager et l'autre dans le bas de la vallée.

Le surlendemain de notre arrivée, nous rencontrons sur la route trois charrettes de réfugiés qui descendent de la région d'Amiens vers le sud. Un spectacle que j'ai déjà vu, en particulier quand nous montions sur Verdun. Qu'il s'agisse de chariots lorrains ou de grandes charrettes picardes, il est à peu près partout le même. Il y a des coffres, des malles par-dessus des matelas, avec des bâches prêtes à recouvrir le tout. Deux chevaux dans les brancards, des vaches attachées derrière, le chien entre les roues... La mère marche à côté, poussant une voiture d'enfant avec un gosse ou du matériel dedans. En général, c'est un vieux qui conduit les chevaux. Ces pauvres gens me serrent le cœur.

Au cours d'une promenade, je repère des hommes portant l'écusson du 94e. L'un d'eux m'informe que son bataillon est devant Moreuil, et que d'autres sont au repos. Lui-même se trouve au train de combat, tout près d'ici. Je lui emboîte le pas et, lorsque nous y arrivons, je reconnais le lieutenant d'approvisionnement. Il était déjà là à l'époque où je faisais partie du 94e.

— C'est plutôt calme, m'apprend-il. On se doute bien que, d'ici à un mois, il y aura du nouveau. Les Allemands font des poussées sur notre front pour voir s'il n'y a pas des points faibles. Ils ont raté leur percée au nord d'Amiens de justesse. Pour l'instant, je crois qu'ils ont autant la frousse que nous, parce qu'ils se demandent ce qui se passe au sud. Ils voudraient bien le savoir. Pour parler d'autre chose, est-ce que cela vous ferait plaisir d'avoir quelques bonnes bouteilles ?

— Non seulement plaisir, mais grand bien au moral !

— Parce que, voilà, nous autres, éléments d'armée comptables, nous avons le droit d'acheter des fonds de commerce, voire des caves particulières. Il faut pour cela s'adresser au major du cantonnement à Amiens. Il a des ordres, ou tout au moins des licences de vente de la part de ceux qui sont partis. Or il y a beaucoup de caves bourgeoises à Amiens dont les propriétaires ont fichu le camp par ordre. Aussi on peut acheter à des prix très intéressants des bouteilles remarquables.

Comme je lui confirme mon intérêt, le lieutenant me répond :

— Parlez-en à vos copains, et revenez me voir demain. Faites-moi une petite liste. Je vous donnerai probablement satisfaction, parce que j'ai rapporté hier tout un chariot de parc.

Le lendemain, nous revenons chez le lieutenant de ravitaillement avec un fourgon, et il nous dit de faire notre choix. Nous prenons des cortons à deux francs cinquante la bouteille, des pommards, de magnifiques eaux-de-vie à cent sous le litre, du château-yquem à trois francs et tout à l'avenant.

Il termine en expliquant que, malheureusement, ce genre de marchandise ne convient pas aux troupes, qui aiment la quantité.

— Et des vins pareils, ça les soûle trop vite, commente-t-il.

Le lendemain, nous débouchons notre première bouteille de pommard, et nous condamnons le père La Poulbe à en boire un verre à genoux.

Vers le 10 juillet, nous recevons l'ordre, Fait, Vilas et moi, c'est-à-dire l'élément principal de l'équipe chirurgicale, d'aller d'urgence seconder l'ambulance 2/12, à une dizaine de kilomètres de Moreuil, où on se bat assez fort. Arrivés là-bas, nous nous mettons aussitôt à la besogne. Une quinzaine de blessés attendent. La consigne est de ne pas traiter les cas les plus graves, car nous risquons d'être rappelés d'une heure à l'autre, et nous ne pourrons pas assurer de soins postopératoires prolongés. C'est ainsi que, le premier jour, nous réalisons quinze interventions en deux heures. La plupart du temps, il s'agit de régularisations et d'« épluchage » des plaies. Ce terme épluchage était très à la mode, à ce moment-là.

Le 14 juillet, en effet, nous sommes renvoyés à l'ambulance 1/10. Nous retrouvons nos camarades avec plaisir. Il faut dire que l'équipe chirurgicale de Louvard comptait deux infirmières de la Croix-Rouge, filles d'officiers supérieurs. En revenant au bercail, nous nous félicitons de ne pas avoir chez nous ce genre de problème. Il nous serait bien difficile d'offrir le moindre confort à deux femmes, et, surtout, nous aurions le devoir de surveiller nos conversations à la popote, ce qui nuirait beaucoup à leur agrément.

1er août 1918. Je retourne du côté du train de combat du 94e, où je retrouve mon collègue Bertier.

— Il y a du nouveau depuis la dernière fois, me dit-il. Mangin a attaqué au sud, dans la forêt de Villers-Cotterêts, autour de Ressons-sur-Mats, et les Allemands reculent. Notre tour ne va pas tarder. Déjà, depuis plusieurs nuits, les convois de matériels viennent se mettre en place.

En effet, le 8 août à cinq heures du matin, sur tout le front qui est devant nous, un tir extrêmement violent est déclenché. L'attaque du général Debeney commence, partant de Moreuil et Morisel.

Le soir même, nous apprenons que le 94e et les bataillons de chasseurs ont attaqué devant Morisel et que les Allemands n'ont pas résisté. Nous avons avancé de huit kilomètres presque sans pertes, après avoir fait un certain nombre de prisonniers. Le jour suivant, il en est de même et, le troisième jour, alors que les Allemands ont reculé d'une douzaine de kilomètres sur le plateau du Santerre, nous recevons l'ordre de nous mettre en branle en direction de Plessier-Rozainvillers, un petit pays situé à deux kilomètres de Moreuil.

Nous partons dans l'obscurité, et nous arrivons au Plessier au petit jour.

C'est le désert absolu. De ce village qui se trouvait entre les lignes, il ne reste que quelques pans de murs. La seule partie encore habitable est au cimetière... Nous nous approchons, et nous remarquons qu'un caveau est recouvert d'une toile de tente. Nous en écartons un pan. Et qu'est-ce qu'on voit dans le fond ? Deux gars qui dorment ! Une fois réveillés, ils nous apprennent qu'ils sont brancardiers... et séminaristes.

— Bande de salopards, s'indigne-t-on, vous n'avez pas honte de coucher dans une tombe !

Ils ont à peine déguerpi que nous prenons leur place. Et nous découvrons dans certains autres caveaux des restes de paille laissés là par les Allemands, qui les ont aménagés.

Vers les sept heures du matin, nous sommes réveillés par un bruit de pas au-dessus de notre tête. Nous émergeons, et qu'est-ce que nous voyons ? Un civil.

— Je suis le maire du pays, dit-il, et, ma foi, je dois vous signaler que vous occupez le caveau de ma famille.

Nous lui répondons que nous en sommes désolés, mais que ce sont les seuls abris qui restent dans ce pays, et que, de toute façon, il y a déjà un moment qu'ils sont utilisés.

Après trois jours d'attente, nous recevons l'ordre de partir nous installer en ambulance autonome dans la ville de Ham, à proximité de Saint-Quentin. De Santerre jusqu'à Ham, la région est dans un état désastreux. Les Allemands ont tout détruit avant de partir, et même coupé les arbres pour barrer les routes. Il n'y a pas de récoltes, car on n'a rien semé.

C'est là, à Ham, que nous montons la baraque chirurgicale, au moyen des panneaux en bois que nous avons transportés : une espèce de petite maison préfabriquée pas mal conçue, bien étanche, avec un plancher et un double plafond. On peut y mettre une table d'opération et une seconde table pour anesthésier. Dans un appentis sont rassemblés les systèmes de stérilisation et d'éclairage. Nous avons dressé cette baraque sur une petite place, plaquée le long de maisons de façon qu'elle soit le moins visible possible, depuis les avions.

Le 13 août au matin, nous commençons à fonctionner. Au début, nous voyons peu de blessés, parce que les Allemands s'en sont allés sans beaucoup se défendre. Mais bientôt, après qu'ils se sont installés sur la ligne Hindenburg, devant Saint-Quentin, les accrochages font de fortes pertes.

Le gros ennui, c'est que nous sommes trop près des Allemands, à guère plus de dix kilomètres. Du coup, le pays reçoit des obus à chaque instant. Le résultat immédiat est que nos lampes s'éteignent sans cesse et que nous nous retrouvons dans l'obscurité. Il nous arrive d'être obligés de rallumer plusieurs fois au cours d'une seule intervention, même de courte durée.

Je me souviens d'une nuit, en particulier. Nous étions en train de soigner un homme qui avait la mâchoire inférieure fracassée. L'os était en plusieurs fragments. Le saignement avait été abondant, et nous étions en train de faire une transfusion, en essayant avec difficulté de trouver les artères au milieu de la plaie pour en faire la ligature. Soudain, un gros obus tombe tout près. Au moins un 150 ou un 210. Toute la baraque se soulève d'un coup, et une partie du toit tombe. Le reste menace de venir s'aplatir sur nous et notre blessé. Heureusement, deux infirmiers trouvent le moyen d'étayer la baraque, d'abord avec leurs bras, puis avec des bouts de bois. Mais nous sommes dans l'obscurité totale, l'appareil de transfusion a été débranché et le sang coule à l'extérieur. Quand la lumière revient, nous nous apercevons avec effroi que nous avons rebranché l'appareil à l'envers, si bien que nous injectons de l'air dans les veines du malade ! Théoriquement, il aurait dû claquer, mais il n'en est rien, Dieu merci. Mais nous avons eu la frousse. J'ai noté sur un carnet qu'au cours de cette intervention, qui dura trois quarts d'heure, nous avons dû rallumer huit fois.

Heureusement, après une quinzaine de jours, le nombre de blessés diminue rapidement, parce que les Allemands ont cédé du terrain. Les nôtres ont pu enfoncer leur ligne de résistance devant Saint-Quentin, et les Allemands ont reculé sur une position en arrière. Ils partent en retraite d'une façon étudiée et méthodique, par étapes. Ils ne délogent qu'au dernier moment, et en bon ordre. Ce n'est pas une débâcle, au contraire.

On nous donne alors l'ordre de plier bagage pour nous diriger vers Saint-Quentin, une région de terres à blé et à betterave, restée en friche depuis le début de la guerre. Les villages sont pulvérisés, les arbres coupés. C'est une terre brûlée que nous traversons.

À Marcy, gros bourg d'où on voit Saint-Quentin, notre situation devient franchement confuse. Pour deux raisons. Nous sommes à soixante kilomètres à vol d'oiseau de notre point de départ, et nous nous trouvons donc décrochés de notre division. D'autre part, notre patron, Fait, est sérieusement malade. Il a attrapé une espèce de grippe avec foyer pulmonaire, qu'on appelle la grippe espagnole, dont on commence à parler pas mal. Or notre équipe ne peut pas fonctionner sans lui.

Aussi, nous sommes au repos. Je fais à ce moment la connaissance d'un nouveau confrère : Baptiste Livrelli, un Corse calme et sérieux. C'est avec lui que je passerai le plus clair de mon temps jusqu'à la fin de la campagne.

Nous sommes en haut d'une grande côte qui descend en pente douce jusqu'à Saint-Quentin. Pour dormir, on nous a donné un abri dans un chemin creux, au bord de la route. À côté de moi, il y a Livrelli, puis Chevillas, un peu plus loin, les deux chirurgiens Louvard et Andrieu, et, au-delà, les deux infirmières.

Pour passer le temps, nous trois de l'ambulance, nous nous amusons à observer discrètement la métamorphose de nos deux filles. Jusque-là, en plein travail, elles faisaient figure de subordonnées. Mais, au repos, elles se conduisent en maîtresses de maison. Elles ne manquent ni de stratégie ni de tactique, il faut dire. J'en aurai d'ailleurs la preuve six mois plus tard, quand je recevrai une lettre de Louvard m'annonçant son mariage, et celui d'Andrieu.

Une ou deux fois, nous allons faire un tour dans Saint-Quentin. L'hôtel de ville est intact. On aperçoit nettement, se détachant sur le ciel, les singes lubriques de la toiture. Quant à la basilique, elle a été un peu écornée. Mais elle a eu chaud, semble-t-il... À l'intérieur, tous les fûts de colonne ont une pierre enlevée pour pouvoir y placer un fourneau de mine et portent un écriteau en allemand indiquant la façon d'utiliser ces trous, comment placer la bombe et les cordons d'allumage.

Vers le 25 octobre, nous prenons le départ pour Guise, à soixante-quinze kilomètres de notre point de départ. Fait, bien que pas complètement rétabli, est de nouveau parmi nous. Depuis une huitaine de jours, des brouillards froids et de grosses pluies ont transformé la région en un vaste cloaque. On ne distingue plus les routes des fossés, et les fossés des champs. Si des bouts de bois ne balisaient pas le trajet, nous irions à tout instant verser sur le côté.

Guise est désert, lamentable. Pas d'éclairage, pas de chauffage. Il fait un froid terrible. Pour la nuit, on nous installe dans un pavillon aux trois quarts démoli. Nous couchons sous une véranda dont les carreaux cassés laissent passer la pluie. L'ambulance est partie s'installer à l'hôpital, que les Allemands ont vidé en partant, à l'exception de leurs blessés intransportables.

Lorsque nous croisons les rares civils restés sur place, nous avons l'étonnement de les voir se mettre au garde-à-vous sur notre passage. Nous leur rendons leur salut, mais ça recommence cinquante mètres plus loin. À la fin, j'en aborde un :

— C'est gentil, mais tout de même, laissez-nous un peu au calme.

— Nous avons tellement l'habitude, me répond-il. On devait se mettre au garde-à-vous devant tout officier allemand. Sinon, on était astreint au travail obligatoire pendant une dizaine de jours. Vous savez, on en a vu de dures pendant quatre ans.

Nous nous installons vaille que vaille dans l'hôpital, où notre tâche consiste surtout à soigner les blessés allemands restés là. La salle d'opération n'est pas plus confortable que notre baraque de Ham. Nous manquons de ravitaillement, de médicaments, de pansements, etc. On sent que le système se disloque peu à peu.

Et on commence alors à se dire que la guerre ne durera plus longtemps. Certains affirment même qu'elle se terminera avant la fin de cette année. On parle de plus en plus de cessez-le-feu, d'armistice.

Enfin, le 9 novembre au matin, à midi, retentit la sonnerie du cessez-le-feu.

On nous apprend que le ministre plénipotentiaire doit passer sur la route allant de Guise à La Capelle. Dès une heure de l'après-midi, nous voilà sur la route au milieu d'une foule de soldats. Il pleut, nous sommes assis dans la boue, mais nous restons là jusqu'à six heures. Et il fait nuit noire lorsque nous rentrons finalement à la popote nous réchauffer un peu. Le 10 novembre, on attend encore, en vain. Et le 11, nous apprenons que le ministre est passé dans la nuit, et que l'armistice va être signé.

Le soir, dans les rues et sur la place de Guise, on s'écrase. Il faut jouer des coudes. Dans la nuit noire, on ne voit que les lueurs de cigarettes. À un moment il se produit un remous, et on entend un commandant crier :

— Un peu de gaieté, voyons, les gars ! Nous sommes vainqueurs nom d'un chien ! Tâchez donc de trouver des bougies et des lanternes, nous allons faire une petite retraite aux flambeaux.

Et le voilà parti en avant, chantant *La Madelon*. C'est lamentable. Le mot de la fin est crié par un type, à côté de moi :

— Tu parles d'un armistice, y a même pas de pinard !

De fait, nous avons rarement été aussi mal ravitaillés que depuis ces huit derniers jours. Nous n'avons touché ni viande ni vin, et l'eau est rationnée. Il n'y a que des vivres de réserve. Il faut dire que les communications sont extrêmement difficiles, avec l'arrière. Faute de chemin de fer, le ravitaillement arrive par fourgon, et en désordre.

Désemparés, nous rentrons nous coucher.

Malgré le cessez-le-feu, les blessés continuaient à arriver, non qu'on leur avait tiré dessus, mais les Allemands avaient piégé quantité d'objets, des caisses en particulier, qui sautaient lorsqu'on les touchait. Enfin, au bout de quatre jours, l'ordre arriva d'évacuer tous les blessés transportables. Alors il n'en resta que quelques-uns, dont un que je n'oublierai jamais.

C'était un officier allemand, grand, racé, intelligent. Il parlait français sans aucun accent. J'aimais bavarder avec lui, pendant que nous faisions son pansement.

— Messieurs, nous demanda-t-il le 12 novembre, vous devez connaître les clauses de l'armistice, vous serait-il possible de m'en indiquer les principales ?

Ce qui fut fait.

— Eh bien, commenta-t-il, j'ai le regret de vous dire que nous avons gagné la guerre. Non pour le présent bien sûr, mais pour les années qui vont venir. En effet, vous avez presque supprimé l'Autriche en lui enlevant quasiment toutes ses provinces et en les distribuant à des pays secondaires à peine viables et déjà menacés. L'Autriche n'aura pas d'autres ressources que de s'allier à nous. C'est ce que nous appelons l'Anschluss.

J'en fus soufflé. Se pouvait-il qu'il eût raison ? On verrait bien la suite…

La suite, ce fut Hitler !

Le second blessé était complètement différent. C'était un garçon des toutes jeunes classes, qui n'avait pas plus de vingt et un ans. Il avait une blessure terrible à la tête. Malgré le casque, il avait eu une perte de substance du crâne de cinq centimètres au moins, qui donnait accès à une autre plaie en dessous, cérébrale et profonde comme un œuf de poule. Cette plaie était ancienne d'un mois et demi. On avait cru, comme nos prédécesseurs, qu'il allait mourir. Mais il tenait le coup.

Avec de grosses séquelles cérébrales, évidemment. Une hémiplégie et une incapacité à parler, tout juste bredouillait-il de façon plus ou moins intelligible. Cependant, on voyait dans ses yeux qu'il avait gardé son intelligence. Quand on lui dit que la guerre était finie, et que nous allions bientôt l'envoyer se faire soigner à l'intérieur, on vit des larmes couler sur ses joues. De sa main valide, il nous attrapa les nôtres et nous serra tant qu'il put. C'était poignant. Nous avions la larme à l'œil, nous aussi.

Nous lui faisions son pansement tous les deux jours. Chaque fois, nous trouvions la plaie comme remplie de riz ou de semoule. C'étaient des asticots et des œufs d'asticots. On commençait par vider tout cela avec une cuillère puis avec une spatule pour compléter le nettoyage. Enfin, on lavait et on rembourrait le pansement de compresses stériles. Deux jours plus tard, tout était à refaire. Eh bien, il arriva quelque chose d'incroyable : la plaie devint absolument propre, et des bourgeons de cicatrisation poussèrent sans aucune espèce de pus ni d'infection ! J'avais déjà remarqué bien des fois que les plaies souillées d'asticots évoluaient admirablement. Ces observations furent faites par quantité de médecins du front. Elles servirent, après la guerre, à la mise au point d'un procédé de cicatrisation par broyage d'asticots.

Quelque temps après notre arrivée à Guise, Fait fut avisé qu'il allait pouvoir rentrer à Nice. C'était la fin de l'équipe chirurgicale de l'ambulance 1/10.

Le deuil de la victoire

Dans les régions délivrées du Nord.
Novembre 1918 - janvier 1919

Après l'armistice, je fus moi-même détaché de l'ambulance 1/10, et affecté à la mission française près de la 3ᵉ armée britannique. Je reçus l'ordre de me rendre au Quesnoy, à cinquante kilomètres de Guise, avec une ambulance automobile, deux brancardiers et deux infirmiers assistés du docteur Livrelli. Étant le plus ancien gradé, c'était moi qui devais commander le détachement.

Le 14 novembre 1918 au matin, je pars pour Le Quesnoy avec mon équipe. Après un trajet déprimant au milieu d'une campagne dévastée, nous arrivons dans cette petite ville fortifiée par Vauban.

Dès mon arrivée, je vais me présenter au major du cantonnement qui me souhaite la bienvenue.

— Bon, nous vous prenons en subsistance, me dit-il, envoyez-moi vos hommes.

Nous lui dépêchons aussitôt nos infirmiers Bourisse et Pégase, avec quatre bidons chacun autour du cou et deux musettes. Nous les voyons revenir, la tête basse, rentrée dans les épaules, surtout Pégase, qui tendait la main en avant comme s'il demandait l'aumône. Il s'approche de nous et ouvre la paume : il a dans le creux de sa main une poignée de thé.

— C'est pas avec ça qu'ils vont nous remonter ! dit-il. J'ai rien dans les bidons, ni vin, ni café, ni gnôle.

Un paquet de dix cigarettes par homme, une boîte de conserve de haricots avec du cochon, un peu de pain de mie, c'est tout ce qu'ils nous ont donné.

Le deuxième et le troisième jour, même menu. Le quatrième, je m'en vais trouver le major du cantonnement pour lui faire part de nos réclamations. Il me répond qu'il nous a crus de passage, mais que, puisque nous sommes définitivement affectés avec lui, il nous donnera désormais la ration normale !

Nous avons eu un gros succès dans le pays, à notre arrivée. Les habitants se mettaient sur le pas de leur porte pour voir ces officiers et ces soldats en bleu horizon. Ils n'ont pas vu de militaires français depuis août 1914, au temps des képis et des pantalons rouges.

Ils nous invitent chez eux pour qu'on leur raconte notre guerre, et alors nous nous asseyons et on n'en sort plus. De notre côté, nous sommes intéressés par ce qu'ils ont vécu pendant ces années. Ils nous avouent ne pas avoir été trop malheureux. Ils ont eu le nécessaire. Et même un peu de superflu, grâce au comité hispano-américain, une espèce de société de bienfaisance qui prodiguait des dons aux habitants des pays envahis, café, sucre, thé, chocolat, etc. Une bonne partie se perdait au marché noir, mais il leur en restait.

D'ailleurs, dans toutes les maisons où nous entrons, il y a une cafetière au chaud, sur le petit poêle de fonte. Une tasse de café arrosée d'un peu d'eau-de-vie, c'est la « bistouille ». Le premier jour que j'ai passé là-bas, j'en ai bien bu vingt à vingt-cinq dans ma journée. Et malgré cela je n'arrivais toujours pas à comprendre le patois du « ch'nor ».

Notre plus grande distraction consiste à assister à la relève de la garde britannique, avec cornemuses, tambours, fifres, etc. C'est pittoresque, et ça a de l'allure. Mis à part cela, les occupations sont plutôt rares, et nous n'avons presque pas de travail. Les réfugiés ne passent pas dans la région. Des malades, on n'en a guère, et il y a déjà un médecin civil pour s'en occuper. Sans doute est-ce pour cette raison que le médecin chef, auquel je rends mon rapport, nous avertit que nous allons changer d'emplacement.

C'est à peu près vers cette époque que je reçois de mes parents une nouvelle alarmante : ma grand-mère a attrapé la grippe espagnole, ainsi que ma sœur. Je sais, par les échos qui m'en arrivent, que cette épidémie

Photo prise par Louis Maufrais en novembre 1918, alors qu'il est détaché au Quesnoy, à la mission française, près de la 3e armée britannique.

devient effrayante, par son ampleur et par sa mortalité. Aussi mon inquiétude est-elle grande.

Nous décidons d'aller faire un tour à Valenciennes avant de partir du coin, à une quinzaine de kilomètres au nord. La première impression est que la ville a peu souffert. Mais la gare ! Le hall devait être comme on les faisait à la Belle Époque, une grande verrière soutenue par une cage métallique qui s'appuyait d'une part sur les bâtiments de la gare, et d'autre part sur un gros mur de soutènement. Les Allemands ont fait sauter ce mur, et ainsi fait basculer d'une seule pièce toute la verrière et son armature de fer. Le spectacle est invraisemblable.

D'autre part, les aiguillages et les rails ont été mis hors d'usage. Une cartouche de dynamite placée à l'union de deux rails, un rail sur deux, a rendu l'ensemble inutilisable. Sur tous les tronçons de chemin de fer du réseau du Nord que nous avons pu voir, c'était la même chose. Il en faudra du temps, pensons-nous, pour remettre tout cela en état. Eh bien, six mois après l'armistice, tout roulera à peu près normalement.

En quittant la gare, nous remontons un grand boulevard désert, sous une pluie fine qui nous transperce. Il est bordé de petites maisons noires, toutes semblables et désertes, dont les portes et les volets battent au vent. Au-delà, on distingue les grands cônes des crassiers dont les sommets sont pris dans les brumes. C'est absolument sinistre.

Après notre séjour au Quesnoy, nous recevons l'ordre de rejoindre Maubeuge. Là, l'ambiance est toute différente. Cette ville fortifiée entourée de grands faubourgs industriels a été mise à mal en 1914. De ses nombreuses cheminées d'usines, aucune ne fume.

Tout est fermé. À la mairie où nous nous rendons d'abord, on nous dit :

— Allez donc voir à la mission française des interprètes. Ce sont eux qui vont s'occuper de vous ; ils servent de liaison entre les Anglais et nous.

À l'endroit indiqué, nous trouvons des garçons habillés en soldats anglais, avec un petit écusson à tête de sphinx et drapeau tricolore. Des gars gentils, très serviables. En un clin d'œil, nous avons un cantonnement pour tous et des chambres pour les officiers. Les interprètes nous proposent de prendre nos repas avec eux.

— Vous ne trouverez pas mieux, préviennent-ils. Le ravitaillement n'est pas encore excellent, pour les civils.

Le soir même, nous faisions connaissance. Nous apprenons que les Anglais vivent en marge de la population. De leur description de la fonction d'interprète, nous déduisons qu'elle n'est pas du tout désagréable, et qu'il faut être pistonné pour l'obtenir.

Le lendemain matin, nous nous présentons à l'hôpital vers neuf heures. Je suis reçu par un brave homme du même âge que mon père. Il m'informe que l'hôpital est un ancien lycée reconverti par les Allemands. Il n'y a presque plus personne. Juste quelques consultations et quelques hospitalisés. Comme il est là pour s'en occuper, il est inutile pour nous d'y venir, nous n'aurions pas de travail. Il nous fait visiter les pièces, les bureaux et les salles très bien équipées.

— Toute cette plomberie flambant neuve, précise-t-il, a été installée par les Allemands, aux frais de la ville de Maubeuge.

Nous passons dans un grand préau qui est la salle d'eau. Au-dessus des quinze lavabos magnifiques, il est écrit en grosses lettres sur un écriteau : SYPHILIS. En vis-à-vis des lavabos, quinze bidets, et un autre écriteau mentionnant : SYPHILIS.

J'apprends que les Allemands avaient une peur terrible des maladies vénériennes, surtout en raison de la diminution des effectifs. Tout membre de l'armée allemande, quels que soient son grade et sa position, devait se plier au règlement. Au moindre soupçon, on faisait chercher la femme chez elle et on l'amenait en observation à l'hôpital. On la relâchait aussitôt si elle était indemne, mais on la gardait jusqu'à la guérison si elle était malade, et tout cela, sans égard pour la pudeur.

Les Allemands avaient cette qualité : chez eux, pas de passe-droit. Tous les membres de l'armée suivaient la loi commune. Un jour, l'ordre a été donné de réquisitionner tous les matelas de la ville, non seulement ceux des particuliers, mais aussi celui du général commandant, chef de la Kommandantur. Et la fille du général avait été comme les autres mise en observation dans cet hôpital, pour être relâchée au bout de quelques jours.

Une fois sortis de là, la première chose que nous voyons sur la place, en face de nous, c'est une grande verrière – en fait le jardin d'hiver d'un l'hôtel, meublé de fauteuils couplés par deux. Des officiers anglais s'y sont installés, assis ou plutôt à demi-couchés, les jambes allongées et les chaussures posées sur un fauteuil. Ils lisent leur journal, prennent le thé, fument… On devine qu'ils passent là le plus clair de leur journée. La guerre est finie.

La différence de comportement entre les Allemands et les Anglais nous apparaît, frappante. Sur cette même place, les Allemands ont fait construire un bâtiment en planches sur la porte duquel est écrit « Musée ». Ils ont rassemblé là tous les dessins et pastels de Quentin de

La Tour, qui se trouvaient à Saint-Quentin, pour les mettre à l'abri. Un abri très relatif, évidemment ; mais enfin, ce musée présente bien, on ne peut le nier. Il y a de l'éclairage, du chauffage, et même des sièges.

Maubeuge est une sorte de grand carrefour que traversent en tous sens d'innombrables charrettes et chariots de réfugiés. La plupart arrivent par la vallée de la Meuse ou viennent du Luxembourg, et descendent vers la région de Saint-Quentin. Certains se dirigent d'est en ouest, allant vers la Flandre française. Et d'autres vont du sud au nord. Ce sont en général de pauvres gens qui rentrent chez eux pour constater que leur maison a été rasée, qu'il ne reste plus rien.

Pour eux, nous installons avec le concours des confrères du coin un poste de secours avec transfert possible à l'hôpital. Dans les charrettes que nous visitons, il y a souvent des malades, parfois graves. J'ai vu un enfant déjà gravement atteint depuis plusieurs jours mourir à son arrivée de diphtérie maligne. Mais j'ai surtout diagnostiqué des grippes espagnoles. Si beaucoup vont à l'hôpital, d'autres continuent le trajet après qu'on leur a donné quelques médicaments, car il n'y a guère de pharmacie sur le parcours.

Enfin je reçois une lettre de Dol. Elle date de dix jours. Et m'apprend, hélas ! la mort de ma grand-mère. Encore une victime de la grippe espagnole[1]. Grâce à Livrelli, qui me remplace, j'obtiens une permission de six jours, voyage compris. Ce n'est pas beaucoup, mais je suis bien content de partir. Pour traverser le véritable désert qui coupe la France en deux, il n'y a que l'auto-

---

1. La sœur de Louis Maufrais mourra des suites de la grippe espagnole en 1922.

stop. Enfin, je réussis à prendre le train – pour un voyage interminable.

À Dol, je trouve ma pauvre sœur à peine guérie de sa grippe avec foyer pulmonaire. Mon père l'a eue également, mais la mort de ma grand-mère l'ayant obligé à s'arrêter de travailler pendant trois jours, il a pu récupérer de la maladie grâce à ce repos forcé. L'épidémie, heureusement, tire sur sa fin. On saura plus tard qu'elle a fait autant de victimes que la guerre elle-même[1].

Rentré à Maubeuge, je retrouve la popote et mon voisin de table habituel, l'interprète Veil. En temps de paix, il était avocat à la cour et habitait à la Concorde. Nous rencontrons aussi des agents des services de recherches à la sûreté générale, qui viennent enquêter sur des histoires de commerce avec l'ennemi, de fraudes, de vols, voire de meurtres. Il paraît qu'il s'en est passé de drôles, pendant l'occupation. Ici comme ailleurs, beaucoup ont fait fortune en détournant une partie des vivres destinés aux pays envahis, qu'ils revendaient ensuite aux Allemands.

Noël 1918. Découverte du Christmas pudding, à la suite de quoi je reste sans manger pendant trois jours. Whisky, cigarettes, cigares, disques… les plaisirs ne manquent pas. Mais nous savons aussi que, d'ici quelques jours, tout va se disloquer. Que nous serons bientôt en tête à tête avec d'autres problèmes, ceux de la vie quotidienne.

Quatre jours plus tard, nous recevons l'ordre de nous rendre à Givet. Nous quittons Maubeuge et nos charmants interprètes le 12 janvier 1919. On m'envoie alors

---

1. Cette grippe virulente et contagieuse, de souche H1N1, s'est répandue en pandémie de 1918 à 1919. Elle aurait fait environ trente millions de morts dans le monde.

dans un village sur la frontière, en face de la station de chemin de fer belge de Heer-Agimont, la seule à fonctionner encore dans la région, puisque les voies ferrées françaises sont hors d'usage. C'est de là que je vais prendre le train pour rentrer.

En effet, j'ai reçu l'ordre de me présenter à Paris, au Val-de-Grâce, où je serai mis à la disposition de l'Assistance publique. Or, s'il est bien mentionné dans la petite gare qu'il y passe un train par jour vers Bruxelles, l'heure ne peut en être connue que le jour même. D'où l'obligation pour moi de rester là, sur place.

J'en profite pour faire quelques explorations dans les environs immédiats. Dans ce village, les maisons sont alignées face à une espèce de canal qui rejoint la Meuse. Comme la navigation est arrêtée, les péniches à quai se touchent les unes les autres. Je m'amuse à sauter de l'une à l'autre pour examiner leur chargement. Elles me renseignent sur la pénurie qui a sévi en Allemagne pendant la guerre.

Dans la première péniche, il y a des verres de lampe. Dans la deuxième, il y a d'un côté des ampoules, de l'autre des tubes à prise de sang. Dans la troisième, des chapeaux fabriqués dans un papier qui imite le feutre, et des valises en fibre. Enfin, dans la quatrième, je trouve des bandes à pansement qui, au lieu d'être en coton, sont elles aussi en papier. Les Allemands utilisent le système depuis quelques mois déjà, et, ma foi, il fonctionne aussi bien que le coton.

Les bicyclettes aussi sont intéressantes. Les Allemands ont remédié à la pénurie de caoutchouc en posant sur les roues deux jantes métalliques concentriques, reliées entre elles par cinq ou six petits ressorts à boudin. Évidemment rouillés. Aussi, on entend une bicyclette allemande arriver cent mètres avant qu'elle ne soit là.

Le jour du départ, je traverse le village frontière en direction de la gare de Heer-Agimont, précédé de ma cantine. Le train longe la frontière française sans y pénétrer, en direction du nord. Dans mon compartiment, je rencontre un officier des chasseurs alpins qui retourne en Savoie. Il sera mon compagnon de route jusqu'à notre arrivée à Paris.

Dinant, Liège, Namur, et Bruxelles. Là, nous louons un porteur et sa voiture à bras pour transporter nos cantines jusqu'à la gare du Midi, où nous devons les enregistrer. Nous formons un drôle d'équipage de vainqueurs, tous les deux, à déambuler dans Bruxelles derrière notre voiture à bras. Vraiment, rien de triomphal ! C'est à se demander si nous ne portons pas déjà le deuil de notre victoire.

Enfin, le lendemain soir, après un voyage de dix heures, nous arrivons à Paris. Au Val-de-Grâce, on m'informe que je suis mis à la disposition de l'Assistance publique pour reprendre mes fonctions hospitalières, mais que je reste à la disposition de l'autorité militaire jusqu'à ma démobilisation, le 31 juillet 1919.

Les jours suivants furent pour moi des jours d'intense et de dure réflexion. Devais-je présenter le concours de l'internat, mon but en 1914 ? J'avais devant moi cinq classes nouvelles de jeunes candidats. Et je me sentais si loin de cette vie d'étudiant, à présent. Je pris la difficile décision de finir mes études aussi vite que possible pour m'installer. Mon cousin, que je voyais de temps en temps, avait le même problème que moi, en pire. La guerre avait éclaté au moment où il allait arrêter ses deux années de service militaire. Il avait derrière lui sept ans de caserne et de guerre. Déboussolé, il avait bien du mal à se réadapter à la vie quotidienne.

Comme nous ne roulions pas sur l'or, il nous arrivait souvent de nous retrouver à déjeuner dans une baraque Villegrain, du côté de l'École militaire. Et nous allions dîner de temps à autre au cercle militaire.

Début juillet 1919, on commença à parler du grand défilé de la victoire. Il devait avoir lieu le 14 juillet. Toute l'armée française devait y participer, mais aussi des détachements des armées alliées. Je pensais avec raison qu'avec un tel afflux de peuple on ne verrait rien, même grimpé dans les arbres. J'avais pris mon parti de ne pas y aller. C'est ce que j'écrivis d'ailleurs à mon père, qui avait pensé venir pour l'occasion. Mais la bonne étoile qui m'avait guidé pendant cette guerre, tout au long de mes affectations et mes missions, ne m'avait pas abandonné ; le 12 juillet au soir, je reçus un pli du commandement de la place de Paris. On m'ordonnait de me présenter le 14 juillet avant six heures du matin dans la cour du Val-de-Grâce pour prendre le commandement d'une ambulance auto-mobile, avec un chauffeur, un infirmier et deux brancardiers.

Les fantômes du défilé

Champs-Élysées. 14 juillet 1919

14 juillet 1919. De la rue Oudry, où j'habite, au boulevard de l'Hôpital, je n'ai que quelques centaines de mètres à faire à pied pour me rendre au Val-de-Grâce. Dans les rues désertes, l'air est déjà doux. Il va faire beau. La veille au soir, déjà, on a vu les Parisiens remonter de partout vers l'Étoile, chargés d'escabeaux, de pliants et même d'échelles doubles, pour aller voir sous l'Arc de triomphe le grand catafalque éclairé de nuit.

À cinq heures et demie du matin, je suis dans la cour de l'hôpital en pleine effervescence. Beaucoup de militaires en tenue passent, pressés, mais je ne reconnais personne. Lorsqu'on m'indique les sites des différents postes de secours le long de l'Avenue, je constate que je suis le mieux placé, à l'angle de l'avenue des Champs-Élysées et de la rue Bassano. Mon équipe médicale, composée de deux infirmiers et de deux brancardiers, m'attend déjà devant l'ambulance, avec le chauffeur. Nous filons vers les Champs-Élysées. Une fois sur place, je fais reculer l'ambulance en marche arrière, de façon que la voiture soit au plus près du cordon de troupe. Ce qui ne se fait pas sans récriminations et engueulades de la part des spectateurs installés là depuis l'aube. Mais, que voulez-vous, aujourd'hui, le militaire passe avant tout le monde !

La foule s'étend déjà sur une profondeur de huit à dix rangs. Les derniers arrivants sont grimpés sur des bancs et sur des échelles dont on loue les places. Les arbres sont couverts de jeunes gens. Des jambes et des cuisses pendent de toutes les branches. Les fenêtres et les balcons des maisons sont noirs de monde, à craquer. Même les toits et les échelles de fer scellées dans les cheminées sont couvertes de grappes d'hommes. Malgré cette énorme affluence, il règne un silence tendu.

Vers huit heures, on entend un frémissement dans la foule, au loin, et brusquement, nous voyons arriver Foch et Joffre à cheval, le bâton de maréchal sur le flanc, suivis de Weygand et des états-majors, ainsi que de tous les officiers des armées alliées. Sans un bruit.

Ils laissent un vide dans le cortège, puis, soudain, les cornemuses britanniques entrent en scène. Je distingue des représentants de la Royal Air Force, puis de la Royal Navy, le Canada, les Indes, l'Afrique du Sud, l'Australie, la Nouvelle-Zélande, et d'autres encore. Derrière les Anglais viennent les Américains, le général Pershing, en tête. Il est suivi d'un gros détachement de marines. Maintenant, défilent les Belges, les Serbes, les Italiens, les Grecs, les Portugais…

Pour la circonstance, on a fait disparaître tous les refuges qui se trouvaient au milieu de l'avenue des Champs-Élysées de façon à permettre aux troupes de défiler sur toute la largeur. C'est très impressionnant.

Derrière les troupes alliées, je vois arriver lentement des rangées de grands mutilés, dans leur voiture conduite par des infirmières.

Une montée silencieuse, poignante, qui laisse un vide derrière le cortège. Puis, l'armée française commence à défiler. Debout sur la toiture de l'ambulance, avec mes deux infirmiers, je remarque en me retournant qu'il y a un trou dans la bâche. J'ai l'impression qu'un de nous trois a crevé le tapis.

Les Français s'avancent, présentés par le général Pétain, pas encore maréchal à l'époque, suivi de tout son état-major à cheval. L'infanterie s'avance en très larges rangées, représentée par un détachement important de tous les régiments, y compris les troupes coloniales, zouaves, tirailleurs marocains, algériens. Cela donne un déploiement considérable. Suit l'infanterie de marine, puis les chasseurs à pied et alpins. La Légion défile à son tour, à l'exception des légionnaires d'origine germanique, engagés pendant la guerre dans le Sud marocain.

Le génie avance, suivi des troupes à pied et des troupes montées, des crapouillots, et de toute l'artillerie de tranchée.

L'artillerie de campagne monte à son tour, en commençant par le 75. Derrière, l'artillerie lourde de tout calibre. Viennent les chars, l'armée de l'air accompagnée de tous les as[1] populaires. La marine au grand complet, dont les fusiliers marins ferment la marche. Ensuite, c'est au tour des services de défiler, en particulier le service de santé.

1. Titre décerné à un aviateur ayant abattu au moins cinq appareils. Le plus célèbre fut Georges Guynemer, mort en 1917 à vingt-trois ans.

Louis Maufrais a photographié le défilé de la Victoire, le 14 juillet 1919, depuis le toit de son ambulance, postée à l'angle de l'avenue des Champs-Élysées et de la rue Bassano.

Je crois reconnaître l'indicatif de la marche du 94ᵉ régiment d'infanterie. Mais où est donc passé notre chef de musique, Prosper Logeard ? Soudain, je songe à tous mes compagnons restés dans la boue de l'Argonne, de la Champagne et de Verdun. À Lefrêche, mon tampon, touché par un obus lorsque nous revenions ensemble de Saint-Souplet – pourquoi lui et pas moi ? À Blondelot, enfant de Ménilmontant, transpercé d'une balle à côté de moi – pourquoi lui et pas moi ? D'autres noms me viennent, ils sont si nombreux. J'ai la chance de survivre, mais, aujourd'hui, je me sens seul.

J'entends des bruits derrière moi. Je me retourne et j'aperçois non plus un trou, mais une énorme fente par où passe le buste d'un homme. Il s'est introduit à l'intérieur et il a fendu la bâche au couteau sur une grande longueur pour faire venir ses amis. Une grande discussion s'ensuit, et je les fais évacuer. Mais à peine ai-je le dos tourné, qu'ils sont de nouveau là. Au fond, je ne suis pas là pour me bagarrer, mais pour soigner des blessés qui, Dieu merci, ne se manifestent pas.

Ainsi, j'ai reporté toute mon attention sur la fête de la Victoire. Mais qu'est-elle pour moi ? Un beau défilé, c'est tout. Je suis indifférent à la joie qui exulte autour de moi.

À la fin de la cérémonie, il y a au moins huit personnes, dont des femmes, debout sur le toit. Quant aux brancardiers accoudés à l'arrière de la voiture, ils sont tellement absorbés qu'ils ne se sont rendu compte de rien.

Nous voyons passer le train des équipages, les aérostiers… Enfin, derrière les détachements officiels, des militaires qui ont le droit de défiler non équipés derrière les autres. Une belle foire ! Les gars ont des filles au bras, des gosses sur les épaules, et ils avancent bras dessus bras dessous. Il est près de midi lorsque le défilé prend fin. Aussitôt, la marée humaine se disperse. Moi, je n'ai qu'une hâte : partir.

L'ambulance est méconnaissable. Il n'en reste que le squelette. À la place des bâches, les cercles de fer, comme des côtes décharnées.

Nous traversons rapidement la Seine, le long de laquelle une centaine de 75 tirent des salves à blanc depuis les berges. Je fais garer l'ambulance en lambeaux dans la cour déserte du Val-de-Grâce. Tout le monde est parti fêter la Victoire. Il règne un grand silence. Le moment est venu de me recueillir, pour tous mes amis. Je laisse derrière moi la carcasse de l'ambulance, et je me retrouve seul dans la rue. La guerre est finie. Mais, pour moi, rien ne sera jamais plus comme avant.

Annexe

Citations extraites du livret militaire
de Louis Maufrais

Ordre 189 – Régiment 94e d'infanterie, le 13 mai 1915. « Assure comme Médecin auxiliaire le service du poste de secours depuis le 15 février. A toujours montré le plus grand zèle et le plus grand dévouement. Au cours du combat du 2 mai, averti qu'un sous-officier très grièvement blessé en 1re ligne ne pouvait être évacué sur le poste de secours avant d'avoir reçu les soins que nécessitait son état, s'est immédiatement transporté près du blessé sous un feu de bombes et de balles. »

Ordre division n° 81 du 11 juillet 1915. « Le 1er juillet a fait preuve pendant tout le combat du plus courageux dévouement, suivant son bataillon à l'attaque et se prodiguant sans cesse autour des blessés. S'est employé activement à rechercher et à ramasser le corps du Commandant de brigade tué. »

Ordre du régiment n° 287 du 10 octobre 1915. « Il fait preuve des plus remarquables qualités militaires, très courageux, très énergique, a toujours suivi la progression de son bataillon sous le plus violent bombardement pendant les journées du 25 septembre 1915 et jours suivants. »

Ordre 83, brigade n° 115 du 6 octobre 1916. « Médecin-Major d'un dévouement à toute épreuve. Pendant les combats du 19 au 29 septembre 1916, a fait preuve de beaucoup d'énergie dans un poste difficile, soumis continuellement à un violent bombardement et plusieurs fois bouleversé. »

Ordre du régiment n° 750 du 28 avril 1918. 40e RAC. « Aussi brave que consciencieux. S'est distingué notamment dans l'Aisne et à Verdun où, malgré les violents bombardements, les harcèlements continus, il visitait quotidiennement les batteries, donnant ses soins aux blessés et intoxiqués. Très belle conduite le 26 août 1917. » Keller

Postface

Par Martine Veillet

Une fois le texte transcrit, le travail d'investigation a commencé. La consultation d'ouvrages de référence sur la Grande Guerre m'a permis d'apprécier la pertinence des faits relatés par Louis Maufrais.

Un peu plus tard, lorsque mon oncle et ma mère m'ont confié leurs albums photo, j'ai fait une seconde découverte. Le nom des personnages, le lieu et la date des prises de vue étaient mentionnés au dos des photos. Je pouvais repérer les clichés auxquels l'auteur faisait ponctuellement allusion dans son récit. Le texte et l'image étaient liés. Les pièces du puzzle s'assemblaient.

Dans le récit de Louis Maufrais, il n'y a pas de soldats inconnus. Tous les noms cités sont réels et, sur les photos, les personnages sont identifiés. L'idée m'est alors venue de rechercher les descendants de l'infirmier Marcel Bitsch, souvent mentionné. Louis Maufrais avait souligné combien son amitié lui avait été précieuse pendant les années d'enfer.

Au moment de la guerre, cet Alsacien de vingt-six ans travaille dans une étude notariale. Élevé dans une famille de musiciens, il joue du violoncelle. Et c'est en tant que musicien amateur qu'il est versé comme brancardier au 2e bataillon du 94e régiment d'infanterie de Bar-le-Duc. Après la guerre, en 1922, il sera présent au mariage de Louis. Ensuite, les deux amis se perdront de vue. Marcel a repris ses études et s'oriente vers une carrière d'avocat. Cinquante-cinq années plus tard, Louis entendra parler d'un Marcel Bitsch, spécialiste de l'œuvre de Jean-Sébastien Bach.

C'est une recherche sur Internet qui me donnera la bonne piste. Il y avait bien un Marcel Bitsch, compositeur, musicologue et premier Grand Prix de Rome, mais… il était né en 1921 ! En feuilletant l'annuaire parisien, j'ai téléphoné à une certaine Hélène Bitsch. Elle m'a confirmé aussitôt que son grand-père avait bien fait la guerre 14-18, au cours de laquelle il avait noué des liens avec des amis bretons. Il avait eu deux fils, dont l'aîné, son père, était Marcel Bitsch le compositeur, et le cadet, l'entomologiste Jacques Bitsch.

J'ai rencontré Hélène en avril 2006. Et j'ai fait ma troisième découverte.

Hélène, après avoir lu le récit de Louis, s'est informée auprès des siens pour mieux connaître l'histoire de son grand-père. Elle a alors appris que ce dernier a écrit, entre le 1er août 1914 et le 14 mars 1919, huit carnets précieusement conservés par Jacques Bitsch. Hélène en a reçu une copie, ce fut à son tour de me donner à lire les carnets de son grand-père. J'accédais ainsi au regard croisé des deux amis sur les événements de la Grande Guerre. Par un effet miroir, la validité des faits se trouvait confirmée, et leur histoire s'enrichissait l'une l'autre.

Louis Maufrais m'a fait entrevoir à quel point ses liens de camaraderie l'ont aidé à surmonter la violence déshumanisée du poste de secours. En consultant les *Journaux de marches et d'opérations du 94e RI* au

Service historique de la Défense, j'ai malheureusement vérifié qu'aucun des amis officiers de Louis Maufrais n'avait survécu à la guerre. Ce constat effroyable donne la mesure de la boucherie.

Il est resté deux survivants, Marcel et Louis, dont le rôle avait été de soigner. Pendant que Louis photographiait la désolation des paysages soufflés par les obus, Marcel dessinait un camarade au fusain. L'un et l'autre étaient des humanistes dont le point commun était une absence de haine à l'égard de l'ennemi. Pendant que Louis accomplissait sa vocation de médecin au-dessus de la mêlée, Marcel, germaniste, réconfortait les blessés allemands en leur parlant dans leur langue. Ce qui les a rapprochés est peut-être cette ouverture à l'autre et à l'art. C'est peut-être aussi ce qui les a sauvés.

Remerciements

Merci à tous les Maufrais. En particulier à Pierre et Jacqueline, qui m'ont apporté leur soutien et leurs albums photo. Et à ma cousine Emmanuelle qui, la première, m'a donné l'envie d'écouter les enregistrements de notre grand-père.

Merci à toute la famille Bitsch et à mon amie Hélène, grâce à laquelle j'ai pu accéder au journal de Marcel Bitsch.

Merci à Bernard, pour son encouragement indéfectible pendant ce projet au long cours.

Merci à Gilbert Masfety, ami lecteur de la première heure.

Merci au service historique de la Défense.

Merci à Gérard Klein, et à toutes celles et ceux qui, aux Éditions Robert Laffont, ont apporté leur aide précieuse à l'élaboration de ce livre, et un immense merci à Marc Ferro.

Crédits photographiques

Pages 8, 37, 53, 61, 99, 101, 105, 110, 119, 123, 147, 154, 156, 157, 159, 161, 163, 165, 167, 168, 171, 172, 175, 176, 179, 181, 187, 189, 190, 195, 196, 199, 202, 203, 205, 211, 212, 225, 262, 279, 281, 288, 290, 292, 302, 306, 307, 312, 313, 316, 318, 320, 321, 325, 326, 327, 331, 353 et 366 : collection Louis Maufrais, tous droits réservés.

Pages 102 et 237 : documents Jacques Bitsch, tous droits réservés.

Page 218 : carte Presses de la Cité.

TABLE DES MATIÈRES

Composé par Nord Compo
à Villeneuve-d'Ascq (Nord)

Imprimé en Espagne par Liberdúplex
à Sant Llorenç d'Hortons (Barcelone)
en septembre 2010

POCKET – 12, avenue d'Italie – 75627 Paris cedex 13

N° d'impression :19831
Dépôt légal : octobre 2010
S19828/01